广东省原创精品出版资金扶持项目
GUANGDONG PUBLICATION FUND

▶ 理论思辨 国际对标 历史回溯 路径推演
▶ 剖析粤港澳大湾区旅游合作愿景、模式、机制
▶ 探寻世界级宜游湾区成长之路

缔造世界级宜游湾区

粤港澳大湾区旅游合作发展研究

● 吴志才 著

廣東旅游出版社
GUANGDONG TRAVEL & TOURISM PRESS
悦读书·悦旅行·悦享人生
中国 · 广州

图书在版编目（CIP）数据

缔造世界级宜游湾区：粤港澳大湾区旅游合作发展研究/吴志才著．—广州：广东旅游出版社，2019.8

ISBN 978-7-5570-1878-8

Ⅰ．①缔… Ⅱ．①吴… Ⅲ．①区域旅游—旅游经济—经济合作—研究—广东、香港、澳门 Ⅳ．①F592.765

中国版本图书馆 CIP 数据核字（2019）第 113960 号

缔造世界级宜游湾区：粤港澳大湾区旅游合作发展研究

DIZAO SHIJIEJI YIYOUWANQU：YUEGANG'AO DAWANQU LÜYOU HEZUO FAZHAN YANJIU

出 版 人：刘志松
策划编辑：官　顺
责任编辑：官　顺　吴　娟
装帧设计：邓传志
责任技编：冼志良
责任校对：李瑞苑

广东旅游出版社出版发行
（广州市越秀区环市东路 338 号银政大厦西楼 12 楼　邮编：510180）
邮购电话：020-87348243
北京市天河印刷厂
（北京市顺义区南彩镇河北村中）
787 毫米×1092 毫米　16 开　15.5 印张　280 千字
2019 年 8 月第 1 版第 1 次印刷
定价：58.00 元

序言

在2016年初的潮州古城专家评审会上，我与青年学者吴志才教授结识，并就广东旅游发展进行了交流。吴志才教授多年来扎根广东旅游发展实践，保持了锐意创新、跟踪研究和服务地方的热情，令我印象深刻。

适逢《粤港澳大湾区发展规划纲要》发布，欣闻吴志才教授著作《缔造世界级宜游湾区：粤港澳大湾区旅游合作发展研究》出版。他结合多年来关于广东特别是珠江三角洲地区旅游发展和区域规划的实践经验，做了大量历史文献研究，对粤港澳大湾区旅游发展进行了较为完整、全面的回顾和思考。本书分别从理论辩证、国际借鉴、时空解构、旅游合作、路径推演等五个方面尝试回答“湾区是什么?”、“世界级湾区何以崛起?”、“粤港澳大湾区从哪里来?”、“粤港澳大湾区旅游合作路径?”、“粤港澳大湾区旅游往哪里去?”等事关全局的关键问题。通过梳理粤港澳大湾区发展脉络，对其发展阶段进行“把脉”，回顾粤港澳大湾区旅游合作历程及其成功经验，提出新时代下粤港澳大湾区旅游合作的路径推演。

目前，无论是“一带一路”倡议，还是“三步走”的中华民族伟大复兴的强国战略，都对粤港澳大湾区建设，对互连互通、区域内人员自由往来、更多的国际游客到访和旅游产业合作寄予厚望。在旅游已经成为国民大众日常生活选项，游客在目的地广泛融入到市民的日常生活空间，深度体验和分享品质生活方式的今天，一个人员自由往来、物资和信息自由流动、市民和游客共享的开放空间正在成为促进旅游业发展的“新动力”。香港、广州、深圳、澳门、珠海、东莞、中山等核心城市的国际知名度高、可进入性强、基础设施和公共服务体系完善，特别是商业环境、法治环境、市民素质和生活品质等都市旅游的核心吸引力强，完全有可能成为世界级旅游目的地集群。随着游客越来越多地进入粤港澳大湾区这一宜居宜业宜游的优质生活圈，大湾区独特的人文休闲气息以及由此而来的人的连接，必将成为游客追寻的美丽风景和向往的美好生活。

当粤港澳大湾区遇见世界旅游休闲发展大潮，美好生活开始链接文化建设和旅游发展，新时代旅游的大幕徐徐拉开。在新的起点上，需要更多专家学者为粤港澳大湾区旅游发展建言献策，期待吴志才教授做出更大的学术成就！

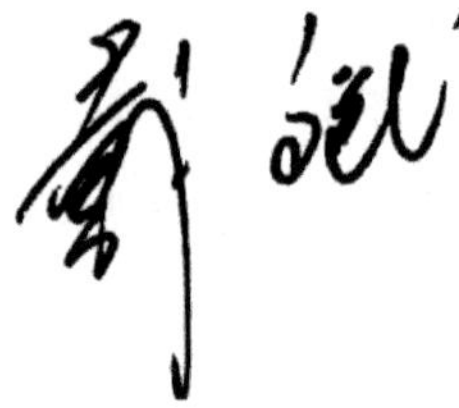

中国旅游研究院院长

2019 年 5 月 12 日

序

江海之间，璀璨明珠。珠江三角洲与珠江相拥，依托岭南，面向南海，与其遥相呼应的，是香港和澳门两颗“明珠”。千年以来，大海潮起潮落深入珠江三角洲腹地，而数以千计的江河汇流奔腾入海奔向世界，江与海在这里实现了“对话”。

在历史的大潮中，粤港澳三地地理同源、人口同宗、文化同根，共同见证着人类文明兴替，社会制度的更迭，即使其后由于各类历史原因其社会制度有所差异，但三地的合作仍未间断。所以，粤港澳跨区域合作，不是新现象，是时代给予粤港澳三地的新考题。

在粤港澳携手发展的过程中，旅游业合作一直是一个独特的存在。当珠江三角洲旅游业蹒跚学步之时，是港澳同胞投资创办第一批现代化旅游宾馆设施；当珠江三角洲旅游业走向市场时，粤港澳携手闯世界；当世界经济环境严峻时，粤港澳旅游业抱团取暖，客源共享，打开经济增长新模式……珠江三角洲在思想解放的大潮下，打破了观念和制度的壁垒，旅游合作领域实现一系列具有划时代意义的创举，推动了中国旅游乃至整个中国社会的现代化发展。

作为一个文化旅游业这一“幸福产业”的教育和研究工作者，我和我的团队不仅见证更有幸参与到粤港澳区域旅游合作进程当中。我们先后承担了《珠江三角洲地区旅游一体化规划（2014—2020年）》、《广东省乡村旅游发展提质升级行动计划》、《广东省促进全域旅游发展实施方案》等一系列省级规划研究工作。《缔造世界级宜游湾区：粤港澳大湾区旅游合作发展研究》正是发端于我们在实践过程中对粤港澳三地旅游合作的渊源和本质内涵的思考，以及服务于人们对美好生活需要的行业使命感。

站在时代的风口，粤港澳大湾区旅游合作与发展迎来新起点，唯有洞察时势，认清底牌，才能实现突破，取得更大作为。本书从理论上对湾区的发展演变、研究进展、旅游研究等内容开展系统性论述，并对世界级湾区的发展经验进行借鉴分析；随后，尝试通过梳理粤港澳大湾区发展脉络，对其发展阶段进行“把脉”，回顾梳理粤港澳大湾区旅游合作历程及其成功经验；最后提出新时代下粤港澳大湾区旅游合作的路径推演。

本书出版之时适逢《粤港澳大湾区发展规划纲要》出台，对粤港澳大湾区发展的总体要求和战略定位中，“活力”和“优质”两个关键词引起了我们的关注。“活力”是实现粤港澳大湾区加速崛起的重要保障，而“优质”则是对粤港澳大湾区崛起的“软性指标”。文化旅游业作为综合产业的融合带动属性，以及作为“幸福产业”的平台提质属性，恰好是助力粤港澳大湾区提振发展活力、建设优质生活圈最有效的战略支柱之一。

谨以此书与同侪交流，并致敬数十年来粤港澳旅游合作的探索者和领路人。书中难免有不妥之处，望同行和业界予以指正。

CONTENTS 目录

第三篇　时空解构

第四篇　旅游合作

第五篇　路径推演

第一篇

理论辩证

第一章

湾区的崛起

湾区是指由一个海湾或者相连的若干个海湾、港湾、毗邻岛屿共同组成的区域，是一个地理学的概念。湾区的概念是在区域发展实践的推动下，经过诸学者的总结而逐步形成，可从地理、经济、文化等不同维度进行解析。湾区作为沿海多个城市共享的水域，是滨海城市特有的空间形态，一般经历“中心城市—都市圈—城市群—湾区”的空间演变。湾区经济作为重要的区域经济形态，是国际性一流城市的显著标志，大致经历了港口经济、工业经济、服务经济、创新经济四个发展阶段。

第一节　湾区的起源

一、地理维度看湾区

“湾区”一般用来描述面临同一海域的，由多个港口和城市连绵分布组成的具有较强功能协作关系的城市化区域。全球化时代，经济要素流动经常集中于运输条件便利的沿海口岸地区，使之成为所在国家经济交流的门户和中枢。“湾区”都以林立的城镇、优美的环境、开放的文化氛围和便捷的交通系统著称。

在地理学上，“湾区”更贴近“大都会”或“都会区”概念，都会区也称都市带、都市群，是指以某个或几个中心城市为核心，同与其保持着密切经济联系的一系列中小城市共同组成的城市群连绵带。但湾区又有别于“都会区”，湾区是处在一国大陆与海洋接壤的边缘地区。

表 1－1　世界著名湾区的地理特征

湾区名称	主要港口	“拥海”	“抱湾”	“连河”
旧金山湾区	里士满港、奥克兰港、旧金山港、红杉市港等	大西洋	旧金山湾	萨克拉门托河、圣华金河
纽约湾区	纽约港等	太平洋	纽约湾	哈德逊河 伊利运河
东京湾区	横滨港、东京港、千叶港、川崎港、木更津港、横须贺港等	太平洋	东京湾	多摩川、鹤见川、江户川
粤港澳大湾区	广州港、深圳港、香港港、珠海港等	南海	珠江口湾	珠江水系
渤海大湾区	天津港、唐山港、秦皇岛港、黄骅港等	渤海	渤海湾	黄河、海河、蓟运河
环杭州湾大湾区	上海港、南京港、舟山港、嘉兴港、芜湖港、巢湖港等	黄海 东海	杭州湾 上海湾	长江水系

二、经济维度看湾区

湾区是跨区域城市化发展到一定阶段出现的空间上高度密集、经济社会紧密联系的复杂空间组织形式，其最显著的特征便是集聚。

从产业经济学的视角看，湾区经济是由湾区衍生的经济效应，它是一个区域概念，更是一个产业概念。湾区经济的形成是港口城市都市圈与湾区独特地理形态相结合聚变而成的一种独特经济形态，也是港口经济、集聚经济和网络经济高度融合而成的一种独特经济形态[1]。

形成湾区经济必须具有强大的产业集群、有力的经济核心、广阔的经济腹地、发达的交通网络、创新的领军人才和开放的经济体系。开放型经济一般依托边境城市、沿海城市和湾区三种形式实现，湾区经济因具有沿海、湾区和城市群三种要素而成为开放型经济中的最高形态[2]。在世界经济舞台上，湾区经济正发挥着扩大开放、引领创新、聚集辐射的功能，已成为带动区域经济发展的高级经济形态。

三、文化维度看湾区

湾区是全球性的文化产业集聚地和文化消费的中心，高度融合了世界范围内的多元文化，开放、包容、创新、自由成为湾区的代表性特色。从文化维度看，湾区的文化资源丰富，不仅有深厚的精神文化底蕴支撑，而且拥有不断进步的现代文化、时尚流行的文化符号和文化景观，是世界时尚领先区域和潮流文化的集散地。

湾区作为人类文化活动的产物，与其经济、政治、社会、生态建设是一体同步的。湾区作为区域发展的高级形态，在经济上引领着全球风向，在文化上展现着湾区发展过程中居民的生活生产方式、精神面貌、城市景观等总体形态。

---

〔1〕 王宏彬．湾区经济与中国实践［J］．中国经济报告，2014（11）：99—100.

〔2〕 申勇．海上丝绸之路背景下深圳湾区经济开放战略［J］．特区实践与理论，2015（1），84—87.

第二节　湾区的空间演变

在湾区的空间演变中涉及到许多空间组织形式的概念和内涵，从中心城市到城市郊区化、次城市中心，从都市区、都市圈再到城市群、经济区、经济带等不同概念的解析辩证亦是目前学术界热论的话题。

纵观世界湾区的发展历史，湾区的形成首先依赖于自身的资源和港口群，同时在第三次科技革命历史机遇下，引导各种要素资源加快向湾区集聚，实现了产业的升级和跨海交通的通达。根据城市发展过程中的集聚效应和扩散效应，湾区空间结构按照中心城市—都市圈—城市群—湾区的路径顺序演进。

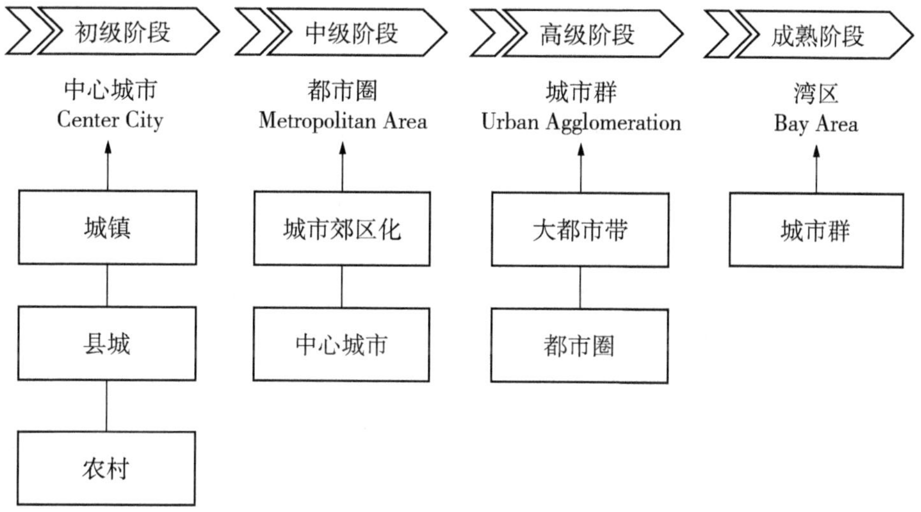

图 1－1　湾区的空间演变进程

一、起步阶段：中心城市

中心城市是湾区形成的基点，中心城市的发育和崛起标志着湾区的起步。湾区的中心城市涵盖了湾区区域内外具有综合功能或多种主导功能的大城市和特大城市。中心城市的发育和崛起，孕育了湾区在地理、经济、社会、文化等方面的发展潜质，它们发挥关键的枢纽作用，在湾区社会经济活动中处于重要地位。相比传统概念下的地域性中心城市，湾区的中心城市具有更加科学广泛的含义。湾区的中心城市拥有优良的地理位置，是湾区区域范围内的主导性城市，也是城镇群体中一两个规模最大或位置优良的城市。

（一）演进过程

在湾区的起步阶段，通常以一个城市为主导，原本的港口城市发展成中心城市。在工业化的推动下，港口城市依托天然良港的优势，成为海上移民和货物的集散中心，商业贸易和工业发展迅速，逐步发展成主导城市。

一方面，海上交通的便利为城市输入大量的人、货物、财富，城市内人口急剧增加，空间不断向外扩张和延伸；另一方面，虹吸效应大于溢出效应，相邻城市的大量要素流入该城市，形成具有一定规模效应的产业体系。中心城市的地位随之确立并不断在强化，逐步形成相对完善的城市功能。

（二）阶段特征

在湾区演化的起步阶段，湾区的雏形尚未形成，中心城市所在区域整体发展速度较慢，早期城市化水平较低，城镇体系发展处于不完善的状态，与周边城市的内在联系、分工体系、区域基础设施均较不完善。但在这一阶段，中心城市引领整个区域的发展，发挥着集聚、引领、辐射等功能，能够吸引和汇集周边的经济、交通与信息等资源，保障湾区能够进行强效的经济联动。主要特征如下：

第一，中心城市经济实力最强。其 GDP 总值相较于邻近城市是最高的，是整个区域最重要的经济引擎。

第二，中心城市人口数量最多。中心城市的产业发展相对优先，产业结构相对成熟，能够对周边地区产生较强的人才吸引作用，为之后区域发展储备着人力资源。

第三，中心城市综合环境最优。引领着周边城市经济、社会、文化等方面的发展，组织和协调区域内的经济发展和社会文化活动。

二、发展阶段：都市圈

都市圈是湾区演化过程中的进一步发展，都市圈的形成标志着湾区的趋势得到进一步加强。都市圈是在人口和经济活动上联系更加密切的巨大整体，涵盖城市化区域内所聚集的支配空间经济形式的若干个大城市〔1〕。作为一个国家参与国际分工和国际竞争的中观地域单位〔2〕，都市圈吸引了更高密集度的

〔1〕 原新，唐晓平．都市圈化：日本经验的借鉴和中国三大都市圈的发展［J］．求是学刊，2008，35（2）：64—69.

〔2〕 唐晓平．聚焦都市圈：来自珠江三角洲的启示［M］．北京：科学出版社，2008，37.

要素和更多创新活动，带动新思想、新技术的碰撞和落地，并成为其他地区发展的导向。都市圈能够合理地疏解中心城市的一些功能，促使产业的空间布局合理化，有效改善城市环境和区域生态环境，这又在一定程度上促进了诸如大都市带和城市群等更高级别的区域形态的形成和成长。

（一）演进过程

在湾区的发展阶段，更加强调中心城市在区域范围内的辐射带动作用。当单中心城市突破行政区划的局限后，强力辐射与它相邻的城市或更外围的地区，进而形成了经济联系紧密的都市圈。

首先，伴随着城市化进程的加深和工业化的发展，城市地域对外进一步扩张和延伸，城市数量不断增加。产业经济投资规模扩大，城市间的高速公路、铁路干线等内陆交通体系完善，大城市与周边地区的人口和资本流动更加便捷，区域内的其他城市逐渐成长为大城市，逐步由单中心城市向多核心城市演进。

其次，由于城市规模迅速膨胀，中心城市的物价、地价等飙升，环境污染等问题在核心城市出现，资源要素、产业及人口向郊区转移，形成了以郊区或小城市为核心的工业地带，并开始出现大批中、小工业城市。

再者，郊区城市化为城市中心腾出发展空间，吸引了科技创业公司、金融机构、商业服务业的进驻，推动了城市产业结构的调整与升级，促进了城郊资源的优化配置，形成了一些次中心城市和边缘城市，“核心－边缘”结构逐步显现。

最后，在这个阶段，不再以一个中心城市主导着周边地区的发展，而是形成多核心城市引领的都市圈，推动着区域的协同有序发展。

（二）阶段特征

在湾区演化的发展阶段，都市圈的形成促使区域上的湾区概念初步成立。都市圈是区域经济社会发展到一定阶段的产物，整体发展速度加快，城市化水平大幅提升，城市之间的联系加强、产业分工明确、区域内基础设施更加完备，形成了多核心城市并进、次中心城市、边缘城市等城市体系，促使了都市圈的形成。主要特征如下：

第一，政府机制和市场机制成为主要的动力机制。政府和市场成为这一阶段发展的两大主体，在都市圈的形成与演进过程中，两个主体占据不同的地位，又发挥作用，诸如东京都市圈的发展是政府主导型的，但在纽约都市圈的演化是受到市场机制的引导，政府机制发挥的作用较东京都市圈则小得多。

第二，内部城市的开发趋于有序化。随着空间布局的优化、产业结构的调整、交通体系的完善，都市圈实现了更加有序的开发，多个中心城市、次中心城市和其他边缘城市之间的分工体系更加明确，协调发展的状态也渐渐显露，尤其在经济发展、城区建设以及生态环境保护的整治等方面的联系大大增强。但都市圈内部的中心城市在多方面保持着绝对垄断地位，次中心城市和边缘城市表现出强烈的依附性。

第三，区域交通网络体系初步成形。在都市圈的形成阶段，城际交通干线的建设，是促成内部城市实现联系的关键因素。但这一阶段的交通基础设施还局限在高速公路、铁路等较为传统的交通方式，地铁、轻轨等轻捷交通系统还未落成，都市圈的交通网络体系仅是初步成形。

三、成熟阶段：城市群

城市群是湾区演化进程中的高级形态阶段，城市群的形成标志着区域具备演化成湾区更加完备的发展条件。城市群依托一定的自然地理条件，以一个或两个超大城市或特大城市作为区域经济的核心，在完备的现代化交通工具、通达性强的综合运输网络、高度发达的信息网络的支撑下，不断发展和强化城市与城市间的内在联系、城市与区域的联系[1]。城市群实质上是城市化高级阶段的产物，囊括了在特定的区域范围内相当数量的不同性质、类型和等级规模的更多城市，集聚和扩散效应更加显著，多样化的动力机制在城市群的发展中共同发挥作用。区域间职能分工越来越明确，强联系的区域合作关系、完备的内陆交通网络、极具前景的产业养分以及充满可能的投资环境和创新氛围，为湾区的形成积累了许多条件。

（一）演进过程

城市群是城市发展到成熟阶段的高级空间组织形式，是目前世界上国家普遍能够达到的高级区域形态。随着城市化水平不断提升，中心城市和边缘城市通过更大的极化效应集中了大量的产业和人口，所在区域快速地发展，规模扩大、实力增强，对周边区域产生更强的辐射带动效应，从而形成多个都市圈。

随着都市圈之间的现代交通网络体系的建立，都市圈之间的经济联系和相互关系越来越密切，辐射的区域范围不断接近重合，逐渐连片从而形成城市群，从更加广阔的区域范围进行资源配置，从而形成更大的竞争优势。

（二）阶段特征

城市群将区域空间布局推进到一个更优化的形态。城市群比都市圈的城市化水平更高，在于其是由不同数量和同等级规模的城市形成，都市圈依托的是

---

〔1〕 姚士谋．中国城市群［M］．合肥：中国科学技术大学出版社，2001.

多个核心城市和周边中小城市。城市群内部的不同城市功能分工更加明确，独立性更强，人口规模更大。主要特征如下：

第一，多层级的“中心－外围”城市体系。“中心－外围”结构是都市圈的主要特征，也奠定了城市群形成和发展的基础条件，城市群包含着多层级的“中心－外围”城市体系。城市群的核心和实质是多个数量和同规模城市之间的紧密联系和协同发展。

第二，政府主体在城市群发展中发挥关键作用。在城市化进程中，城市群的形成和发展一般由政府主导，最初表现在政府主导制订和出台关于城市群区域的规划，并且不同区域政府积极寻求合作，包括建立共同的协调机制，制定统一的经济贸易政策等，以消除相互之间的贸易壁垒，逐步实现区城市群内的协调发展和资源的优化配置，以促进共同发展。

第三，对基础设施的投资增加。在这一阶段，政府增大在基础设施建设上的支出比例，对交通、信息、管道等公共基础设施的投资扩大，提升了城市的吸引力和经济效益，因而更能推动经济发展，政府在这方面的支出就能够得到补偿。从而，在这一阶段城市群建成了畅通的现代综合交通运输体系，覆盖了地铁、轻轨、高速公路、铁路等多方面的现代化交通方式，区域交通网络体系进一步升级。同时城市群具备信息互联互通的极大便利优势，保持着城市群范围内的快捷高效的交流和联系。

第四，第三产业产值和占比提升。市场发育程度和国际化程度的提升，加快了城市群的产业结构转型升级，工业和服务业呈现双轮驱动。早期工业制造业等发展对主要城市造成的后遗症过大，在都市圈阶段已经逐渐向中小城市和周边地区转移。第三产业的发展得到越来越多的重视，有助于推动城市群持续健康发展。

四、提升阶段：湾区

21 世纪，跨国间的经济交流增强，不同的国家依托金融、科技或工业优势，掌控和引领全球行业发展走向。作为重要的区域经济形态，湾区凭借其显著和领先的贸易开放度、投资开放度、旅游开放度、对外接待能力等成为当今国际经济版图的突出亮点，是世界一流海湾区域和滨海城市的显著标志。湾区的发展水平在较大程度上决定着一个国家国际经济地位和国际竞争能力。

世界银行的统计数据显示，全球 60% 以上的经济总量主要集中在湾区部分。湾区经济成为拉动世界经济的巨大引擎，产生无比强大的集聚与外溢效应。中国部署“粤港澳大湾区”战略，力争打造全球第四大湾区，将打破美国纽约湾区、旧金山湾区、日本东京湾区三足鼎立的湾区格局，将形成令人瞩目的新的世界湾区格局。

表 1－2　世界四大湾区基本情况一览

湾区名称	面积	人口	经济总量
美国旧金山湾区	1.74 万平方公里	765 万人	0.82 万亿美元
美国纽约湾区	3.45 万平方公里	2370 万人	1.66 万亿美元
日本东京湾区	1.36 万平方公里	3800 万人	1.47 万亿美元
中国粤港澳大湾区	5.6 万平方公里	6765 万人	1.37 万亿美元

（数据来源：戴德梁行《2018 年 7 月粤港澳大湾区展望及世界湾区经济研究》）

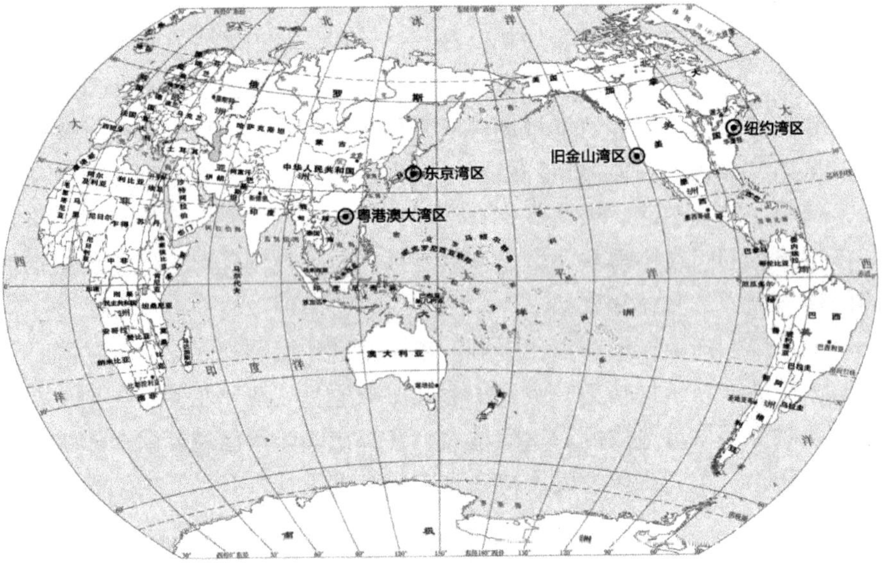

图 1－2　世界四大湾区的地理位置

粤港澳大湾区是在“一国两制”背景下的“三税区三法律三货币”，即在一个国家、两种制度背景下，三个关区、三种法律、三种货币，由此形成了多产业格局，特别行政区、经济特区等行政区划和自由贸易试验区、自由港等经济区域叠加，以科技创新、金融服务、制造业为主导产业，这些优势使得粤港澳大湾区内的城市均具备较强的对外开放属性，更加灵活和便利的体制机制创新条件，为高端要素集聚造就制度优势。坐拥滨海港湾，粤港澳大湾区以广府文化、岭南文化为基础底色，融合西葡风情、中西交汇等特色文化，自然风光与文化交汇共同奠定了培育宜居、宜业、宜游等人文软环境。

第三节 湾区的经济演变

从世界湾区经济的历史来看，湾区经济是“二战”之后国际经济中一个非常重要的亮点，开放性、创新性、宜居性和国际化成为其重要特征。作为重要的滨海经济形态，湾区经济是世界一流城市的显著标志[1]。随着对全球湾区的研究成果越来越多，“湾区经济”越来越趋向于成为一个一般化的区域经济学概念。

最早的湾区经济研究可以追溯到1990年纽约－新泽西港务公司发表的《港口产业对纽约－新泽西都市地区的经济影响》。从湾区经济演进的历程来看，由于毗邻港口并占据有利的区位优势，湾区经济往往兴起于港口经济，随着港口功能的提升，湾区经济的内涵不断丰富，功能领域不断延伸拓展、调整优化，逐步形成辐射范围更广、发展实力更强、对世界影响更大的区域经济。纵观世界典型湾区经济，大致经历港口经济、工业经济、服务经济、创新经济四个发展阶段。

表1－3 湾区经济的演变阶段

演进阶段	经济发展阶段	时间
起步阶段	港口经济	20世纪中期以前
发展阶段	工业经济	20世纪50—80年代
成熟阶段	服务经济	20世纪80年代—20世纪末期
提升阶段	创新经济	21世纪以来

一、港口经济发展阶段

在港口经济发展阶段，以装卸运输为主导，经济活动不断增多。由于港口可以给货物流动带来低廉的运输成本和丰富的物流资源，使得围绕港口发展的各种经济活动迅速涌现，但经济活动范围局限于港区内部。

发展背景：20世纪50年代以前，受制于当时的经济社会和生产力发展水平，港口的功能主要是通过连接各种运输方式来进行货物中转运输。初期相对

〔1〕 马忠新，伍凤兰．湾区经济表征及其开放机理发凡［J］．改革，2016（09）：88—96.

比较单一的港口经济，对城市经济发展无显著的推动作用，其经济活动范围往往局限于码头及相关水陆域内，直接服务于与港口转运相关的装卸、仓储、运输、设备提供以及船舶修理等。

发展特征：在该阶段，基础性动力发挥关键性作用，内生性动力逐步增强，外源性动力起重要的推动引领作用，港口成为湾区经济最重要的形态。

二、工业经济发展阶段

在工业经济发展阶段，以临港工业为主导，经济活动范围向港区外拓展，湾区城市迅速发展成为制造中心，如以汉堡、东京为代表的工业港口城市迅速崛起。

发展背景：20 世纪 50—80 年代，对外贸易快速发展，港口功能逐步完善，在港口周边区域集聚大量人流、物流等，这对港口城市的发展和兴盛起到了极大的推动作用。加之工业文明的兴起与海洋运输的叠加优势，进一步推动了临港工业的集聚发展。经济活动也不再局限于港区，而是扩展到周边区域。

发展特征：在该阶段，内生性动力逐步发挥主导作用，湾区经济发展逐步脱离港口经济的基础功能，港口基础性动力强度下降，外源性动力强度逐步增强。

三、服务经济发展阶段

在服务经济发展阶段，以服务业为主导，经济活动范围拓展到周边城市，湾区核心城市成为区域或全球资源配置的重要节点。

发展背景：随着经济全球化的快速发展，20 世纪 80 年代到 20 世纪末期，围绕临港工业和对外贸易，催生了一批以广告、产品设计、金融、保险、会计、法律、公关等为主要内容的新兴业态，极大地推动了服务业的发展，推动湾区城市由原来的制造业中心向生产性服务业如金融中心、贸易中心、信息中心、管理中心等转变。同时，由于污染等原因，临港工业开始出现大规模产业转移，导致湾区城市经济中工业占比逐渐下降，湾区经济重心由临港工业转向现代服务业。

发展特征：在该阶段，湾区城市掌握了金融业等高端资源，成为全球资源配置的核心节点，产业结构也发生根本性改变。内生性动力强度仍保持主导作用，港口基础性动力强度下降，外源性动力强度进一步提升，在区域或全球经济中的地位日益显著。

四、创新经济发展阶段

在创新经济发展阶段，信息产业成为湾区的主导产业，经济活动范围拓展到更广区域，形成区域多个中心共同发展格局。

发展背景：21 世纪以来，信息产业加速发展，以互联网为代表的新经济迅速崛起。湾区城市抓住新兴产业发展的历史机遇，加快推进以网络服务、创新金融、供应链管理以及商业模式创新等为主要内容的创新经济发展，抢占了产业发展的制高点。

发展特征：在该阶段，内生性动力保持主导作用，外源性动力占据第二位，港口基础性作用进一步削弱，基础性动力占据第三位。

第二章

湾区的研究

湾区研究的实质意义在于超越相对独立的城市群落集合体，把研究视野拓宽到更加广阔的区域范围。湾区在国内演变为区域经济领域一个特定区域类型的通称，在内地经过二十多年的扩充和发展，终于随着粤港澳大湾区上升为国家战略而大放异彩。

湾区区域合作与竞争的理论基础涵盖广泛，包括协同学理论、全球价值链理论、区域产业分工理论等经典理论。其中湾区经济的研究是当前区域研究的重要命题，涉及湾区经济的实质、形成机理、发展特征与评价体系等一系列关键主题。

第一节 理论基础

一、协同学理论

1965年伊戈尔·安索夫（Igor Ansoff）在《公司战略》一书中首次提出了协同的概念。德国斯图加特大学理论物理学赫尔曼·哈肯（Hermann Haken）教授于1975年系统提出协同学理论，以现代科学理论的最新成果——信息论、控制论、突变论为基础，吸取物理平衡权变理论和非权变理论的精华，引入统计力学对自组织过程的理论和方法进行深入研究，其中哈肯模型、协同度评价模型也延续至今为研究所用。协同是系统内部各子系统通过协同作用产生协同现象和协调效应，最终带来部分之和大于整体的作用，其研究对象是整个系统的行为，而非单个个体。

按照协同学理论，区域可视为一个高度复杂的多维系统，由城市多主体要素的多维子系统构成。协同学理论融入区域经济学、区域管理学的领域之后，"协同发展""协同管理""协同创新""协同治理"等说法一度兴起，并逐步发展成理论，在区域研究中得到广泛使用。

近年来，协同学理论指导解决了许多现实问题，涉及经济、生态、科技、旅游等方面协同问题，包括区域经济协调度度量、协同发展动力机制研究、区域生态环境协同治理机制与模式、区域科技-经济系统协调性分析与控制、科技服务业集聚发展、城市群旅游协同发展等。协同理论有助于对粤港澳大湾区从治理体系构建、产业体系分工、公共服务对接等方面有更系统的理论指导。

二、全球价值链理论

全球价值链理论根源于20世纪80年代国际商业研究者们提出和发展起来的价值链理论，其着眼于从价值链的角度看待全球化的分工问题，分析每个供应链环节的价值增值。联合国工业发展组织对"全球价值链"的定义是：全球价值链是指为实现商品或服务价值而连接生产、销售、回收处理等过程的全球性跨企业网络组织，涉及从原料采购和运输，半成品和成品的生产和分销，直至最终消费和回收处理的整个过程，包括所有参与者和生产销售等活动的组织及其价值、利润分配。

当前，散布于全球的处于价值链上的企业，进行着设计、产品开发、生产制造、营销、交货、消费、售后服务、循环利用等各种增值活动。近年来，随着分工国际化、贸易全球化的不断推进，以及现代技术应用所带来物流成本降低，全球价值链合作框架的优势与影响尽得显露。参与全球价值链不但可以实现最大化的国别竞争优势，帮助各国在自身的发展中走得更好更远，也可实现全球或区域资源的最佳配置，优化各国的贸易投资结构，成为经济一体化的重要驱动力。

随着外部环境的巨大变化，发达国家和发展中国家之间的分工关系已经由原来的垂直型分工演变为混合型分工，即产业链内不同环节间的分工。全球价值链理论恰好能准确解释当前的这种分工格局。全球价值链理论以产业作为分析的对象，研究产业链中不同环节间的关系，以及由此决定价值链的治理结构和不同公司间的利润分配关系，处于不同环节的公司可以以此为依据合理制定各自的发展战略。面对全球产业转移和竞争，全球价值链理论有助于对粤港澳大湾区层面形成由宏观到微观多层次多角度系统的认识，可清楚地分析国家层面及区域范围内产业发展所面临的机遇和挑战，并找到提升竞争力的有效途径。

三、区域产业分工理论

区域产业分工理论来源于国际分工理论。从经济学研究上看，西方传统国际分工理论是通过国际贸易理论来表达的。一个国家与外界发生经济贸易往来，实际上就是参与国际分工。在目前经济全球化不断深化的大背景下，几乎没有一个国家可以孤立地自己供给、自己消费，必然要参与到国际产业分工中，科学、合理定位并采取多种策略来谋取更有利的位置，这成为了国际竞争焦点，由此也形成了国际间复杂的产业分工体系。

国际贸易代表性的理论众多，主要有亚当·斯密（Adam Smith）的绝对优势理论、大卫·李嘉图（David Ricardo）的比较优势理论、约翰·穆勒（John Stuart Mill）的相互需求论、赫克歇尔－俄林（Heckscher-Ohlin）的要素禀赋理论和雷蒙德·弗农（Raymond Vernon）的产品生命周期理论，以及以迈克尔·波特（Michael E. Porter）为代表的当代国际分工理论，即钻石理论。随着世界经济发展和国际经济一体化的深入，特别是信息技术日新月异，经济形态、产业形态、企业形态等不断创新，产业分工模式也日趋多样化，国际产业分工理论也在不断创新发展中，特别是新经济地理理论关于区域产业聚集的影响因素等理论探索，对区域产业协同发展有重要参考价值。国内关于产业分工理论的研究，可追溯到产业布局理论或称区域经济布局理论，主要研究生产力诸要素在空间的配置和组合。

融合区域经济学、产业经济学与旅游经济学的基础理论，推演出了对旅游产业的区域效应与影响的研究话题。旅游产业和区域发展之间是依赖与制约并存的关系，旅游产业的发展需要区域范围的支撑，而旅游产业的发展又能对区域产生不同的效应和影响，成为国内外旅游研究的重点内容。为了更好地发挥区域发展的旅游效应，促进旅游业可持续发展，越来越多研究开始把握旅游产业与区域之间的互动关系及规律，以实现强有效的现实指导。一般认为，旅游产业对区域的影响包括经济、生态环境、社会文化、空间四个方面，尤其在经济方面，实现旅游产业与区域经济协调发展是主要目的。学者们通过研究旅游产业的空间集聚、旅游产业与经济的耦合度等来检验二者关系。由于目前以城市群为代表的区域总体上缺乏“共同”旅游品牌的意识，统一的协调机制和区域市场尚未形成，研究也论证了旅游产业与区域经济的一体化发展的正面效应并不是必然的结果。

第二节　研究进展

一、湾区经济的研究

湾区（Bay Area）一词在国外一般都特指硅谷所在的旧金山湾区，而并非经济地理和区域经济学中一种特定类型的区域的统称。国外对湾区经济的研究局限于某个特定区域，本质上并未将“湾区经济”作为一个一般化的区域经济学概念或者模式并利用经济学原理进行解析。因此国外有关湾区经济的研究文献主要以旧金山湾区为研究对象，对湾区内的产业转移、城市发展、科技进步、制度结构及其一些特定领域的问题进行研究，并进一步探讨港口、科技、人口、政策、资本等对湾区发展的影响。

（一）湾区经济的实质

早期湾区经济被简单定义为由湾区衍生的经济效应。“湾区经济”一词最早源于美国旧金山湾区，我国最早的湾区经济研究可追溯至 1997 年香港学者吴家玮、田长霖等，根据美国旧金山湾区经验提出建设沿香港海域的“香港湾区”设想，但“香港湾区”的概念定位带有一定的经验套用性质，将旧金山湾区的科技制胜经验转移到香港，期望通过科技带动产业来发展湾区经济。随着纽约湾区、东京湾区力量的壮大，越来越多研究思索与探讨“湾区经济”的实质，丰富了湾区经济在基础条件与影响效力上的含义。目前研究普遍认为湾区经济是以海港为依托，以湾区自然地理条件为基础，城镇群与港湾地理聚变融合发展形成的拥有国际影响力的独特的区域一体化经济形态[1]。

湾区经济拥有高度开发的经济结构、高效的资源配置能力、强大的集聚外溢功能和发达的国际交往网络。作为区域经济高级形态及产业升级的承载，湾区经济将进一步促成区域内城市结构的调整转变，实现区域整体范围以及国家范畴内的经济、社会、环境与资源等社会生活的优化与可持续。

（二）湾区经济的形成机理

纵观世界成熟湾区的发展轨迹，优越的地理环境、共同的文化渊源、现代化的核心城市群是湾区形成的基础条件，加上突出的人口红利、发达的市场经济以及深入的区域合作则形成湾区经济发展的引擎和驱动力，具体形成机理

---

〔1〕张日新，谷卓桐．粤港澳大湾区的来龙去脉与下一步［J］．改革，2017（05）：64—73.

是：（1）优越的地理条件，包括适宜人类居住和生产气候、天然深水及避风海港、宽阔的土地空间等。（2）共同的文化渊源，包括通用的语言和文字、普适的价值观和道德观、开放包容的民族民俗文化等。（3）现代化的核心城市群，包括健全的城市功能、宜居宜业宜游环境、开放包容的城市文化、突出的经济辐射能力等。（4）突出的人口红利，包括较大的人口规模、较高的劳动人口比例、低廉的劳动力成本、先进的教育和医疗水平等。（5）发达的市场经济，包括强劲的生产力、充分的市场竞争、庞大的消费市场、活跃的投资环境、良好的创新环境等。(6）深入的区域合作，包括基础设施的互联互通，顶层规划的协同统一、经济发展的互补共赢、社会文化的密切交流、人口流动的畅通环境、旅游定居的便利政策等。

（三）湾区经济的发展特征

湾区经济呈现出开放性、创新性、可持续性、周期性等特征，具体表现在：（1）开放性，湾区经济是外部性经济，从区域辐射全国、面向全球，极具开放性。（2）创新性，湾区经济的发展由工业革命推动，是各时代全球经济的风向标，极具创新性。(3）可持续性，湾区经济经历港口经济阶段（1950年前）、工业经济阶段（20世纪50—80年代）、服务经济阶段（20世纪80—90年代）、创新经济阶段（21世纪以后）四个发展阶段，基本上与四次工业革命相对应，极具可持续性。(4）周期性，湾区经济的发展与全球经济同舟共济、同频共振，因而当周期性爆发的经济危机来临时，湾区亦难逃危机，具有周期性的规律特点。

（四）湾区经济的评价体系

随着2013年深圳率先提出发展湾区经济以来，国内诸多城市亦争相加入到发展湾区经济的队列之中。认识和评价湾区经济，剖析国际湾区经济竞争格局，成为学者对政策决策和国内相关城市推进湾区经济发展建言献策的研究切入点之一。

鲁志国、潘凤等（2015）从土地面积、地区生产总值、产业结构比较、创业创新优势、金融产业基础、劳动力素质等指标出发，评价包含深港湾区的全球四大湾区的竞争格局，并构建衡量湾区发展水平的四维评价体系（经济规模、效益、开放、创新），发现深港湾区与其他三大湾区相比仍有较大差距，推动湾区经济发展的重点是发挥区域特色和推动体制机制创新[1]。綦鲁明（2016）将深圳作为主要研究对象，从创新辐射、开放引领、要素聚集、

〔1〕 鲁志国，潘凤，闫振坤．全球湾区经济比较与综合评价研究［J］．科技进步与对策，2015（11）：112—116.

互联互通、基础支撑五个维度选取30个二级指标构建了深圳湾区经济的评价指标体系，得出当前深圳湾区经济处于快速发展期[1]。林昌华（2018）基于TOPSIS综合评价方法的距离协同组合模型，从经济发展协同、社会发展协同和市场化制度协同三个维度来构建适用于评判港澳协同水平的具体指标，分析了粤港澳大湾区区域经济社会发展的表现特征和实践情况[2]。

二、世界级湾区的经验

一部分学者致力于对旧金山、纽约、东京等世界一流湾区的发展经验进行比较分析与总结，对粤港澳大湾区的发展提出许多有益的建议[3]。

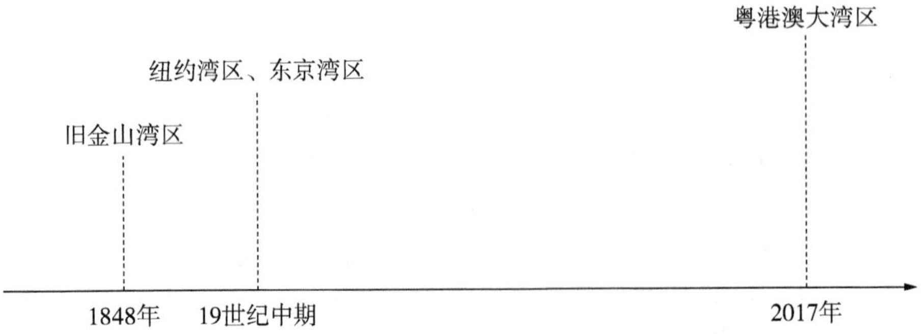

图2-1　世界各湾区崛起的起点时间

（一）旧金山湾区经验研究

旧金山湾区的成功经验主要体现在知识基础雄厚、创业资金扎实、具备创新精神的高科技中小企业的参与以及良好的自然、生态、社会和文化环境依托（田长霖，1999）[4]，同时需要具备强大的产业集群带、强有力的经济核心区、广阔的经济腹地、完善的经济交通网络、一批科研教育机构与创新性人才等条件（李睿，2015）[5]。旧金山湾区的创新活动以单中心集化空间模式为主（尹

[1] 綦鲁明．深圳发展湾区经济监测指标体系建议［J］．全球化，2016（6）：72—84.

[2] 林昌华．“大湾区”战略背景下港澳协同发展水平评价及对策启示［J］．亚太经济，2018（02）：143—148.

[3] 张日新，谷卓桐．粤港澳大湾区的来龙去脉与下一步［J］．改革，2017（05）：64—73.

[4] 田长霖，王乃粒．旧金山湾区的区域经济［J］．世界科学，1999（5）：23—24.

[5] 李睿．国际著名“湾区”发展经验及启示［J］．港口经济，2015（9）：5—8.

宏玲、吴志强，2015)[1]，国内发展湾区经济时尤其需要增强区域经济增长内生动力，通过体制机制创新来释放区域创新发展活力（鲁志国等，2015）。即使旧金山湾区遵循可持续发展“3E”原则，建立了公有公营城际轨道交通体系、有专门组建湾区政府协会负责湾区建设，但还是出现了盲目扩张导致的土地低效利用的问题（雷佳，2015)[2]。

（二）纽约湾区经验研究

纽约湾区的成功经验主要在于制定并实施城市创新发展战略，发挥政府和市场双重作用推动产业转型，重视基础设施及产业联结，注重人才培养。存在问题主要是地方政府机构重叠且权利分割严重，民众贫富差距悬殊（雷佳，2015)[3]。同时纽约湾区作为成熟湾区，通过将研究机构行政权力放宽促进产学研协作平台及科研成果转化，在第三产业的绝对比重表现出强依赖性，拥有金融保险业的强力支撑（俞少奇，2016)[4]。在湾区环境的保护与建设上，纽约湾区将自然环境保护纳入规划和开发建设原则中（陈晓丹，2014)[5]。

（三）东京湾区经验研究

东京湾区的成功经验主要体现在港口建设、科研机构、海湾生态圈与交通便捷（鲁刿歌，2014)[6]。日本政府重视湾区国土资源开发利用和整治，形成良好的规划主导和干预；同时在发展过程中通过吸收发达国家技术，形成强大产品创新和升级换代能力，抢先占领国际市场（李睿，2015)[7]。但同时也存在企业竞争无序以及水质恶化、海洋生物资源退化等生态毁坏方面的问题（雷佳，2015)[8]。

---

〔1〕 尹宏玲，吴志强．极化 & 扁平：美国湾区与长三角创新活动空间格局比较研究［J］．城市规划学刊，2015（5）．

〔2〕 雷佳．湾区经济的分析与研究［J］．特区实践与理论，2015（2）．

〔3〕 雷佳．湾区经济的分析与研究［J］．特区实践与理论，2015（2）．

〔4〕 俞少奇．国内外发展湾区经济的经验与启示［J］．福建金融，2016（6）：42—45．

〔5〕 陈晓丹，唐天均，车秀珍，等．湾区经济视角下的深圳湾区环境提升策略研究［J］．特区经济，2014（12）：64—66．

〔6〕 鲁刿歌．湾区经济：揭示成熟都市形象的璀璨转型［J］．上海城市管理，2014（03）．

〔7〕 李睿．国际著名“湾区”发展经验及启示［J］．港口经济，2015（9）：5—8．

〔8〕 雷佳．湾区经济的分析与研究［J］．特区实践与理论，2015（2）．

三、粤港澳大湾区的探索

国内湾区研究在理论概念上经历一个过程，后期阶段才形成了初步的粤港澳大湾区的空间格局体系：由1985年的“珠江三角洲经济开放区”，到1994年的“珠江三角洲经济区”及其后的粤港澳“大珠三角经济区”，再到当前的“粤港澳大湾区”。因此以粤港澳大湾区等国内湾区经济为研究对象，对如何打造和建设中国的世界级湾区进行诸多方面的探讨，已经成为当前国内湾区研究最主要的方向。国内研究对粤港澳大湾区的发展背景和条件进行了详细分析，包括与国际成熟湾区情况进行对标、探索和借鉴其实践经验、粤港澳大湾区发展的优劣势等，目前主要围绕粤港澳大湾区的治理合作模式、发展策略、法制建设及环境治理等方面而展开探索。

（一）治理模式

不同于国际湾区的国家内部合作，粤港澳大湾区是两种制度的合作，“一国两制”背景下的政治体制、市场经济、社会文化差异等使得粤港澳大湾区的治理合作更具挑战性。粤港澳大湾区的治理合作模式是粤港澳大湾区发展探索的重要领域之一。

粤港澳大湾区仍然采用由各政府部门主导的区域治理合作模式[1]，参与区域治理的主体涉及中央政府及相关部委，香港、澳门特区政府及相关部门，广东省政府及相关部门、珠三角九个地级以上城市。不同学者根据这些背景提出不同的治理模式和治理机制[2]。

刘璟（2017）提出构建以协调委员会为主的协调管理体制，从法律、市场、政府和社会四个方面创新协调机制，包括结构式强制、契约式和互动式三种方式配套相关政策[3]。李建平（2017）提出构筑“四方协议＋大湾区发展合作委员会＋联席会议＋专项合作”的协作机制。朱孔武（2018）强调推动粤港澳大湾区多元主体的协同治理模式，包括强调中央政府和地方政府合作关系的构建，鼓励地方政府之间的联合行动，关注公私伙伴关系的建立，鼓励非

---

〔1〕 朱孔武．粤港澳大湾区跨域治理的法治实践［J］．地方立法研究，2018，3（04）：2—10．

〔2〕 李建平．粤港澳大湾区协作治理机制的演进与展望［J］．规划师，2017，33（11）：53—59．

〔3〕 刘璟．粤港澳大湾区治理与合作模式探索［J］．开放导报，2017（5）：96—99．

政府组织与民间社会的积极参与[1]。陈洪超等（2018）指出实现粤港澳大湾区的协作治理需要尤其重视软法治理，软法治理与区域政府间合作具有高度的契合性，并提出了粤港澳大湾区的软法治理合作模式。[2]

（二）发展策略

粤港澳大湾区的一个特殊性体现在它从区域性的大珠三角城市群演化成全球视野下的湾区区域，因此如何打破现有的珠三角城市群与港澳两地的发展局面，从国家发展的全局、全球化的视野思考粤港澳大湾区城市群所要担负的发展使命、战略重点及突破口，成为亟待研究的重要问题[3]。

在国家战略层面上，黄晓敏等（2016）认为粤港澳大湾区是对接国家“一带一路”倡议的龙头基地，应当结合国家政策、三地双边协议、粤港澳区域合作的三个层次的叠加优势推动粤港澳大湾区文商旅的融合发展机制，实现合作共赢。丘杉（2017）也从“一带一路”、长效合作机制、大城市群三个维度出发，提出未来大湾区如何促进珠三角和港澳的共同发展的许多策略[4]。

在湾区城市群总体发展上，汪行东等（2017）的研究结果表明，粤港澳大湾区城市群呈现出广深港为主导的多中心空间结构，存在中心城市同质化竞争和空间整合不足的难题，并提出未来湾区城市群应建立区域经济发展协调机构，实行产业错位发展战略[5]。刘成昆（2017）则从持续建设和推动港澳深入融合的角度，指出未来湾区的发展要明晰香港、深圳和广州的核心城市地位，密切各城市的分工协作、健全区域公共治理、发挥市场机制、衔接“一带一路”倡议。[6]

在具体的城市融合问题上，针对城市如何融入大湾区，为能够实现对湾区城市的精准定位和错位、异质化发展，王枫云等（2017）对粤港澳大湾区城

---

〔1〕 朱孔武．粤港澳大湾区跨域治理的法治实践［J］．地方立法研究，2018，3（04）：2—10.

〔2〕 陈洪超，张春杨，王琳．软法视野下粤港澳大湾区合作治理机制研究［J］．特区经济，2018（03）：22—25.

〔3〕 覃成林，刘丽玲，覃文昊．粤港澳大湾区城市群发展战略思考［J］．区域经济评论，2017（05）：113—118.

〔4〕 丘杉．粤港澳大湾区城市群发展路向选择的维度分析［J］．广东社会科学，2017（04）：15—20.

〔5〕 汪行东，鲁志国．粤港澳大湾区城市群空间结构研究：从单中心到多中心［J］．岭南学刊，2017（05）：78—85.

〔6〕 刘成昆．融入城市群，打造湾区经济——粤港澳大湾区城市群发展分析［J］．港澳研究，2017（04）：55—60＋93.

市群内11座城市都进行了详细探讨。还有学者就单个城市如何融入粤港澳大湾区的战略下发展，以及如何在湾区建设中发挥积极重要的作用也进行了探讨。曹方平（2017）就深圳市建设成粤港澳大湾区主力军提出了相关对策建议[1]，程慧等（2018）以广州南沙为例，探讨了南沙向粤港澳区域中心的战略提升[2]，陈洪超等（2018）也深入研究了肇庆融入粤港澳大湾区机遇、挑战与策略[3]。

（三）法制建设

粤港澳大湾区是两种制度的合作，因此粤港澳大湾区的法制建设成为人们主要探讨的问题之一，包括立法保障、法治文化建设、法制合作体系、软法治理模式等切入点。

粤港澳大湾区涉及“一国两制”的复杂制度背景，张亮等（2018）认为有必要通过立法为粤港澳大湾区协作发展的合法性基础和有效的法律治理提供保障，应当通过出台“区域合作法”，从立法上来引领粤港澳大湾区的协同合作制度。[4] 刘云甫（2018）则主张法治文化发展是推进粤港澳大湾区发展的重要环节，但当下湾区法治文化存在制度差异的影响、理性流失、“良性违法”等诸多发展难题，要通过明确珠三角九市区域合作权限、加强软法治理、推动社会组织合作等路径来消解湾区法治文化的困境。[5] 黄志勇、张淑钿（2017）指出粤港澳法制体系不一致是区域协作发展亟须要突破的问题，同时也提出制定区域冲突法、加强司法机关解决纠纷的合作机制、建立比较完备的仲裁机制等解决办法，实现区域层面的法律合作。[6][7]

---

〔1〕 曹方平．加快粤港澳大湾区城市群建设的几点思考——基于深圳市［J］．财会学习，2017（11）：205.

〔2〕 程慧，刘玉亭．从边缘城市到湾区中心：粤港澳大湾区建设背景下的南沙定位［J］．城市观察，2018（03）：26—35.

〔3〕 陈洪超，唐建宁．肇庆融入粤港澳大湾区机遇、挑战与策略研究［J］．广东经济，2018（7）.

〔4〕 张亮，黎东铭．粤港澳大湾区的立法保障问题［J］．地方立法研究，2018，3（04）：21—36.

〔5〕 刘云甫．粤港澳大湾区法治文化的发展困境与优化路径［J］．广东行政学院学报，2018（1）.

〔6〕 黄志勇．构建粤港澳大湾区的法制合作体系［J］．新经济，2017（01）：12—13.

〔7〕 张淑钿．粤港澳大湾区城市群建设中的法律冲突与法律合作［J］．港澳研究，2017（3）.

（四）环境治理

由于粤港澳大湾区空气污染、跨界河流污染、珠江口污染、近岸海域污染问题仍然严峻，“一国两制”下跨区域环境协同治理面临许多困境，粤港澳大湾区环境治理的发展策略也备受关注。王玉明（2018）指出必须深化粤港澳大湾区环境治理合作，并在规划、管理、利益协调以及空间格局等层面提出了许多建议[1]。谢伟（2018）从环境行政执法协调的角度分析湾区的环境资源治理问题，提出要组建湾区环境资源协同治理组织，构建区域一体化环境标准和监测体系，完善湾区环境行政执法协调机制[2]。任颖（2018）以环境监察体制为切入点，力图从粤港澳环境治理中的预防、监督、救济一体化协同机制方面破解粤港澳大湾区环境治理发展策略[3]。

四、区域发展的总体审视

关于区域协调发展的研究是从城市化进程中都市区、都市圈和城市群等区域尺度的变化发展引起的，20 世纪末经济全球化和中国城市化的进一步发展使得我国研究区域经济竞合关系有了新的重点和创新。总体而言，现有研究主要从全球化、空间经济学、可持续发展等视角展开。首先，越来越多研究将区域一体化发展与全球经济发展相结合，表现在以全球价值链、全球生产网络和全球创新网络为框架研究区域问题。其次，为了实现更好地进行生产要素的空间布局，安排经济活动的空间区位，城市、区域和国家三个空间尺度的经济现象和规律也得到更明确的区分。再次，生态、经济和社会三个子系统的协调发展，关系到区域可持续发展目标的实现。

（一）全球化：重要视角

当前经济开放和贸易自由化程度极高，因此现有研究尤其强调全球经济一体化的大背景，许多国家都通过协商谈判、签订一体化协定等来消除贸易壁垒，推动国际投资、加强经济联系，因此在多元国家主体的利益角逐中减少冲突、推进区域经济一体化创造政治经济文化和谐深度交流也是国内外学者力及推进的目标。中国位居世界第二大经济体，面对“中国威胁论”的难题，如

〔1〕 王玉明．粤港澳大湾区环境治理合作的回顾与展望［J］．哈尔滨工业大学学报（社会科学版），2018，20（01）：117—126.

〔2〕 谢伟．粤港澳大湾区环境行政执法协调研究［J］．广东社会科学，2018（3）.

〔3〕 任颖．粤港澳大湾区环境监察协同治理研究［J］．城市观察，2018（02）：30—39.

何迎难而上是国内学者从全球化视角研究中国区域竞争与合作发展的问题源泉。以经济手段制胜是目前普遍认同的一个战略理念，主要途径包括紧抓“一带一路”“粤港澳大湾区”建设的关键时节、调整中国的区域经济结构、推进国际范围内的区域经济一体化合作、全球价值链战略等。

（二）可持续发展：长期命题

如何实现可持续发展，是一个区域面临的长期命题。区域可持续发展涉及经济发展、社会进步以及资源环境状况等多个子系统，目前主要从经济发展、社会发展、生态环境等维度构建评价体系来判定一个地区的可持续发展能力。随着科学技术的普及和广泛应用，科技创新也成为一个新的评价指标。科技创新在区域可持续发展中的关键作用也越来越被提及，许多话题如区域科技－经济系统协调性、科技服务业集聚发展、区域科技创新与可持续发展空间差异等近年来备受关注，科技成为实现区域可持续发展的一股重要力量。

区域拥有跨越多边界的特性，这使得公共事务的存在，也衍生出容易滋生矛盾的交互范畴。许多地方政府通过跨区域的政策合作、一体化治理创新等实践来化解可能性的冲突，维持区域间府际的可持续交往，由此区域公共事务的协作治理也一直在持续不断地探讨。区域治理网络中有着多元的治理参与主体，如何建立平等和谐的沟通渠道、共同解决区域公共事务与冲突、寻求平衡点便成为协作治理目前学术界积极回答的关键问题。在研究区域协作治理的过程中，形成了以国家干预为主的政府模式、以市场主导为主的多中心治理模式、以区域多方协作为主导的新区域主义三种理论范式。以区域多方协作为主导的“新区域主义”模式主张通过谈判形成都市区不同层级政府、社会团体和私营部门间的协作机制，以此来共同解决区域公共事务，试图在以“国家干预”为主的“政府模式”和以“市场主导”为主的“多中心治理模式”之间找到平衡点，这一模式也是目前学者们讨论最多的。

（三）空间经济学：新兴理论基础

就区域尺度而言，西方形成了分析集聚经济原理的系列相关理论，西方新古典经济学、制度经济学、新经济地理学均对区域经济协调发展问题进行了解释。在区位理论和新经济地理学的基础上演变而来的空间经济学成为当前经济学领域大为推崇的理论。该理论从城市、区域和国家三个尺度研究经济现象及运行规律，能够很好地诠释生产要素的空间布局和经济活动在空间上的区位问题。

空间经济学的分析框架也非常符合当下我国经济的地理特征，近几年在国内的研究迅速升温。出口选择与贸易开放占据总体研究的大幅比例，这是由于改革开放和国际贸易改变了中国产业尤其是制造业参与国际分工的局势。中国面临着国际分工的新形态和新趋势，尤其粤港澳大湾区的战略作为一个标志性的中国实践，更加鼓励了运用空间经济学理论对中国区域协调发展的现实问题进行实证研究的热潮。上述西方经典理论模型也成为国内学者预测区域经济发展的重要工具，大到整体区域经济规律的演化、产业的分布转移，小到总部集聚与工厂选址，其目标是期望为中国区域经济战略和产业转移战略提出具有指导意义的策略。

第三章

湾区的旅游

湾区的旅游涉及不同层面的竞争与合作，基于旅游合作与发展的视角，探索多方主体层次之间的协作关系，研究合作模式与合作机制，有助于深化湾区旅游的发展与合作，实现湾区的区域创新与可持续发展。

在合作主体上，湾区的旅游发展涉及多层次的利益相关方，包括政府、企业和以行业协会、意见领袖和社会民众构成的公民社会等。

在合作模式上，可从不同的角度归纳出四类区域旅游合作模式：基于时空维度、基于空间结构、基于市场要素、基于合作伙伴空间距离关系。

在合作机制上，主要有五大关键内容：动力机制、保障机制、创新机制、利益协调机制、信息交互机制。

国外研究大多集中在对旅游区组织行为模式的研究，主要包括两个方面的内容，一是旅游区及其组织结构与各部门之间的协同，另一个方面是区域与其环境（包括旅游业之外的其他行业、整个社会）之间的互动。集中探讨区域旅游利益主体之间的合作、旅游企业之间的合作、公共与私有部门的合作等方面。西方发展经济学将旅游视为一个产业，就区域的旅游产业而言，关注点更多在于旅游产业发展的各种区域约束条件，而旅游产业为区域所创造的效应和影响受到的关注是较少的。随着越来越多区域研究关注空间及产业供需视角，由此研究区域的旅游业合作发展也成为了一个新颖的方向。

自20世纪80年代以来，国内对区域旅游的发展问题高度关注。区域旅游合作包括区域之间的旅游合作和区域内部地区与地区间的旅游合作[1]。长期以来国内区域旅游合作都是基于一定行政区划范围的行为主体间的区域外部性交往活动，通过与其比邻或相对等的成员之间的契约关系，实现旅游要素的空间整合和优化配置[2]。

第一节　合作主体研究

区域旅游合作是不同行政区之间的合作，区域旅游合作主体涵盖了政府、旅游企业、行业协会组织以及目的地社区居民。不同的合作主体承担着相应的角色、发挥着不同的作用，是区域旅游合作重要的参与力量，厘清区域旅游合作中各利益相关者的作用与地位是确定分工合作的根本与基础，有助于推进区域旅游的发展。究其根本，政府对经济、生态、社会综合效益的追求，旅游企业对利润和范围经济的追求，行业协会对推动行业发展的追求，是各利益主体在竞争中谋求协作的根本动力。

一、政府：旅游合作的主导力量

世界经合组织（OECD）旅游委员会将政府参与旅游业发展的过程划分成三个阶段：启动、发展及成熟阶段。在启动阶段，各国政府开始发展旅游业并参与到旅游活动的各个领域中；在发展阶段，伴随着旅游业的增长，旅游市场的扩大及投资主体的增加，政府通过制定法律措施、规范市场竞争秩序，来促

〔1〕 薛莹. 对区域旅游合作研究中几个基本问题的认识［J］. 桂林旅游高等专科学校学报，2001（02）：26—29.

〔2〕 汪宇明. 旅游合作与区域创新［M］. 北京：科学出版社，2009.12.

进旅游业的良性发展；在成熟阶段，政府主要通过调控和协调来稳定旅游业的发展，提高旅游业的综合效益。改革开放至今，在中国区域旅游合作的跌宕演进过程中，政府一直是中国区域旅游经济的主导力量，是中国旅游业能够快速发展的重要推手。政府作为区域旅游合作发展的倡导者、规则制定者、组织者、推动者、监督者、关系协调者，对推进区域旅游经济合作与发展起重要作用。

政府是区域旅游合作中的倡导者和规则制定者。跨区域旅游合作是跨越行政区的合作，如果合作中没有政府的指引和倡导，单靠旅游企业，不仅难以形成共赢的局面，更有可能形成地方保护主义或者恶性竞争的局面。合作区域的各政府承担着制定区域旅游合作规则的重任。整个规则的制定过程中由于要兼顾每一方的利益，所以要坚持公平、公开、公正的原则，努力做到规范旅游市场和竞争秩序等。

政府是区域旅游合作中的组织者和推动者。政府是推进区域旅游合作计划正常进行的最为重要的力量。区域旅游合作通常是通过这样的三种模式来运转的：统一规划、统一开发、统一营销，在每个模式里面，政府都应起到领导组织的作用。首先，各区域地方政府要以市场为基础对自然资源、人文资源和人才资源等进行资源的优化配置；其次，从组织角度而言，政府要根据区域旅游合作发展的需要做好建设规划、人才组建等；再次，政府的目光应该更高远，更能掌控区域旅游合作的整体发展情况。而合作中涉及到旅游交通的建设、旅游设施的建设、旅游法律法规的制定等等，这些市场、制度和公共设施等公共产品层面上的建设，还是需要政府的扶持，所以实际上政府都直接或是间接地为区域旅游合作的运转起着推波助澜的作用。

政府是区域旅游合作中的监督者和关系协调者。监督分为事前监督、事中监督和事后监督，因此监督控制始终贯穿于区域旅游合作的全过程，这要求政府把握宏观的合作形势，对合作的各个方面进行监督与控制，及时地发现偏差、分析原因并及时纠正，从而保证区域旅游合作的正常进行。在旅游合作中，合作主体较多，代表的利益也各不相同，这些合作关系错综复杂，利益相互交织，构成了一个很大的关系网。地方保护主义、争夺资源与客源的现象频频出现，这时候便需要政府出面发挥政府的协调作用。

二、旅游企业：旅游经济的运行主体

旅游企业是旅游经济的运行主体，是旅游产品与服务的生产者和提供者，是推进区域旅游合作的不可或缺的重要力量。

旅游企业是以旅游资源为依托，以有形的空间设备、资源和无形的服务效用为手段，在旅游消费服务领域中进行独立经营核算的经济单位。旅游企业涉及到了旅游的吃、住、行、游、购、娱的各个方面。比如旅行社、酒店（饭店）、购物商场、旅游交通企业甚至还有一些为旅游提供便利的网站。企业一直以来都是经济活动中最活跃的因素，旅游企业联动效应波及广，它担当着不同的角色，包括合作计划的实施、合作利益的实现、合作过程的服务、合作创新的提供。

三、公民社会：促成合作的第三只手

公民社会是区域合作发展中的关键行为主体，包括行业协会、推进区域合作的资深人士、政策顾问及科研智库在内的意见领袖、社会民众等不同类型的行为主体，他们在推动区域旅游合作中承担着重要角色，发挥着巨大的作用。

（一）行业协会

在促进区域旅游合作方面，行业协会发挥着重要职能。一方面行业协会规范旅游业发展秩序，促成有序的区域旅游经济秩序的形成。行业协会在旅游业相关的行业质量标准、行业规范和宣传等方面制定标准，并通过声誉、信息和技术知识分享等机制促进行业成员的生产技术水平，同时提供行业运行与发展的实时状况。另一方面，行业协会有助于区域旅游市场的统一，进而降低交易成本。行业协会可以通过规范区域性企业的经营行为来消除贸易壁垒，并借助区域企业突破行政壁垒，打破行政封锁，建立和维护区域旅游市场的秩序。

（二）意见领袖

意见领袖拥有区域旅游发展相关的丰富专业知识和经验，深得人们的信赖，其传递的意见和信息能够产生一定的影响力。区域旅游发展领域中的资深人士、政策顾问、科研智库等意见领袖，作为促成区域旅游合作的第三只手，结合自身的知识结构和态度，提供专业优质的观点内容，能够影响公共政策和舆论的形成、促进社区民众关注相关的政治议程，起到协调者、引领者的角色作用。首先，资深人士作为政府建设进程中政府和社会民众之间的中间联结，协调政府与社会民众的过程，也是国家区域旅游建设或战略理念传递的重要环节。其次，政策顾问及科研智库等研究性机构为区域旅游合作发展出谋划策，为协调地方利益冲突建言献策。最后，意见领袖还通过一系列活动，营造共同的区域旅游文化，培育区域旅游合作理念。

（三）社会民众

社会民众是国家建设和社会变化最直接的参与者、见证者、体验者，是国家战略部署中最基本的被影响单元。随着市场经济和政治传播的发展趋势，社会民众日益踊跃地参与到国家的社会建设中，发挥着重要的促进作用。区域旅游发展作为国家重要的发展版图，有必要将社会民众纳入合作主体中，共同探讨中国区域旅游合作的未来。

第二节　合作模式研究

区域旅游合作模式的研究一直是学者们关注的重点，学者们会根据理论角度的不同和自己实际的需要对合作模式进行不同的划分。

表 3－1　不同理论角度的区域旅游合作模式类型

区域旅游合作模式	释义	参考文献
基于时空维度的区域旅游合作模式	内容单一化合作模式 行业综合型合作模式 多元化全方位合作模式 关联性区域合作模式	秦学（2004）[1]
基于空间结构的区域旅游合作模式	点－轴发展模式 单核辐射模式 双核联动模式 核心边缘模式 网络型模式	杨荣斌、郑建瑜、程金龙（2005）[2]
基于市场要素的区域旅游合作模式	市场互换模式 产品－市场共享模式 要素协同模式 一体化发展模式	马波（2007）[3]
基于合作伙伴空间距离关系的区域旅游合作模式	伙伴空间毗邻关系模式 伙伴空间间隔关系模式 跨国关系模式	汪宇明（2009）[4]

一、基于时空维度的合作模式

从旅游业区域合作的时间维度和空间维度两个层面，对区域对象、主体分

---

〔1〕 秦学．旅游业区域合作的一般模式与原理探讨——兼论粤港澳地区旅游业合作的模式［J］．商讯（公司金融），2004（5）：40—44.

〔2〕 杨荣斌，郑建瑜，程金龙．区域旅游合作结构模式研究［J］．地理与地理信息科学，2005，21（5）：95—98.

〔3〕 马波．旅游业的转型与区域旅游合作——兼论中、日、韩旅游合作的推进［J］．旅游学刊，2007，22（5）：24—28.

〔4〕 汪宇明．旅游合作与区域创新［M］．北京：科学出版社，2009.

布、内容形式、合作机制等态势进行阶段划分，可推演出四种理论模式：内容单一化合作模式、行业综合型合作模式、多元化全方位合作模式、关联性区域合作模式。

（一）内容单一化合作模式

内容单一化合作模式是指以旅游业某个领域为内容，受特定目的驱动下的单一化旅游业区域合作。在两个或两个以上的区域开展旅游业合作初期，区域之间出于某种特定目的，如建立外交关系，打开民间往来的大门，在经济、文化、科技等领域开始迈出合作步伐等，一般会选择旅游业的某个领域作为突破口，首先开展交流和往来，以此为契机，进一步扩大双边的交流合作。例如相互开放旅游目的地，允许对方投资者来境内在规定的行业和领域进行多种形式的旅游投资开发活动等。这种初期的合作一般是在政府推动下由企业和民间完成的，合作的内容比较单一，双方的合作关系不够稳定，容易受到双方其他因素（特别是政治）的影响而出现波动。

这种模式是区域之间开展大规模旅游业合作的前奏和铺垫，较多地存在于经济结构和发展水平、政治制度、文化背景、意识形态相差较大的国家和地区间，在当今世界旅游业区域合作现实中仍大量存在，但并非主导地位。

（二）行业综合型合作模式

行业综合型合作模式是指以旅游行业为主要内容，企业为主体，市场推动下的全行业合作。该模式是区域旅游合作发展到一定阶段的模式，它是在初期合作领域狭小，合作内容和途径单一的模式上不断扩大、提升而形成的较为普遍的旅游业区域合作模式。这一模式的特点是区域合作的内容涉及到旅游行业的各个领域，包括各类旅游企业（旅行社、旅游公司、饭店、旅游景区），以及能为旅游活动提供直接服务的公共设施服务业（交通运输业、园林绿化业、自然保护区管理业、风景名胜区管理业、环境卫生业、海关与口岸边检行业、公安及出入境服务业）。旅游业区域合作的形式是各类企业在市场利益驱动下通过多种方式进行投资、经营、销售、管理等方面的合作，区域旅游业合作呈现出全旅游行业和综合性特点，并且旅游行业的合作与其他行业和领域的合作形成相互促进、共同繁荣的互动关系，区域旅游业合作呈现出加速推进的态势。

就世界旅游业区域合作的个案数量来讲，该模式是目前最为普遍的模式，绝大多数的区域旅游业合作实践都正在进行着这种合作模式。这种旅游业区域合作模式一般产生在地理空间彼此相邻的区域之间，旅游业各要素在临近的区域之间流动所受到的空间障碍和交易成本相对较低，容易形成密切的区域旅游关系。澜沧江—湄公河次区域旅游合作、我国国内许多跨区域（以跨省区为多）旅游业合作基本上都是这种合作模式。

（三）多元化全方位合作模式

多元化全方位合作模式是指众多产业参与、主体多元化、综合机制协调下的全方位旅游业区域合作。区域合作的主体多元化，包括企业、民间组织、政府等，各地区的旅游业在市场驱动、政府推动、民间互动等多种机制下形成共生共荣、水乳交融、高度融合的全方位合作关系。这种模式以基本层次的旅游行业的全面合作为目标和内容，因此要进行区域间基础设施、环境、政策、制度、管理、社会文化等深层次领域的交流、沟通与整合，这是区域旅游业合作发展到一定阶段的必然要求和表现形式。这种模式下的区域旅游业合作成为区域间经济一体化、社会互动化、文化整合化的重大力量和重要内容，是区域旅游业走向成熟化、高级化的标志。

目前世界上具有这种模式的旅游区域合作并不多，主要表现在发达国家和地区的旅游业合作中，欧美发达国家和地区最为典型，亚洲的东南亚地区，我国粤港澳地区、长江三角洲地区、环渤海地区、环太湖地区、京津承（德）地区、辽宁“金三角”地区、成渝地区等旅游业发达地区目前都是这种“多元化全方位合作模式”。

（四）关联性区域合作模式

关联性区域合作模式是指非以旅游业发展为目的、但对旅游业有促进作用的区域合作。旅游业的区域合作，是一个客观存在的社会现象。区域之间经济、科技、社会、文化的交流与合作，都会不同程度地促进旅游业的发展和区域联合。这种并非以旅游业发展为目的，但对旅游业有促进作用的区域合作，从旅游业角度看虽然难以用类似前三种模式那样总结出特定的规律和规模，它仍然是一种不可忽视的模式。如区域间基础设施的合作建设、社会治安与环境联合治理、环境保护与卫生事业合作、工农产业合作开发、高新技术和信息技术的合作发展、教育的相互交流与合作等，这些以经济、社会、文化为目的的区域合作是区域旅游业合作顺利开展必不可少的条件和保证。这种合作模式，广泛存在于世界各种类型的区域合作中，并且贯穿于区域合作的初创、发展、成熟、重新循环等全过程。

二、基于空间结构的合作模式

以区域经济水平不同发展阶段为前提，综合考虑与其相匹配的旅游资源、交通条件、市场状态等方面，可以将区域旅游合作模式划分成五种空间结构模式：点－轴发展模式、单核辐射模式、双核联动模式、核心边缘模式、网络型模式[1]。

（一）点－轴发展模式

该类型的区域经济水平落后，旅游业发展缺乏区域经济的有力支撑，区域旅游合作以旅游资源（点）的整合为基础，沿交通干道（发展轴）延伸并向两侧辐射，形成中长线的特色旅游产品，构成点－轴发展模式，目的是赢得更多的输入性旅游客流。

图3－1　点－轴发展模式

（二）单核辐射模式

该类型的区域旅游资源、市场分布不均衡，单项优势突出，以城市（市场）－区域资源或资源－市场空间关系为特征，以出游人数多、承载力大的单个大城市或某个具有大尺度吸引向性的旅游景区为核心，以旅游经济联系（包括旅游交通）为纽带形成的区域旅游合作模式。该模式在区域旅游合作开始阶段较为普遍。

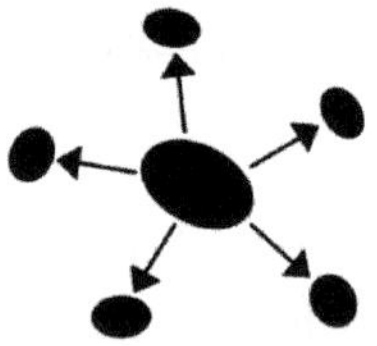

图3－2　单核辐射模式

（三）双核联动模式

该类型为双核心，以城市－城市或资源－资源空间关系为特征，不管是城市还是资源，双核在区域中的地位和等级相当，形成市场共轭或资源互补或两者兼而有之的合作关系。

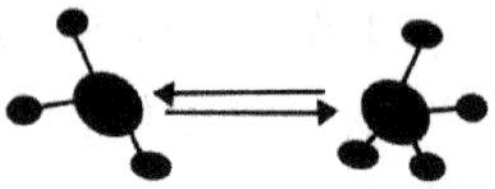

图3－3　双核联动模式

（四）核心边缘模式

该类型形成于区域旅游合作水平比较高的时期，是单核辐射模式与双核联动模式的后续发展阶段，呈现多级圈层结构，不同圈层的旅游功能有差异，旅游业发展水平呈现由核心向边缘的渐降次序，而区域整体水平高，竞争力强。区域旅游合作在更高的平台上进行整合，这是一个机制和模式不断创新的过程。

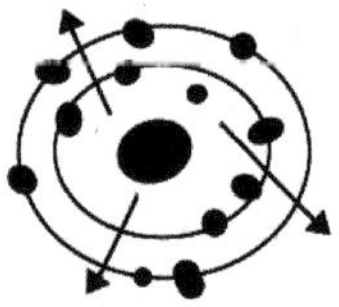

图3－4　核心边缘模式

（五）网络型模式

该类型所处地区经济发达，旅游业一开始就受到区域经济活力的强有力支撑。区域基础设施完备，

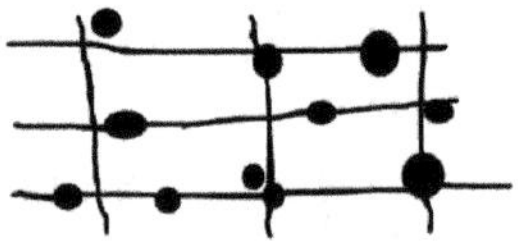

图3－5　网络型模式

〔1〕 杨荣斌，郑建瑜，程金龙．区域旅游合作结构模式研究［J］．地理与地理信息科学，2005，21（5）：95—98.

旅游资源丰富，旅游市场发育，城市间往往互为市场，互为资源，并且度假、商务、节事等专业层次旅游活动所占比重较大。

三、基于市场要素的合作模式

基于市场要素划分，区域旅游合作的基本模式可归纳为四种，具体包括市场互换模式、产品－市场共享模式、要素协同模式、一体化发展模式。

（一）市场互换模式

市场互换模式是以相互交换客源市场为主要方式和目的的合作模式，属于初级合作模式，此模式的前提是合作双方在旅游资源和产品上存在显著差异，实现起来比较容易，主要的途径是行业组织推动，企业跟进。

（二）产品－市场共享模式

产品－市场共享模式是两个或多个地区推出联合线路、共同开发市场的合作模式，此模式以游客效益最大化为合作目标，合作地区之间的旅游产品要有明显的互补性。

（三）要素协同模式

政府联动，达成合作框架，进而推动和引导产品开发的分工、整合，是这种模式得以实现的关键。指通过一种或多种旅游产业要素（如技术、资本、信息等）的区际流动，实现区域内旅游业协同发展的合作模式，要素协同模式无疑是更高级的形态。

（四）一体化发展模式

一体化发展模式是要素协同模式全面发展的产物，指将多个行政区视为一个旅游经济区，依据市场规则实现旅游产业资源最优配置的模式。

四、基于合作伙伴的合作模式

基于合作伙伴空间关系划分，区域旅游合作的基本模式可归纳为三种，具体包括伙伴空间毗邻关系模式、伙伴空间间隔关系模式、跨国关系模式。

（一）伙伴空间毗邻关系模式

在行政区边界接壤的区域一般通过政府间主导的合作与联合行动形成空间联系的地理关系，推动区域旅游一体化或发展无障碍旅游是空间毗邻的区域一般会采取的模式，这也是区域旅游合作格局中一种具有框架协议约束性的政府间联合行动。

（二）伙伴空间间隔关系模式

空间上存在间隔即不连续的区域通常跨越若干行政区实现地方政府间的区域旅游合作行为，形成空间上不连续的区域旅游合作共同体，中国地方政府间多以这种合作关系模式为主，还可进一步细分成三种具体类型：一是远程距离的省级地方政府间旅游合作；二是城市政府间的旅游合作；三是港澳特别行政区与内地城市或地方政府间的旅游合作。

（三）跨国关系模式

随着中国对外关系的发展，中国地方政府与一些建交国家内部的地方政府或城市建立了友好关系，进行经贸往来和文化建设等交流合作，旅游合作是其中一个重要领域和环节。

第三节 合作机制研究

将区域旅游合作作为一个系统，分析其内部结构和运作规律，即为“区域旅游合作机制”。具体来说，区域旅游合作机制指的是区域旅游中的合作主体及要素相互作用的方式及为保障合作关系及要素优化配置而制定的制度、协议、章程等。有关区域旅游合作机制内容，不同学者有不同的研究。通过对已有研究的归纳，可提出区域旅游合作机制五大关键内容，主要是：动力机制、保障机制、创新机制、利益协调机制、信息交互机制。

表3－2 不同学者提出的区域旅游合作机制总结

序号	区域旅游合作机制内容	来源
1	区域旅游合作机制分为：目标机制、运行机制、保障机制、创新机制。	田良（2017）
2	制度机制、运行机制、保障机制构建而成的区域旅游合作认知共同体。	焦爱丽（2016）
3	区域旅游合作机制包括：动力机制、利益机制、政府调节机制。	许辉春（2011）
4	区域旅游合作的新机制包括建立跨区域的权威协调机构，建立利益分享和补偿机制、建立区域性旅游集团、打造区域旅游产业集群、提供旅游公共信息等。	张志辰（2011）
5	区域旅游合作机制是区域旅游合作系统的工作，包括组成这一系统各种要素的关联性和相互作用，涉及动力机制、过程机制、运行机制和空间作用机制四个方面。	宋子千（2008）

一、动力机制

区域旅游合作的趋势和深度受空间作用力、市场推动力、政府协调力以及利益驱动力等四个部分的趋势和深度所支配。

首先，地域上的邻近能推动地区间的相互交流，增加旅游要素的双向流动；各地旅游吸引物的互补和连续能强化该区域的吸引力，交通的通达性与可进入性，能更好地推动区域间的联合开发，这三者缺一不可，形成了开展区域旅游合作的基础。其次，目标顾客群的多样化需求、区域经济的一体化对各地旅游业提出了新的要求，在这样的情况下地区间的旅游联合、协作成为了各地区旅游产业谋求市场外拓和内聚，形成市场规模的重要举措，它是降低生产成本、满足旅游需求的经济行为。再次，由于空间生长力有地域分割限制，市场作用力过于自主和利己，因此政府的主导保障非常关键。政府通过确立相应的规章制度、保障措施支持和主导区域旅游合作。最后，从内在驱动来说，政府对经济、生态、社会综合效益的追求，旅游企业对利润和范围经济的追求，行业协会对推动行业发展的追求，是各利益主体在竞争中谋求联合协作的根本动力。

二、保障机制

区域旅游合作会遇到来自经济、社会、观念等方面的阻碍，受到各种外部力量的中断、各合作主体的利益冲突，为推动旅游合作顺利进行，实现区域旅游合作机制的制度化、长期化，有必要建立统一的保障机制。区域旅游合作实现共赢，主体方面要各尽职能，分工合作，在协调、监督、利益共享和补偿方面实现相互保障。

一是建立专门性的机构如区域旅游联盟、合作发展基金会、区域旅游论坛等对有关区域合作的重大事宜和问题进行探讨，协调区域之间的发展和存在的矛盾，决定区域旅游合作的方向和行为标准，进行整体的区域旅游规划和政策落实。二是发挥行业协会维护行业规则，推动行业发展的作用。行业协会作为政府和旅游企业沟通的桥梁，要发挥向上表达各利益主体的诉求和愿望，向下传达和解释旅游政策和标准要求的作用，对政府和企业行为进行外部监督，保证各主体的行为符合要求和规范；同时，协调各主体之间的利益分配，缓解各主体的矛盾冲突。三是建立政绩考核机制、事后效益反馈机制，进行自察，对在合作中出现的问题能及时发现，予以改正和补救。四是建立环境保护机制，对破坏环境的行为予以惩罚，维持各旅游区域的生态系统，最终实现区域经济的稳定、持续发展。

三、创新机制

创新是区域旅游发展的主要驱动力，保障创新机制的运行，有助于推动区域旅游合作实现高质量发展。作为复杂的机制体系，区域旅游合作的创新不单单在技术层面有要求，还涉及整个区域甚至国家层面的经济、社会、文化、企业、组织、管理以及制度和体制机制等创新，综合运用文化、科技、创新等力量为区域旅游合作赋予新势能。一方面，需要切实推进区域旅游生产及其技术方面的创新机制，糅合旅游业、制造业、服务业等相关领域的先进技术及应用，逐步扩展到基础设施、商业环境和公共服务之中，实现商业接待体系与公共服务体系的持续完善。另一方面，逐步推进区域旅游合作制度和体制机制的创新，挖掘区域旅游合作与发展的新动力，同时为旅游投资机构和旅行服务商进行更加优化的资源配置环境，确保区域旅游经济运行的活力高效。

四、利益协调机制

维持区域旅游合作的顺利进行，必须在区域旅游合作系统内部建立相应的利益协调机制。区域旅游合作的利益协调机制问题围绕利益主体展开，政府、旅游企业、非政府组织、行业协会、意见领袖、社会民众等每个利益主体的诉求不尽相同。

政府以经济、社会和环境效益的综合实现为最主要目标。旅游企业以营利为目的，在追求企业利润最大化的过程中往往会忽视生态保护和旅游的可持续发展。行业协会是区域旅游合作过程的桥梁纽带，以最终实现旅游产业的可持续发展为目标，维护行业的规则、实现行业的协调稳步发展、反映企业旅游发展愿望、监督政府行为、协调不同企业之间的收益分配是行业协会的利益诉求与定位。以资深人士、政策顾问、科研智库为主的意见领袖则以协调地方利益冲突、带领社区民众共同参与社会建设为主。社会民众在整个区域旅游合作过程中享有体验、参与等权利，也兼具监督职责义务，但由于没有相应的决策权，只是作为外部因素而存在。

设置公正透明的利益协调机制，有助于实现区域旅游合作主体在收益索取权与旅游发展相关资源要素控制权的平衡配置。协调不同合作主体的利益，不仅要合理识别出主要资源控制者和主要贡献者等不同层次的合作主体，形成利益相关者科学分类机制；还要采用有效的利益分配工具，形成公平透明的区域旅游合作系统利益分配机制。

五、信息交互机制

区域旅游合作要进一步向纵深发展，合作关系要得以巩固，先要在各不同区域之间建立旅游信息的互动关系。区域旅游合作机制的建立，理应充分利用好大数据的发展优势，整合各个旅游区域之间的各类旅游信息，形成一个综合性的旅游信息数据库，建立信息交互机制，设立信息平台。

首先，通过建立信息交互机制，联动地表现区域旅游资源的多样性和互补特色，形成对旅游者的吸引力的目的，能够更加精准地推广组织区域性旅游线路，形成区域旅游客流，促进各旅游区旅游目的地的共同发展。其次，借助区域信息平台，在世界范围内推广各区域鲜明的联合旅游形象，树立国际性旅游区域品牌，有利于在国际主要旅游客源市场中形成强大的推广之力。再次，旅游信息平台又可作为在旅游行业政务信息化的实施载体，打造成地方性区域政策信息公开的重要渠道，有助于推进地方性局部区域政策信息的公开。

第二篇

国际借鉴

第四章

旧金山湾区

旧金山湾区作为最早以“湾区”名义成立相关合作组织并开展相关活动的湾区，先后经历“旧金山市—旧金山都会区—旧金山城市群—旧金山湾区”的发展阶段，目前是全美居民收入水平最高、最繁荣的经济体之一。

多年来旧金山湾区以科技创新与金融相融合的“基因”带动产业升级和经济发展，探索出人才引进、产研协同、产业协作、交通一体等湾区合作机制，进一步创新服务业和专业服务业，逐步成长为世界级的创新驱动型湾区、全球创新的策源地。

第一节　发展历程

旧金山湾区（San Francisco Bay Area）是世界最重要的高科技研发中心之一，是21世纪科技精神的象征，位于美国加利福尼亚州北部，包括阿拉米达县、康特拉科斯塔县、马林县、纳帕县、旧金山县、萨克拉门托县、圣克拉拉县、索拉诺县、索诺玛县9个县、101个建制城市。旧金山湾区以旧金山为中心城市，同时坐拥奥克兰和圣何塞等国际著名城市，形成了东湾、北湾、南湾、半岛和旧金山市五大子区域格局。作为加利福尼亚的第二大区域，截至2017年旧金山湾区总面积达1.74万平方公里，GDP总量达0.82万亿美元，总人口数约765万，人口种族多元化，约一半居民为西班牙裔、亚裔、非洲裔美国人或太平洋岛民，是整个地区重要的存在。

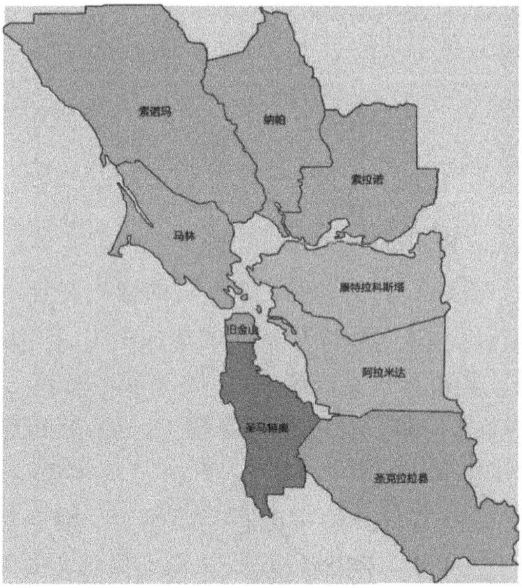

旧金山市：美国西海岸金融中心，服务业发达，以金融、商业贸易等产业为主。

半岛：旧金山和南湾的连接地区，吸引众多中产和富裕家庭居住和生活。

南湾：以硅谷地区为主，高新科技企业云集，涉及计算机、通信、互联网、新能源等多个产业。

东湾：拥有湾区最大海港奥克兰港和加利福尼亚大学伯克利分校。

北湾：休闲养老区域和葡萄酒产地，人口密度小，资源环境好，是湾区唯一没有通勤轨道交通的地区，金门大桥是北湾通往旧金山的唯一通道。

图4-1　旧金山湾区五大子区域格局

（资料来源：中国指数研究院整理）

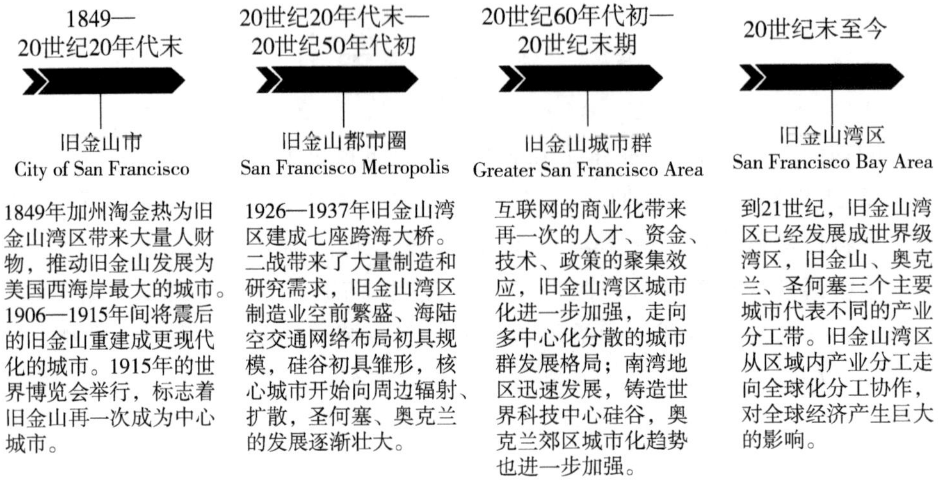

图 4-2　旧金山湾区的空间演变历程

一、旧金山市

（一）淘金热带来第一次人口红利

加利福尼亚的淘金热开始于 1848 年 1 月 24 日，一名来自新泽西州的木匠詹姆斯·威尔逊·马歇尔（James Wilson Marshall）在萨特磨坊（Sutter's Mill）发现黄金，引发了美国历史上极具标志性意义的事件。淘金热的影响是巨大的，带来第一次大规模移民浪潮，人口红利成为旧金山崛起的最大引力，并且加速推进了加利福尼亚整个地区的城市建造和领土改造。

在淘金热阶段，加利福尼亚从一个人口稀少的前墨西哥领土，到 19 世纪 50 年代建成为一个独立的州。黄金突然涌入货币的供应，重振了美国经济，而且人口的激增使得加利福尼亚州在 1850 年的妥协中迅速走向建国。淘金热引来的不止是其他地区的美国人，还有来自拉丁美洲、欧洲、澳大利亚和中国等地区的大量人口，包括开采黄金和从事向探矿者出售食品、衣服、驴子、木材、镐和铲子等物资的人，产生了巨大影响。一方面，整个土著社会遭到外来财富寻求者的攻击，因疾病、种族灭绝、饥饿等导致原住民减少了 2/3 人口，土地也被占领推翻重建，农业和牧场的建设扩大，小村庄和城镇变成繁华城市，旧金山从 1846 年的约 200 名居民的小型居住区发展到 1852 年的 36000 个新兴城镇。道路、教堂、学校和其他城镇在整个加利福尼亚州建成。另一方面，外来移民也塑造了加利福尼亚的多元文化，来自世界各地的移民由许多不同的民族组成，如中国移民为渔业做出了贡献，意大利人为葡萄酒发展做出了贡献，每种文化都产生重要的影响。

（二）城市化造就西海岸最大城市

1847 年，旧金山从耶尔巴布埃纳（Yerba Buena）改名为旧金山，在 19 世纪 70 年代作为西海岸最大城市的地位达到顶峰，当时约有 25% 的加州人居住在该市。旧金山以其领先的经济和商贸交易、繁华的城市氛围、庄严的酒店、诺布山的华丽豪宅以及蓬勃发展的艺术场景而闻名。旧金山凭借其地处加利福尼亚州太平洋沿岸的区位优势，在淘金移民热潮的带动下，聚集大量的财力、人力、物力，旧金山作为西海岸最大城市的地位在 19 世纪后期已确定，到 1890 年旧金山的人口接近 30 万，成为当时美国第八大城市。历经 1906 大地震的旧金山虽受到重创，地位一度下降，但重建后一跃成为更加现代化的城市，带动旧金山周边城市制造业发展。直至 20 世纪初，尤其在 1914 年巴拿马运河通航后，旧金山港迅速发展成为一个国际性港口，其腹地也发展成为工厂、铁路运输站与储货中心。随着 1915 年巴拿马太平洋世界博览会选址旧金山举行，令其再一次成为中心城市。

首先，重工业及轻工业的发展开启了旧金山的城市化进程。重金属的大量开采，与淘金相关的冶炼业、采矿业等工业发展火热，以重金属为主的加工业产生并发展。除淘金者外，外来移民还在旧金山开店为淘金者提供补给品，催生了许多制造业和服务业等产业，包括牛仔裤制造商李维·斯特劳斯、吉德利巧克力店、FOLGERS 咖啡和富国银行、加州银行等至今仍存的企业。旧金山的城市化也由此起步。

其次，海陆交通网络的建设加速了旧金山市的城市化进程。旧金山作为港口城市，成为外来移民的首个停靠点、工业产品及生活补给品的运输枢纽，进行着远距离的人流物流交换，旧金山港也成为贸易中心。同时，横贯大陆的太平洋铁路完工，将美国东西两部的经济运行连成一体，建立了真正的全国货物贸易市场，加速了旧金山市的城市化进程。其中约有 14000 多名中国工人参加这项筑路工程，占工人总数的 90%，此后大批华工在这里安家落户，由此创造了唐人街区。

最后，公共服务设施也逐步跟上城市化水平。旧金山以其维多利亚式洋房建筑的华丽风格著称，气势磅礴的金门公园也在此阶段落成，同时圣方济各会建立了许多学校、教堂、剧院等，旧金山的生活环境质量得到大幅提升。

二、旧金山都会区

（一）二战推动第二次大规模移民潮

在此阶段，旧金山已经从工业城市向后工业城市转化，生产成本上升，临近城市也开始崛起，并发展成为中心城市。尤其重要的跨海大桥建设，促进了旧金山、奥克兰、圣何塞等城市之间的密切联系，形成了湾区城市网络的雏形。20 世纪 20 年代到 50 年代间，该地区修建完成多条城市高速公路网，落成七座跨海大桥。建设大型基础设施项目一方面刺激了就业增长，改善因地震灾难造成的后遗影响；另一方面加强了旧金山与奥克兰、圣何塞等内部城市的商贸发展，消除了该地区城市之间的孤立性。同时第二次世界大战带来第二次大规模移民浪潮，该地区还成为国内主要的军事和海军枢纽，奠定了早期无线电和军事技术的基础。三大中心城市的并进发展推动了旧金山都会区的形成。当今，旧金山大都会区正式名称为旧金山 – 奥克兰 – 海沃德，包括奥克兰 – 海沃德 – 伯克利（阿拉米达县和康特拉科斯塔县），旧金山 – 红木城 – 南旧金山（旧金山和圣马特奥县）和圣拉斐尔（马林县）三个部分、五个县，是旧金山湾区的一部分。

表 4 – 1　旧金山湾区于 1926—1937 年建设的七座跨海大桥

跨海大桥	英文命名	建成时间	作用
安蒂奥克大桥	Antioch Bridge	1926 年	横跨圣华金河，连接安蒂奥克和萨克拉门托县南部的谢尔曼岛
杜巴顿大桥	Dumbarton Bridge	1927 年	横跨旧金山湾的最短的桥，连接弗里蒙特与门洛帕克
卡齐尼兹大桥	Carquinez Bridge	1927 年	横跨卡齐尼兹海峡，在旧金山湾的东北端，连接克罗基特和瓦列霍
圣马特奥大桥	San Mateo-Hayward Bridge	1929 年	穿越旧金山湾，连接旧金山半岛和东湾区域、福斯特城与海沃德
贝尼西亚 – 马丁内斯大桥	Benicia-Martinez Bridge	1930 年	穿过休松湾以西的卡齐尼兹海峡，连接贝尼西亚和马丁内斯
海湾大桥	San Francisco-Oakland Bay Bridge	1936 年	跨越旧金山湾，分东西两段，是旧金山和奥克兰之间的直达公路
金门大桥	Golden Gate Bridge	1937 年	横跨旧金山金门海峡，连接旧金山市、旧金山半岛的北端、马林县

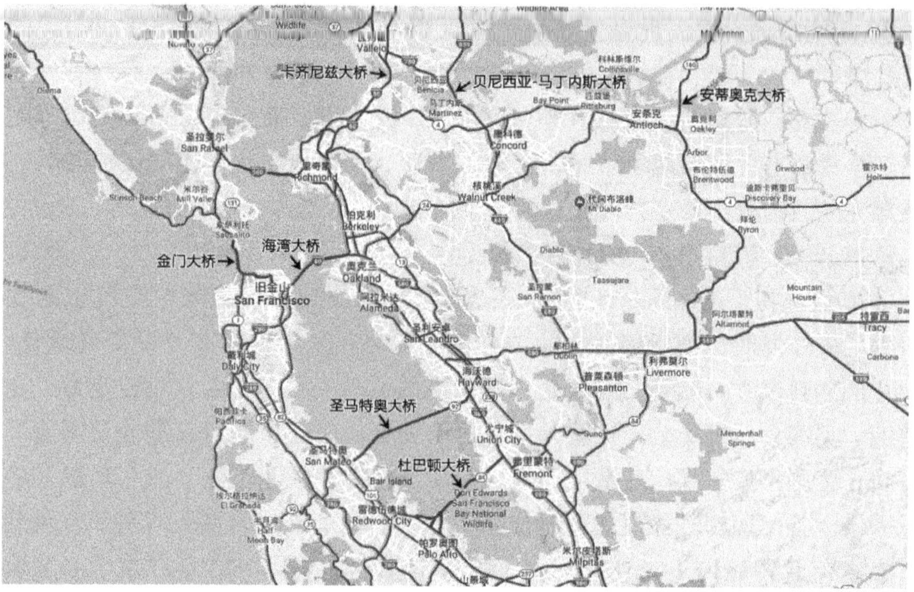

图 4－3　旧金山湾区的跨海大桥

（二）旧金山中心城市地位得到巩固

旧金山的中心城市地位在 20 世纪上半叶得到巩固和加强。旧金山的加快发展，使得城市地价和劳动成本逐步上升，促使了钢铁和冶炼业等低成本制造业逐渐从旧金山外迁。制造业外迁，贸易发展迅猛，金融机构市场细分开始，旧金山率先实现产业转型，一跃成为西海岸商业贸易和金融中心。在第二次世界大战期间，猎人角海军造船厂成为活动中心，梅森堡成为运往太平洋战区的服务人员登船的主要港口。大量的工作岗位吸引了许多人，特别是来自南方的非裔美国人。

（三）奥克兰城市发展整体急速前进

在 20 世纪初期，奥克兰整个南面已濒深水，并与旧金山湾和太平洋连为一体。奥克兰成为美国西部交通运输体系的中心，先后修建了通往海沃德、伯克利、圣兰德诺、阿拉梅达等城市的铁路，带动了奥克兰的工业发展，工业企业数量大幅增加，主要是由旧金山分流来的企业与在奥克兰东部资本建立的企业。东部工业地带形成后，逐步扩大到西奥克兰地区，带动奥克兰的整体经济发展。交通运输网络形成后，奥克兰一跃成为众多制造业的发源地。克莱斯勒、通用等许多汽车公司进驻奥克兰开设分部、建设工厂，奥克兰成为西部的汽车制造中心，由此获得“西部底特律”的称号。随着工厂工人人口的增加，奥克兰城市规模也逐渐扩大，大型市中心办公楼、公寓楼、单户住宅等建筑数量大幅增加。在1921年至1924年的3年间，大约有13000所房屋建成，比过去13年间的还要多。奥克兰作为东湾区域的重要部分，二战期间成为美国陆军和海军的大兵营和补给站的驻扎地，由于军事造船业的涌入，带动了许多与战争相关的产业发展，内燃机等金属工业、罐头厂、面包店、包装公司等均是当时形成的有价值的战争贡献。工业、交通、人口和文化也相继迅速发展，促使奥克兰成为美国西部的一个中心。

（四）圣何塞国际科技中心崭露头角

20世纪初，圣何塞成为同时在飞行领域中比空气轻的与比空气重的动力机器的先锋发明、创新和影响的中心，也成为农业和食品加工设备机械化/工业化的创新中心。随着二战开始，圣何塞的经济主导产业由农业转变为工业制造业，美国食品机械公司进驻并担任国防物资供应商，圣何塞设计和制造军事平台，为国家战争部门建造陆战车、装甲运兵车、战斗坦克、战斗车以及各种子系统。圣何塞的经济发展迎来加速阶段，福特汽车公司在圣何塞郊区设装配厂，IBM于1943年在圣何塞建立了西海岸总部，并于1952年在市中心开设研发中心，成为圣何塞经济发展的关键引领，随着IBM在RAMAC、硬盘驱动器等领域的创举，保障着圣何塞经济中技术部分的增长，使其成为西海岸的中心城市之一。

三、旧金山城市群

20世纪60年代，在靠近旧金山湾区西侧的狭长地带出现“硅谷热”，各类中小城市纷纷拔地而起。但在此期间，旧金山、奥克兰等北湾和东湾地区成为新左派激进主义、学生行动主义、反对越南战争和其他反战运动、黑人权利运动、同性恋权利运动的孕育之地。文艺复兴、嬉皮士恋情巅峰、同性恋权利运动、城市监督委员及市长遭暗杀等一系列事件发生，旧金山市成为美国反主流文化的扩散之地。555加州街、泛美金字塔等摩登大楼阻挡海湾美景，色情、吸毒、犯罪等曼哈顿化现象[1]也在旧金山肆虐，无家可归者数量剧增，旧金山市出现城市化迅猛发展的大量弊端问题。城市化发展引发的弊端也在奥

---

〔1〕在20世纪50年代，“曼哈顿化”一词常用来描述新资金涌入城市、将人们挤出城市的趋势。在当时，“曼哈顿化”象征着一些更黑暗的地方——即一个充斥着太多城市恶习的、遍布着密集、高耸而坚不可拔的摩天大厦的大都市。但随着纽约市从20世纪70年代犯罪猖獗、债务缠身的城市转变为美国地价最昂贵的地区之一，“曼哈顿化”一词的内涵也随着城市的发展而不断演变，如今常用于形容大城市中心的繁荣。

克兰涌现，黑人白人间的种族争端、暴力及财产犯罪、色情交易、毒品交易等现象大肆泛滥，中心城市的发展深陷曼哈顿化的制约。

圣何塞与南湾的其他地区则开始迅速发展，转变为高科技产业的温床。人才、资金、技术、政策的聚集效应，铸造世界科技中心硅谷，成为该地区发展的最大推力，城市化进一步加强，走向了以多个大城市主导、中小城市顺势发展的多中心化分散格局。

（一）互联网掀起第三次人才流动大潮

旧金山集装箱化的码头支撑能力不足，20 世纪 50 年代后旧金山的主导地位开始减弱，城市规划、新高速公路网的建设以失败告终，随着港口商贸地位下降，商贸活动向奥克兰港转移。因此工业岗位大幅减少，旧金山市人口发生重大变化。美国白人大量离开、亚洲和拉丁美洲的移民浪潮也渐渐停止，从 1950 年到 1980 年，旧金山市的人口减少了 10% 以上。但旧金山海上贸易发展依旧迅猛，20 世纪 80 年代初基本垄断了太平洋海岸与内陆的海上贸易，涵盖了 99% 的太平洋沿岸进口货物和 83% 出口货物。商业贸易的发展又进一步推动了金融行业的服务细分和分工明确，形成了商业银行、保险公司和股票交易等三类主要的金融交易形式，旧金山金融中心地位得到加强。

20 世纪 90 年代末互联网泡沫发生，创业公司的扩散激活了旧金山的经济，带来第三次移民浪潮，将旧金山湾区的人口推到了新高点。高新科技人才成为点燃旧金山湾区再度发展的新动力。大量的企业家和计算机应用程序开发人员进入旧金山市，营销、设计和销售专业人员的到来也改变了旧金山整个社会阶层，过去的贫穷社区走向绅士化，对新住房和办公空间的需求点燃了第二波高层建筑建设市场。

（二）圣何塞一跃成为硅谷主中心城市

在激烈的竞争态势下，圣何塞抓准时机，大力扩展城市规模，增加城市人口，进而成为整个硅谷的主中心城市，在湾区城市化进程和硅谷高科技区的形成中发挥了不可替代的作用。20 世纪 70 年代后，圣何塞实施城市成长计划，前期实施增长优先策略，重在兼并周边地域，扩大城市规模，吸引资本和劳动力，带动经济增长；后期则实施增长管理，改变片面追求经济增长的方针，转而强调居住与就业平衡，着重发展高新技术产业，积极实现产业多元化。圣何塞在硅谷的地位引发了经济和人口的进一步增长。1990 年美国人口普查结果显示，圣何塞首次超过旧金山成为湾区人口最多的城市。

（三）奥克兰郊区城市化趋势渐趋明显

奥克兰在 20 世纪 80 年代末期遭到地震、暴风雪等自然灾害的重创，房屋建筑、公路、旧金山－奥克兰湾大桥东部均遭到毁坏。但在接下来的十多年中奥克兰转向发展新型产业，集中在市区，奥克兰港和奥克兰国际机场等开发区域大型开发和城市更新项目，许多重要机构总部、全美和国际公司驻奥克兰的分部再度进驻，增加许多就业岗位，奥克兰的经济和城市发展才开始复苏。中央商务区的市中心住房开发等公共政策持续推动，城市中心区租金上涨，消费水平提升，奥克兰逐步转向郊区城市化发展阶段。

四、旧金山湾区

到21世纪，旧金山湾区已经发展成世界级湾区。虽然2001年互联网泡沫破裂导致许多科技公司倒闭和失业现象，但10年内又出现了以社交媒体主导的新科技热潮，旧金山、圣何塞成为科技办公室的热门地点，也是苹果和谷歌等硅谷公司雇佣人员的热门城市，互联网等高科技产业及创业等仍旧是旧金山湾区主要的经济支柱。

湾区内旧金山、奥克兰、圣何塞三个主要城市代表不同的产业分工带。旧金山是湾区的金融、商业、会展业、旅游业的集聚地；东湾以奥克兰为中心，是重工业、金属加工、石油和航运的发源地；坐拥硅谷的圣何塞是科技产业的主要经济增长极；北湾则以农业和葡萄酒业为主导产业。旧金山湾区是财富500强公司第二大集中地区[1]，强劲的经济增长创造数十万个新的就业机会，区域内产业分工已经走向了全球化分工协作，对全球经济产生巨大的影响。

---

〔1〕位于该地区的财富500强公司包括科技公司（Google，Apple Inc.，Hewlett Packard，Intel，Applied Materials，eBay，Cisco Systems，Symantec，Oracle，Netflix，Sony Interactive Entertainment，Electronic Arts，and Salesforce）；能源公司（Chevron and PG&E）；金融服务公司（Charles Schwab Corporation，Visa Inc.，and Wells Fargo）；服装零售商（Gap Inc.，Levi Strauss & Co.，and Ross Stores）；航空航天和国防承包商（Lockheed Martin）；当地杂货店（Safeway）；制药公司（McKesson）；生物技术公司（Genentech and Gilead Sciences）；最大的制造商（Tesla Inc.，Lam Research，Bayer，Chevron，and Coca-Cola.）

第二节　区域格局

一、合作主体

（一）政府间协调机构统筹

湾区政府协会（The Association of Bay Area Governments，简称 ABAG）是旧金山湾区的官方规划机构和政府委员会，成员包括湾区内的 9 个县和 101 个城市的地方政府和非营利组织。ABAG 的使命是加强地方政府间的协调合作，帮助成员在土地使用、可持续发展、能源效率、减灾抗灾、水资源保护和危险废物管理等问题上进行决策、规划和治理。ABAG 解决湾区问题的典型方法包括在区域内外建立联盟、工作队和伙伴关系，以及研究和分析、教育和推广、开发有效的会员服务项目等。

ABAG 成立于 1961 年，由加州州议会（即加州立法机构）管理。1970 年，该机构发布了湾区的第一个综合区域计划《旧金山湾区区域规划（1970—1990）》。该文件概述了区域开放空间计划、区域信息系统和技术支持、刑事司法和培训、水政策和废物收集以及地震灾害和规划。

ABAG 还与其他区域机构合作，包括纽约大都会运输委员会、湾区空气质量管理区、旧金山湾保护与发展委员会等，通过与市县政府合作促进可持续发展，建立优先发展区域和优先保护区。反过来，这些地方行动将有助于创建一个更加有效、公平和环境可持续的区域。

（二）行业性协会激活市场

湾区委员会（Bay Area Council）是旧金山湾区的商业和经济政策协会，由旧金山湾区企业的首席执行官组成，旨在通过与区域企业和民间领导者的合作，创建一个具有竞争力和可持续发展的湾区。利用其与加利福尼亚州和全国各地的商业、公民和政治领导人的关系，教育其成员和其他利益相关者处理各种问题并实施战略政策。湾区委员会作为不同地方机构之间的联络人，推动全区范围的议程，这将有助于海湾的经济可行性并保持其高水准的生活。

湾区委员会成立于 1945 年，最初成员包括富国银行、美国银行、泛美公司、加州标准石油公司、太平洋天然气和电力公司、柏克德、凯撒工业公司、Clorox 等，至今拥有超过 275 家大型企业的 CEO 成员。湾区委员会主要任务是协调区域经济，随着快速工业化带来的问题增加，如住房短缺、交通堵塞以及空气和水污染等，湾区委员会的任务逐渐拓宽到区域环境监督、区域公共交通改善、海湾保护、技术发展等方面。从20世纪40年代至今，湾区委员会推动许多项目的实现和组织机构的建成，对旧金山湾区的区域治理发挥了巨大作用。

表4-2 湾区委员会推动下完成的标志性事件

时间	项目/组织
20世纪40年代末	湾区委员会成为区域环境监督机构之一
20世纪50年代	推广一种区域公共交通系统，该系统最终建设为现在的旧金山湾区捷运系统（BART）
	成立湾区空气污染委员会（即现在的湾区空气质量管理区的前身）
1961年	支持建立湾区政府协会（ABAG）
1965年	赞助立法，创建海湾保护和发展委员会（BCDC）
20世纪60年代后期	建立“湾区环境奖”来加强其区域环境建设，评选出对保护或增强湾区环境的重大贡献
1970年	推动立法，建立大都会运输委员会（MTC）
20世纪70年代	湾区委员会成为首批承认区域技术发展激增的组织之一（即后来的硅谷）
1977年	组织成立圣克拉拉县制造商集团（现为硅谷领导集团）
1979年	发布第一个与湾区政府协会共同创建的“湾区经济概况”报告
1981年	发布第一版“湾区民意调查”
1990年	帮助创建了Bay Vision 2020（城市总体规划），并提出了自下而上和自上而下的湾区区域增长管理方法
1995年	创建湾区商业名人堂
2002年	推动建立“海湾基金家庭”（Bay Family of Funds），目标是促进智能经济增长并帮助持续贫困的社区，包括湾区智慧成长基金、加州环境再开发基金、社区权益基金
2005年	申请成立加州再生医学研究所，推动湾区成为干细胞及相关研究的全球领导者

（三）专业性公共机构监管

在湾区委员会的努力下，旧金山湾区成立了许多专业性公共监管机构，包括大都市交通委员会、湾区空气质量控制局、湾区保护和开发委员会、区域水资源质量控制委员会、湾区可持续发展联盟。这些机构在湾区的区域协调治理和可持续发展等方面发挥了巨大的作用。

二、合作机制

旧金山湾区作为世界高新科技集聚地，具有开放包容的文化及创业氛围，吸引大批人口涌入，集聚着世界各地的移民。持续性的科技创新与研发，保障着旧金山湾区的技术驱动源。各个区域间有着明确的差异化定位，均有各自的优势支撑产业，为区域的空间布局和城市化发展做出了贡献。同时交通一体化系统的建设，带动了沿线地区的发展，改变了湾区各城市的职住关系，引导着湾区的人流、物流，进一步保障着各个区域的相互连通。

（一）人才引进驱动机制

淘金热、二战、互联网发展为旧金山湾区的发展带来三次人口红利，在不同的阶段发挥着不同意义的影响作用，是旧金山湾区发展最关键的驱动力。

淘金热为旧金山湾区带来第一批移民，成为旧金山湾区崛起的最大驱动力，加快了整个加利福尼亚州的城市基础设施建设，为旧金山湾区引进了大量人力、财富和商贸发展机遇，推动了旧金山湾区的发展。第二次世界大战为旧金山湾区带来第二批移民，匹配了随战争而来的大量制造需求、劳动力需求和研究需求，也为旧金山湾区留下了扎实的技术人才基础。互联网产业的发展为旧金山湾区带来第三批移民，成为旧金山湾区现代产业人才储备的重要组成部分，是旧金山湾区的开放创新文化的一部分。

目前舒适宜人的地中海气候、高水平的教育、创新开放的文化环境、高水平的经济和城市化为旧金山湾区吸引了大量的迁移人口，持续攀高的人口成为旧金山湾区持续发展的动力源泉。

（二）产研协同创新机制

产学研合作保障着旧金山湾区持续性的协调创新能力。产学研的无缝对接，推动了旧金山湾区科技创新与研发。旧金山湾区集聚了众多大学和学院（34 所国立院校、16 所神学院、53 所私人院校），旧金山湾区人口在整体教育水平上几乎是美国最高的，大约 41% 的 25 岁及以上居民拥有学士学位或更高学历。其中，以加州伯克利学院、斯坦福大学等多所国际知名大学为引领的高校圈成为湾区吸引人才的动源之一，为旧金山湾区的企业尤其是硅谷输送了大量技术与管理等方面的国际顶尖人才。另外由高校分离出众多关于航天、能源、生物技术、计算机等高端技术研发机构，不断引领着国际的产业发展潮流。企业与高校、研究机构之间进行交流合作创新，为高校、研究机构提供持续性的科研资金与设备。

同时，风险投资为旧金山湾区的创业扩张提供良好的金融环境。在硅谷的

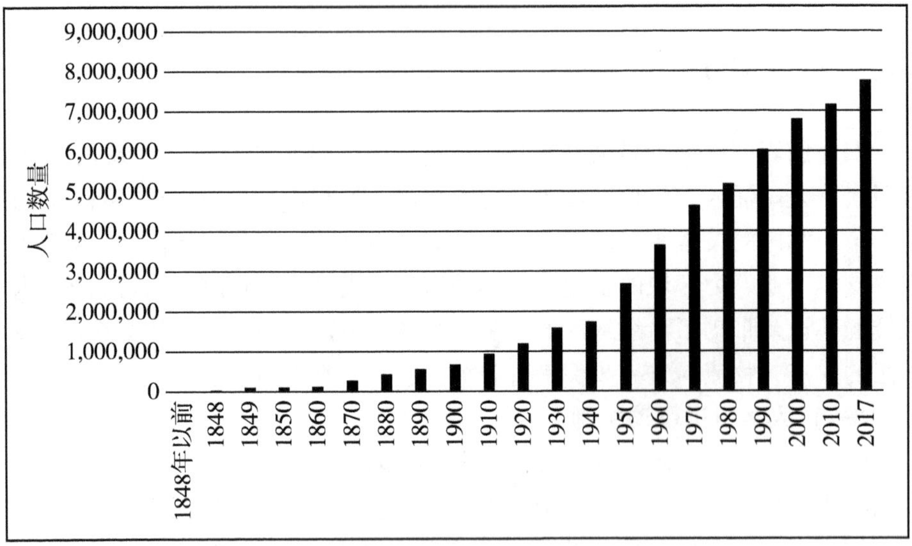

图 4-4　1848 年至今旧金山湾区的人口变化

（数据来源：维基百科）

发展过程中，除科技的推动以外，资本的力量也不容忽视。在硅谷作用最大的是各种规模的风险投资。但与传统投资的明显区别在于，硅谷的风险投资不仅为科技公司提供早期的起步资金，还帮助公司建立自己的团队。也就是说硅谷风险投资某种程度上充当了孵化器的作用，其好处在于保证了公司创始人可以专注于技术创新。一些巨头公司，如苹果、Google、甲骨文等都是在风险投资的保驾护航下发展起来的。

（三）产业分工协作机制

旧金山湾区从 20 世纪上半叶开始逐渐实现产业结构的调整优化及空间布局的合理转变，这源自湾区内相关各方的生产要素互补、工业化水平差异和产业结构互补等方面的优势。通过工业迁徙的方式和制造业带的不断带动发展，吸引大范围和大规模的投资，建成了一系列大型的工业制造公司。随着高新技术产业及支持性服务业的发展，知识、技术成为推动旧金山湾区发展的主动力。

从生产要素来看，旧金山湾区各城市在海湾港口条件、经济、资本积累和人才等方面存在着差异性，基于生产要素互补性的区域产业分工协作所诱发的要素集聚与扩散、资源的重新配置，容易形成生产要素的规模效应，从而降低产品边际成本，推动企业创新和产业升级。在经济发展水平和产业结构来看，旧金山湾区已经进入到服务经济发展阶段，支柱产业功能分区成熟，差异化定位明显。

旧金山市的 PDR 产业及支持性服务业、高新技术产业、娱乐和休闲服务业得到快速发展，以旅游、商业和金融发展见长。以奥克兰为中心城市的东湾以重工业、金属加工和船运等为主；南湾是硅谷的所在地，圣何塞为中心城市，是精良科技设备的设计和开发产业的集聚地。北湾葡萄酒业发展良好；连接旧金山市和南湾的半岛，则房地产业发达。湾区内产业具备多样化齐头发展实力，其他传统港口城市群所具有的发达产业，旧金山湾区依旧具备且功能分区明显，发展突出。

（四）交通一体建设机制

多式联运基础设施形成了旧金山湾区先进的交通网络。湾区内的三大城市均建设了国际性机场，并拥有相当广泛的公共交通体系，湾区有二十多个公共交通机构，服务区域相互重叠、各运营商之间有指定的连接点，使用着不同的模式。如此完备的多式联运基础设施，覆盖了地铁、轻轨、机场捷运、铁路、城际铁路、公车、渡轮等全方面的交通方式，形成了旧金山湾区内先进便捷的交通网络，不断改变着湾区各城市的职住关系，加强不同产业城市群之间的联系度，对湾区内的人流、物流的传输有着极大的作用。

表 4－3　旧金山湾区交通网络状况一览

交通方式	具体项目	数量	英文名称
机场	国际机场	3 个	San Francisco International Airport Oakland International Airport San Jose International Airport
公共交通系统	湾区捷运系统	1 个	Bay Area Rapid Transit/ BART
	通勤铁路服务系统	5 个	Altamont Corridor Express、Caltrain、Capitol Corridor、eBART、SMART
	轻轨	4 条	Muni Metro、San Francisco Cable Car、San Francisco Heritage Streetcars、VTA Light Rail
	旅客机场捷运系统	2 个	Air Train Coliseum-Oakland International Airport line
	城际铁路服务系统	1 个	Amtrak Inter-City Rail Service
	公共汽车代理商	4 个	Muni、AC Transit、SamTrans、VTA（分别在旧金山市、东湾、半岛、南湾运营）
	公共渡轮	2 个	Golden Gate Ferry（金门渡轮） San Francisco Bay Ferry（旧金山湾渡轮）

第五章

纽约湾区

纽约湾区依托发达的金融和制造业，通过三次产业比例调整、三次产业结构调整，较早地转向以金融贸易等现代服务业为支撑的产业结构，先后经历“纽约市—纽约都市圈—纽约城市群—纽约湾区”等发展阶段，成为世界金融核心枢纽和国际商业中心。

纽约湾区以国际资本为营养补给，不断完善和创新产业链，并形成区域规划统领、产业分工互补、交通协调管理和人才科研支撑的区域合作机制，最终推动其形成以纽约为核心的世界级金融湾区。

第一节　发展历程

纽约湾区（New York Bay Area）是世界经济和国际金融的神经中枢，位于美国东北部，包括纽约州、康涅狄格州、新泽西州的 31 个县、783 个城镇。纽约湾区以纽约市为中心城市，同时坐拥纽瓦克、泽西城、布里奇波特等国际著名城市。纽约湾区是美国人口最多的区域，截至 2017 年纽约湾区总面积达 3.45 万平方公里，总人口数约 2370 万，GDP 总量达 1.66 万亿美元，占全美 GDP 总量的 8.6%。纽约湾区是在世界大型港口的基础上，升级到制造业中心，通过资本和人才的集聚，乘着互联网技术等一系列科技创新浪潮，进一步发展成为全球的贸易中心和金融中心，直至成为今日的世界经济中心。

图 5－1　纽约湾区行政区划图

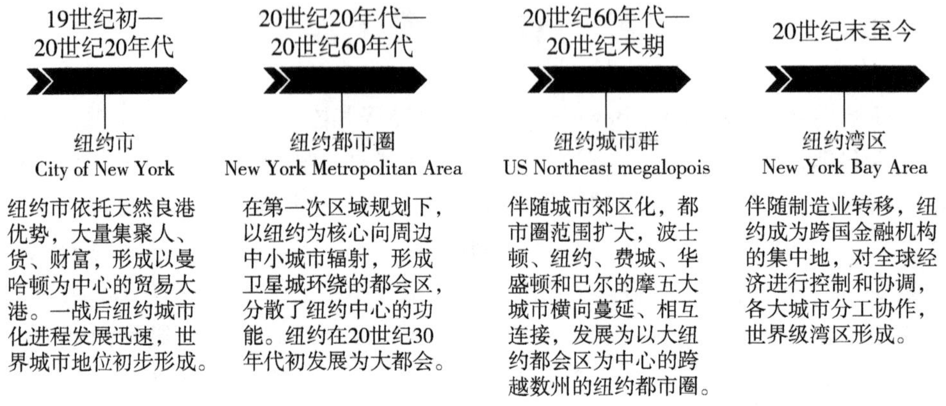

图5-2　纽约湾区的空间演变历程

一、纽约市

在19世纪，纽约市因其作为贸易中心的地位以及欧洲移民的发展而发生了巨大变化，制造业、金融业的发展推动了纽约的中心城市地位的确立。

（一）港口优势占领早期商贸先机

作为进入北美殖民地和加勒比海地区的唯一港口，庞大的资本随早期的殖民者涌入纽约，使得纽约迅速发展成为颇具规模的港口城市，并成为美国东北部重要港口之一。1811年的委员会计划（Commissioners'Plan of 1811）[1] 将纽约市街道网格扩展到整个曼哈顿，纽约市依托天然良港优势，大量集聚人、货、财富，形成以曼哈顿为中心的贸易大港。

在此期间，纽约改善了交通与内陆地区的多渠道联系，积累实力，蓄势待发。纽约掀起了公路建设的热潮，修筑了长达4000余公里的公路，将州内的不同地区连接起来。伊利运河的开通为纽约州北部和五大湖提供了良好的汽船连接，以及通往新英格兰下游的沿海交通，使得纽约港成为大西洋上最优秀的港口，连接了纽约港到美国中西部和加拿大的广阔农业市场，纽约成为了美国境内东部最重要的口岸和棉花贸易的中心。

---

〔1〕1811年的委员会计划被称为“纽约市发展中最重要的一份文件”。该计划起源于纽约市共同委员会，旨在规定在第14街和华盛顿高地之间有条不紊地开发和出售曼哈顿的土地，但由于地方政治和财产所有者的反对而无法自行完成，要求纽约州立法机关介入。立法机构在1807年任命了一个拥有全权的委员会，他们的计划于1811年提出。

（二）金融行业孕育美国中心城市

1841年商业交易所在纽约建成，华尔街成为美国财富的集聚地，纽约市进入发展的黄金时期。纽约商人巧用金融手段，积极投资南方的棉花种植业，并从中获得利润、佣金、运费、保险费等多重利益，单纯的港口贸易逐步衍生了制造业和金融业的交易。同时旧金山的淘金热、大爱尔兰饥荒也为纽约带来全球各地的移民。其中，德国、爱尔兰和意大利移民是最大的移民群体，带来大量的技术及资金。加上便利的交通运输条件、进出口贸易带来的基础原材料和资源一并推动了纽约制造业的发展。

纽约发展成为仅次于伦敦和巴黎的第三大城市，成为美国首屈一指的大都市。19世纪中叶，纽约依托自身基础条件抢先抓住第一次工业革命的机遇，引入蒸汽机等欧洲先进技术，工厂制度出现在各个工业领域，进一步带动制造业的发展。1840—1860年，纽约市的工业投资增长了55%，服装制造、制糖、印刷、制革、造船等制造业开始聚集在纽约。与之相伴的是银行业的繁荣，到1860年，在纽约注册的银行达到了60家之多。19世纪70年代初步形成了以纽约为主干的美国东北部经济核心区。

二、纽约都市圈

（一）一战后经济泡沫初成大都会

第一次世界大战时期，英、法、意等原来的强国受到战争影响，经济出现严重衰退。美国则依靠战争的机会得到长足的发展，取代英国成为新的头号经济强国。在这一时期，纽约的城市化进程相当迅速，财政金融体系得以进一步完善，工业和商业统治地位逐渐确立，国家经济中心功能进一步巩固，取代伦敦成为新的世界金融中心，世界城市的地位初步形成。

第一次世界大战后，经济繁荣的背后滋生了大量的泡沫，纽约市爆炸式增长，中心城区在住房、用地、基础设施等各方面面临着巨大压力，纽约区域规划协会为纽约市进行第一次区域规划，释放了纽约市中心的城市压力，再一次实现了中心化，纽约中心城市的地位得到保障。同时在第一次区域规划下，以纽约为核心向周边中小城市辐射，形成卫星城环绕的都会区，分散了纽约中心的功能。纽约都会区在20世纪30年代初人口超过1000万，成为人类历史上第一个大都会。

（二）二战后资源流入促成都市圈

1939年第二次世界大战爆发，战争使得美国社会把和平时期的劳动力、资金和技术转移到了战时经济的备战需要，为纽约经济的重现辉煌提供了契机。凭借地理优势，纽约成为反法西斯国重要的战略物资的输出地之一。纽约市从二战中脱颖而出，战时积累的经济以及战后退伍军人等资源涌入纽约，创造了战后经济繁荣和大型住宅区的发展。随着纽约市中心人口暴涨、制造业不景气的局面出现，都会区无限膨胀。纽约市的城市发展开始进入郊区城市化的阶段，人口持续不断向郊区蔓延，中心城区的人口和就业岗位大量减少，带来环境恶化、郊区土地大量消耗、区域交通负担增加、老城区中心空心化等问题。为了促进城市中心再繁荣，纽约区域规划协会进行了第二次区域规划，主要集中在如何通过建设统一的交通体系来促进城市中心再繁荣，即“再集中”，通过将就业集中于卫星城、恢复区域公共交通体系等来解决郊区蔓延和城区衰落问题。

20 世纪 60 年代美国进入繁荣的十年，科学技术的迅猛发展带来了交通和通信行业革命，纽约制造业急剧衰落，劳动力结构向知识型转变，金融、服务业等第三产业产值和从事第三产业的劳动力一直处于快速上升的态势，使纽约都会区产业结构不断升级换代。随着以公路建设为主导的交通网络体系的铺开，低密度郊区在纽约大都市区迅速蔓延，形成典型的“铺开的城市”美国式发展模式。纽约都会区的空间范围扩大，人口和产业逐步向布鲁克林、凯恩斯、布隆克斯、斯泰顿岛等区转移和蔓延，发展为以纽约大都会为中心的纽约都市圈。

三、纽约城市群

（一）经济危机下城市经济遇生机

20 世纪 60—80 年代，美国爆发了两次大规模经济危机，二战对美国消费和经济增长的刺激正逐渐消失。五六十年代美国工业高涨，得益于世界大战积累起来的被抑制的对固定资产、住宅建筑、耐用消费品的需求，以及朝鲜战争和越南战争的刺激，这些因素在 70 年代以后已经逐渐消失。由于日本和欧盟的崛起和经济全球化、区域化的发展，美国在世界市场上的出口贸易额开始下降。自 1960 年开始，商品和生产要素国际间的限制大大减少。日本和德国的制造业都迅速发展，并在很多方面都处于世界的领先地位，来自日本和德国的商品不断冲击美国的制造业，这就严重地影响了美国的经济发展。对以耐用工业消费品为主的纽约制造业来说，购买力大大萎缩。在这一过程中，损失最为惨重的行业是纽约的传统制造行业——服装制造业。与制造业的衰落、就业人数减少形成比较鲜明对比的是第三产业，尤其是其中的金融、服务业，就业人口在总就业人口中的比重迅猛增加。在 20 世纪 80 年代，城市经济蓬勃发展。

华尔街推动了房地产市场的经济增长。

（二）产业结构调整重振区域发展

经过了 80 年代的缓慢复苏，纽约迅速进入经济复苏阶段，并完成了迈向后工业时代的以信息服务业为主导的产业结构转型，许多轻型工业区改造后转变为居住、商业、娱乐用途为一体的综合开发区，并且终于迎来了经济繁荣的 90 年代。20 世纪末期，纽约中心区的增长达到了二战后的最快速度。随着制造业的转移，纽约及其周边城市的定位逐渐变为跨国商业银行和其他跨国金融机构的集中地，越来越多的金融机构在这里设立总部。依托纽约交易所等机构，以金融服务、商务服务等为代表的服务业地位快速提升，纽约再度恢复成为国际商务中心、金融中心、服务业公司总部，从而使其成为控制全球经济的一个重要节点，能够对全球经济进行控制与协调。

1990 年以后，波士顿开始改变对计算机制造等单一产业的过度依赖，电子通信、软件等行业成为区域支柱性产业。与此同时，波士顿还对生物技术进行大量投资，成为美国最重要的生物技术中心之一。新泽西的制药业、康州的机械制造等产业也顺利实现了产业转型和持续性的繁荣。纽约制造业转移至费城，并发展成为美国东海岸的炼油中心及钢铁、造船和重化工业基地。1996 年，区域规划协会开展第三次区域规划，即将进入新世纪，可持续发展、智慧增长理念开始引导区域建设，针对大规模失业、区域投资减少、世界地位开始动摇等问题，关注经济重建、公平与环境等核心目标，综合考虑区域内不同城市的角色分工与区域可持续发展。在产业结构成功转型和第三次区域规划下，纽约都市圈的空间范围扩大，并沿着发展轴紧密相连，大都市带自身的形态演化和枢纽功能逐渐走向完善。

波士顿、纽约、费城、华盛顿和巴尔的摩五大城市横向蔓延、相互连接，发展为以纽约都市圈为中心的跨越数州的纽约城市群。通过明确的分工协作和合理的功能定位，使得区域内的产业结构出现多元化和互补性的格局，充分发挥纽约大都市的整体优势，以此来加快市区的复兴步伐。

四、纽约湾区

伴随着制造业转移，纽约成为跨国金融机构的集中地，对全球经济进行控制和协调。纽约湾区以纽约市为首位中心城市，波士顿、费城、华盛顿、巴尔的摩等为次中心城市，形成中心城市—次中心城市—中小城市的扩散式格局。各层级城市分工协作明确，功能定位明确，形成了不同产业集群的空间组织布局。

纽约湾区高度集聚了金融、信息、艺术娱乐、科技服务等高附加值、高技术含量的知识密集型服务业。各大城市分工协作，形成了差异化布局的三大产业发展集聚区。纽约作为金融业集聚地，以其科技、资本和产业优势，集聚了发达的金融贸易业及专业服务业。新泽西作为高新技术制造与服务高地，康涅狄格则是传统重工业基地。

第二节　区域格局

一、合作主体

（一）地方性机构沟通中央

政府委员会（即 Council of Government，COG，也称为区域理事会、区域委员会等）是遍布美国的区域管理/协调机构，主要负责区域社会经济发展中各政府部门间的协调问题。COG 通常由区域地方政府组成的成员控制，成员来自该区域的县、市和其他政府机构，充当地方政府成员与州或联邦政府之间的中间协调者，可以为其成员提供规划、协调和技术援助，解决诸如区域和市政规划、经济和社区发展、污染控制、过境管理、交通规划、人类服务和用水等问题。

（二）专业性规划统筹发展

美国区域规划协会（即 Regional Plan Association，RPA）是一个独立的非营利性区域规划组织，成立于 1922 年，专注于提高纽约州—新泽西州—康涅狄格州三州的生活质量和经济竞争力的建议，总部位于纽约市，在新泽西州普林斯顿和康涅狄格州斯坦福德设有办事处[1][2]，至今共进行了四次区域规划。纽约湾区跨越范围大、发展水平高，科学的区域规划加大跨城市的协调能力，为湾区发展提供了强大的参考范例，对于世界其他湾区的发展产生着重要

---

〔1〕 1921 年由支持纽约和周边地区改善工作的罗素·赛奇基金会（Russell Sage Foundation）资助，查尔斯·诺顿（Charles D. Norton）召集建筑师和规划师，建立了下属的纽约区域规划委员会（Committee on the Regional Plan of New York）。

〔2〕 美国每个区域设有大都市区规划组织（MPO），主要负责大都市区交通和相关基金申请有关的规划和协调工作，但纽约州解散了三州地区规划委员会，即纽约州、新泽西州和康涅狄格州的大都市规划组织，其功能和作用由区域规划协会替代。大都市区规划组织（MPO）是美国联邦政府授权的联邦政府资助的交通政策制定组织，由当地政府和政府运输当局的代表组成。它们的建立是为了确保交通规划方面的区域合作。MPO 由 1962 年的联邦援助公路法引入，该法要求为人口超过 50000 的任何城市化地区（UZA）组建 MPO。交通项目和计划的联邦资金通过这一规划过程提供。国会制定了 MPO，以确保政府资金用于运输项目和计划的现有和未来支出基于持续、合作和全面（即“3C 原则”）的规划过程。全州和大都市交通规划过程受联邦法律管辖（23 USC）（134—135）。

影响。

（三）专门性交通部门介入

纽约和新泽西港务局（即 Port Authority of New York and New Jersey，PANYNJ）是美国纽约州和新泽西州的合资企业，于 1921 年通过美国国会授权的州际契约成立。港务局负责监管纽约港和新泽西州地理辖区内的大部分区域交通基础设施，包括桥梁、隧道、机场和海港。港务局总部设在世界贸易中心，是纽约房地产委员会的成员。

港务局经营纽瓦克－伊丽莎白港海运码头，该码头 2004 年在美国所有港口中航运量居第三位，也是东海岸最大的港口。港务局同时经营哈德逊河过境点，包括连接新泽西州和曼哈顿的荷兰隧道、林肯隧道和乔治华盛顿大桥，以及连接新泽西州和史坦顿岛的三个过境点。港务局巴士总站和 PATH 铁路系统以及拉瓜迪亚机场、约翰肯尼迪国际机场、纽瓦克自由国际机场、泰特波罗机场、斯图尔特国际机场和大西洋城国际机场也由港务局运营。港务局还拥有 1700 名工作人员组成的警察局。

1914 年巴拿马运河开通，增加了对纽约港的需求，纽约进入大发展时代。从全国范围看，1920 年美国城市人口超过农村人口，大城市人口逐渐向郊区迁移。在高度自治的地方政府管辖下，纽约难以有效应对爆炸式增长，满足区域公共利益需求，一些区域性的规划工作应运而生。1921 年美国专门成立了跨州合作机构纽约港务局（Port of New York Authority），着手改善、兴建交通和海港设施，协调港区发展，加强大纽约地区的经济竞争能力。纽约港务局是得到州立法授权的跨州准政府机构，财政上自给自足，出台了有关港区发展的总体规划，为纽约湾区的发展和公共管理提供了新模式。

大都会运输管理局（即 Metropolitan Transportation Authority，MTA）是美国最大的公共交通管理机构，负责美国纽约州的公共交通，服务于纽约州北部的 12 个县以及康涅狄格州西南部与康涅狄格州交通局签订合同的两个县，平均每个工作日约为 1100 万乘客提供服务，其 7 个收费桥和每个工作日的两个隧道承载量超过 85 万辆。大都会运输管理局由一个 23 名成员组成的董事会管理，该董事会代表着纽约市的 5 个行政区以及其他组成成员的利益。

二、合作机制

纽约湾区发展成为世界一流湾区，除了拥有宜居的自然环境、便捷的交通物流网络这两大湾区发展的得天独厚的条件外，还有高瞻远瞩的区域整体规划、合理的产业分工布局，以及相应行业人才的吸引力。

（一）区域规划统领机制

纽约湾区四次重大区域规划调整均由第三方组织纽约区域规划协会主导完成，针对纽约湾区不同发展阶段出现的城市化问题及时展开有针对性的区域规划，跳出了政治体制的地域局限和任期限制，将城市发展问题置于更加长远的发展时期及更为宏观的区域协调发展目标下，制定了问题导向精准和针对性强的规划战略。

自20世纪20年代以来，区域规划协会制订了四次区域规划，将规划基点提升到整个纽约湾区层面，以指导纽约湾区的发展。基础设施，尤其是交通建设的规划在纽约湾区的数次发展中发挥了至关重要的作用，这些规划塑造和改善了该地区的经济发展、环境可持续性和生活质量。这些规划中提出的想法和建议促成了纽约湾区一些最重要的基础设施、开放空间和经济发展项目的建立，如乔治华盛顿大桥、重建州长岛、振兴布鲁克林市中心、纽瓦克市和斯坦福德市等区域中心、建立城市国家公园等，改善了运输网络，保护了重要的开放空间，并重新强调创造“以就业和过境为中心”的可持续性社区。

表5－1　纽约湾区四次区域规划情况介绍

四次规划	第一次区域规划（1929年）	第二次区域规划（1968年）	第三次区域规划（1996年）	第四次区域规划（2017年）
总体概述	提出了一个精心设计的高速公路、铁路和公路网络，以及住宅、商业和工业中心的规划	作为一系列报告出版，旨在重建公共交通并重振不断恶化的城市中心	改善区域公共交通、增加对开放空间的保护、保持传统城市中心的就业	改善该地区的交通网络，提供更多经济适用房，实施应对气候变化的措施，重建该地区的公共机构
背景	第一次世界大战后城市爆炸式增长	第二次世界大战后经济再度繁荣	可持续发展理念引导区域发展	区域抵抗自然灾害的可恢复能力差
问题	地方性政府限制经济增长	公共基础设施不完善	大规模失业 区域投资减少 全球地位动摇	生活成本增加 基础设施衰败
目标	提供进入更多地区的机会，并为过度拥挤的核心之外的生活提供选择	加强对基础设施和中心区的投资；复兴市区，解决环境退化、旧中心区衰退等问题	重新开展经济发展，投资学校、铁路系统、社区建设和自然资源以加速经济复苏	培育更多具有经济性的和可持续的社区。经济性、包容性和宜居性的发展，应对气候等灾害

续上表

四次规划	第一次区域规划（1929 年）	第二次区域规划（1968 年）	第三次区域规划（1996 年）	第四次区域规划（2017 年）
核心	再中心化	再集中	重建经济、公平和环境	区域转型
措施	帮助地方政府建立规划委员会，为民选官员提供发展决策建议。保护大片自然区域，确定最重要的保护区域；说服多个公共机构购买和保护土地	支持大都会交通管理局的成立；振兴哈德逊河下游地区的潜力；恢复布鲁克林市中心、纽瓦克等区域中心地位；保护和永久保护自然景观	建立新的铁路系统，连接现有的通勤铁路线，并优化整体交通系统；启动建立永久保护性的区域开放空间	改革区域运输当局；改善温室气体排放方法；建立区域沿海委员会和州信托基金；增加地方一级的公民参与；扩展纽约市地铁；建立统一的综合区域铁路系统
影响	确立了高速公路驱动的大都市发展的基本概念，为每个现代化的 20 世纪大都市创造了先例	奠定了 1980 年纽约区域的再发展；拓展公众参与概念；为共同利益，促进不同部门、机构之间的合作	重新审视了财富的含义；再次强调规划可行性；呼吁政府与企业间、地方与区域进行利益协调	强调了人的重要性；规划参与的多元化；推进规划编制和政府治理改革；首次从区域层面提出应对气候等灾害的策略

（资料来源：根据纽约区域规划协会官网 http：//www.rpa.org/regional - plans 资料（2018 年）整理）

（二）产业分工互补机制

纽约湾区产业结构调整的整体效应，表现在湾区形成合理的产业结构和区域分工格局。纽约以其科技、资本和产业的优势，在产业结构调整中起着先导作用，通过产业集聚 - 扩散机制的发挥，既增强了中心城市的实力和地位，也带动了其他城市的发展。周边中小城市、城镇高度集聚了中心城市产业升级后转移出的产业（如制造业、零售业、医疗以及社会救助等）。纽约制造业转移至费城，助其成为美国东海岸的炼油中心及钢铁、造船和重化工业基地；高新技术产业群部分转移至波士顿，助其成为仅次于硅谷的微电子技术中心。

合理的产业分工格局和产业链，成为纽约湾区持续发展的基础和保障。纽约发达的金融贸易业及专业服务，费城的重化工业及交通运输业，波士顿的电子工业及其他高科技产业，巴尔的摩的有色金属和冶炼工业，促进形成多样化、综合性的整体产业功能，推动形成湾区内产业结构多元化和强互补的格局。从各中心城市转移出的制造业在等级较低的中小城市、城镇仍有很大的发展空间，制造业成为中小城市的支柱性产业，这些促进了湾区产业结构形成梯度发展格局，同时也促成湾区仍然保持了美国重要工业中心之一的地位，服装、印刷、化妆品等行业排名仍居全国前列，机器制造、军工生产、石油加工、食品加工仍占重要地位。纽约湾区的成功在于，许多大企业不会单独在新泽西、曼哈顿或布鲁克林选址，而是根据企业的具体需求来决定，或在纽约湾区多个地点选址。纽约市、波士顿、费城、华盛顿、巴尔的摩等不同城市各具特色，在湾区内承担着不同的功能分工，最终形成了不同产业集群的空间布局和区域协作体系，完善了湾区的整体功能。

（三）交通协调管理机制

湾区内整体基础设施建设，尤其是交通方面，得到了高度重视、细致规划和管理。交通建设是纽约湾区发展的重要环节之一，湾区内设有多个专门的交通协调监管机构，包括纽约和新泽西港务局、大都会运输管理局等，来对区域内的交通系统进行布局、建设和管理。一方面，从交通的布局和建设上来看，纽约湾区的交通网络涵盖了机场、港口、高速公路网、城际轨道、铁路线等多元的交通方式，前瞻性强的交通规划布局、扎实的交通基础设施，引导了湾区空间结构的改变和产业结构的分工。另一方面，从交通的管理上来看，州际之间、城际之间、城市内部等均设有专门性的交通监管机构，大大提高了交通畅通性。

纽约湾区内包括约翰·肯尼迪机场、纽瓦克机场、拉瓜迪亚机场等国际机场及若干中小型机场、通用航空机场，还形成了纽约港、费城港、巴尔的摩港等港口群，运输效率极高，布局合理，分工明确，进而推动了秩序良好的区域分工格局。纽约湾区公路网络系统完备发达，且四通八达的高速公路分散了纽约中心城市的压力，在湾区内形成了多中心格局。

（四）人才科研支撑机制

强大的人才支撑推动了湾区教育及文化等方面的基础设施建设，是纽约湾区科技和信息技术进步的保障。纽约的基础教育在世界上享有盛名，始终将公平作为教育发展的目标。近年来从注重办学条件均等化转变为注重教育质量的均衡化，保证了不同地区教育质量达到要求，为纽约大都市区人才的培养和市民素质的培养奠定基础。同时，位于纽约湾区的世界一流大学，如麻省理工学院、波士顿大学、哥伦比亚大学和纽约大学等为整个纽约湾区的发展输送了大量的人才。

第六章

东京湾区

东京湾区的发展经历了工业集聚、服务业集聚和创新资源集聚等不同发展阶段，并先后经历“东京都区部—东京都—东京首都圈—东京湾区”的空间演化过程。依托独特的海湾环境和明显的区位优势，东京湾区的工业化和城市化与湾区的空间演化实现了有机统筹，并探索出多层次递进规划统筹、产业错位分工、交通网络支撑、产业研发保障等合作机制，以东京都为核心不断向周边区域扩散与辐射，进一步带动周边城市的发展，形成大规模的产业集聚和城市蔓延，最终成为世界级产业湾区。

第一节 发展历程

东京湾位于日本关东地区，是日本中东部沿太平洋的出海口，因与东京市接壤而得名。东京湾区在地理概念上统称为“一都三县”，即以东京都为中心，北至埼玉县，南达神奈川县，隔湾相望皆属于千叶县管辖。总面积约1.36万平方公里，常住人口为3800万人，GDP总量约1.47万亿美元，约占全国1/3。东京湾区是日本政治、经济、文化中心，是日本的核心区域，也是世界上人口最多、经济实力最强的城市群之一。如今的东京湾区，以繁华的东京都、发达的工业和高效的六大港口而闻名，庞大的产业集群是东京湾区闻名世界的关键优势所在。

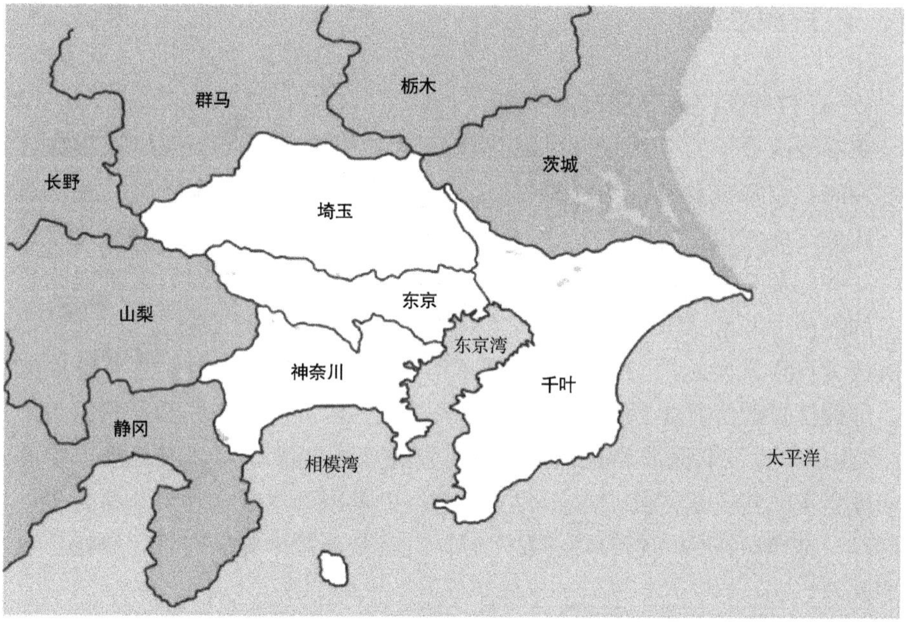

图6-1 东京湾区的行政区划

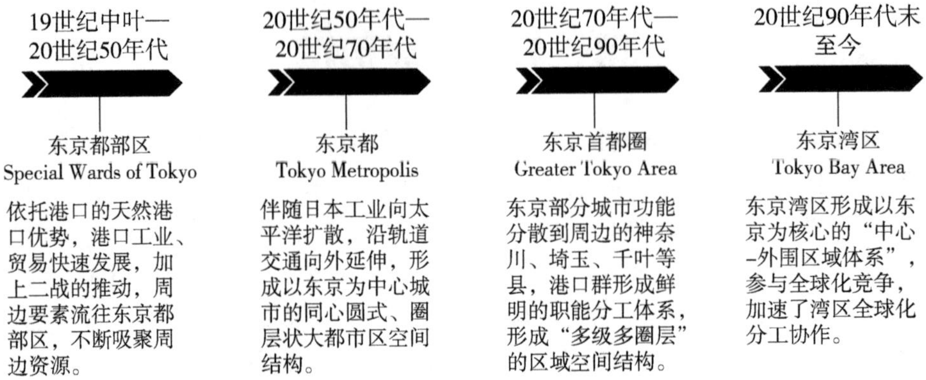

图6－2　东京湾区的空间演变历程

一、东京都区部

（一）打开国门迎接现代化

东京湾区最早的发展建设可以追溯到江户时期。1603 年德川家康在江户开创幕府，京都丧失政治中心地位。日本政治中心从关西地区向关东地区转移，江户逐渐成为新的政治中心。良好的港口条件为江户带来了频繁密集的来往商船和商贸交易。同时依托江户湾（今东京湾），江户在 17 世纪成为日本重要的经济中心和人口聚集地。到 18 世纪初时，江户拥有超过百万的人口，发展成为日本最大的消费者市场。但此时日本的经济中心仍是关西平原的大阪，即使江户成为日本最大的城市，也只是仅仅作为政治中心和消费大市。

“黑船事件”打开日本国门后，日本发展加速。1853 年，美国海军准将马休·佩里率领舰队进入江户口岸的浦贺港，要求跟日本建立外交关系、进行贸易活动，即黑船事件。黑船事件发生后，日本被迫结束锁国时代，幕藩体制也随之瓦解。

1868 年明治天皇迁都江户，并正式更名为东京，东京湾区的现代化发展之路也由此开始。东京，口语中的“东京”或“东京市区”就是指“东京都区部”（日语とうきょうとくぶ，英语 Special Wards of Tokyo），亦称东京 23 区、东京特别区，也是历史上东京市的概念。东京严格来说不是一个市，而是一个由 23 个区级行政区组成的一个特殊行政区。截至 2017 年，总人口数达 1353 万人，总面积 623 平方公里。

表 6－1　东京都区部的区域划分

区域	涵盖区县
都心地域	千代田区、中央区、港区
副都心地域	新宿区、文京区、涉谷区、丰岛区
城东地域	台东区、墨田区、江东区、荒川区、足立区、葛饰区、江户川区
城南地域	品川区、目黑区、大田区
城西地域	中野区、杉并区、练马区、世田谷区
城北地域	北区、板桥区

（二）东京发展成为大城市

东京湾区的现代化发展始于明治维新后。从 19 世纪 60 年代末开始，日本进行了自上而下、具有资本主义性质的现代化改革运动，推动日本走上了工业化发展道路。明治维新在经济上推行“殖产兴业”，向西方学习科学技术，提倡“文明开化”、社会生活欧洲化，大力发展教育。江户湾优良的海湾环境，为引入大量先进工业提供了诸多条件优势，纺织业、机械加工业、炼钢产业等在江户湾建成临港工业。伴随着工业革命的完成，大量的资本、人口、企业等均向东京集聚，东京城市化步伐加快。东京逐渐从一个政治中心发展为集政治、工业与经济于一体的大城市。

二、东京都

东京都（日语とうきょうと，英语 Tokyo Metropolis）是日本一级行政区，由东京 23 区，多摩地区、伊豆群岛、小笠原群岛等地区共同组成，管辖 23 个特别区、26 个市、5 个町、8 个村，面积约 2191 平方公里，人口约 1350 万人，是日本人口最多的城市。

（一）贸易立国恢复战后经济

为恢复战后经济发展，东京湾区迎来第二次建设。由于庞大的战争需要，日本支持重化工业的发展。这些重化工业大部分布局在东京及横滨的沿海区域，其工业产值在 1940 年超过了以大阪、神户为中心的阪神都市圈，成为日本最大的工业中心。战后东京乃至整个日本受损严重，人口急剧减少，经济衰落减退，整个国家亟待恢复正常的发展。由于日本国土狭窄、资源匮乏，绝大部分的工业原料依赖国际市场，产品的消费也依靠国际市场。因此，日本战后提出了“贸易立国”的发展战略，将产业发展与国际市场密切连接，建立了以出口产业为主的发展模式。东京湾自然禀赋优良，是天然的深水良港，同时连接冲积平原地区，加上后期填海造地，为工业区和仓储区的建设提供了充足的地域空间。经过十余年的战后复兴，在20世纪50年代中期到60年代中期日本经济增长加速，工业关系逐渐转变，环绕东京湾的海滨90%被开发成人工海岸线，出现了许多人工岛屿，城市化加速发展。

（二）产业迁移优化都市格局

作为日本最大的城市，东京不仅是日本的政治中心，而且集国家经济、文化中心多职能于一体，城市功能高度集聚。随着制造业的繁荣及城市人口的迅速增长，东京很快就面临交通堵塞、基础设施不足、居住环境恶化等一系列问题。从20世纪60年代起，日本实施“工业分散”战略，将制造业向东京两侧轨道即向京滨、京叶地区迁移，与周边城市分工合作、协同发展。东京制造企业的外迁，既解决了东京城市膨胀的问题，也带动了周边区域的发展。

早期聚集在东京的工业、教育、批发仓储等逐步分散，东京周边的卫星城和新兴工业城建设得以发展。依靠核心城市的迅速崛起及城市规模控制，辅之以周边城区的建设及基础设施建设，东京工业带的空间格局得以优化。日本的工业建设沿着太平洋扩散，以轨道型向外延展，形成了以东京为核心，圈层状发展的大都市空间结构。

三、东京首都圈

东京首都圈（日语しゅとけん，英语 Greater Tokyo Area）指以首都东京为中心的城市群，也称东京圈，一般包括东京都、神奈川县、千叶县、埼玉县，因此又称为一都三县。根据日本总务省2017年的统计，首都圈的总人口为3631万人（一都三县内），是世界最大的城市群，而人口密度则有4684人/平方千米。日本政府为统合东京及周边区域发展而制定的《首都圈整备法》，则将首都圈的定义范围扩大至整个关东地区（茨城县、栃木县、群马县、埼玉县、千叶县、东京都、神奈川县）以及山梨县。

（一）东京都市圈加速扩张

为应对日本在1973年全球石油危机中所受的影响，改善东京都市圈经济增长速度减缓的局面，20世纪70年代日本开始第三次建设，对产业进行转型升级。东京湾区的产业结构升级，加速了东京的服务业的发展和商务功能的增强，使得湾区职能分工格局变化。东京逐渐变成一个知识密集型产业中心和创新中心，随着国际贸易与金融活动发展活跃，东京日益发展成为国际金融中心。

图 6－3　东京首都圈行政区划

（图片来源：东京都官方网站 http：//www. metro. tokyo. jp/CHINESE/ABOUT/HISTORY/history02. htm）

东京周边区域如京滨、京叶地区顺势发展工业，在这个背景下，东京湾区逐渐在政府规划下建成了两大工业带，向西形成了以银座为中心的京滨工业带，包括川崎市和神奈川县等；向东则形成了京叶工业带，包括千叶县等。两大工业带集中了钢铁、有色冶金、炼油、石化、机械、电子、汽车、造船、现代物流等产业，逐渐形成世界领先的工业带；还建设大量金融、研发、文化和大型娱乐设施和大型商业设施等，成为世界有名的金融中心、研发中心、娱乐中心和消费中心，使得日本在战后很快地成了世界重要的制造业大国、出口工业大国。

（二）东京首都圈雏形初现

由于区域外部环境变化多端，东京的区域发展战略也进行了多次调整，但其重点均是疏解东京城市功能过于集中的现象。自 20 世纪 90 年代起，东京都市圈进入“后泡沫经济”时期，区域内的经济增长速度和人口规模演变成了负增长。这一时期东京都市圈的发展除了继续完善多核心城市结构，还强调要促进城市功能空间布局的优化。东京都市圈的建设重点逐步转变为建设基层生活圈，促进公共交通、生活服务设施等基础设施的建设。同时，东京政府加强整治中心区域，夯实副中心区域。东京都市圈完成了由“一级核心”到“多级共发”的模式转变，形成了相对成熟的“多级多圈层”城市空间结构。

东京作为都市圈内发展的核心力量，不断向周边城市辐射和扩展，拥有强大的活力和创造力。而在东京的城市扩散中，东京周边区域也实现各自的发展。京滨、京叶两个工业地带与东京的金融、研发等联系紧密，城市及港口群分工协作、产业互补，推动了区域乃至日本的发展，国际竞争力增强。

表6－2　东京湾六大港口信息一览

港口	港口级别	基础和特色	职能
东京港	特定重要港口	较新港口；依托东京，是日本最大的经济中心、金融中心、交通中心	输入型港口；商品进出口港；内贸港口；集装箱港
横滨港	特定重要港口	历史上的重要国际贸易港，京滨工业区的重要组成部分，以重化工业、机械为主	国际贸易港；工业品输出港；集装箱货物集散港
千叶港	特定重要港口	新兴港口；京叶工业区的重要组成部分，日本的重化工业基地	能源输入港；工业港
川崎港	特定重要港口	与东京港和横滨港首尾相连，多为企业专用码头，深水泊位少	原料进口与成品输出
木更津港	地方港口，1968 年改为重要港口	以服务境内的君津钢铁厂为主，旅游资源丰富	地方商港和旅游港
横须贺港	重要港口	主要为军事港口，少部分服务当地企业	军港兼贸易

（资料来源：王建红．日本东京湾港口群的主要港口职能分工及启示［J］．中国港湾建设，2008（01）．）

四、东京湾区

经过多年的发展，东京湾区聚集了日本三分之一的人口和经济总量，是世界发展一流的“产业湾区”。大规模的人口集聚与产业交流，促进湾区内完善的交通网络和合理的分工体系的建立，形成了东京湾区的经济特色——体量大、多样性强。

东京湾区内最大的发展特色就是“产业分工、错位发展”，产业结构优化，城市功能定位优化，参与全球化竞争；各个城市优势互补，资源合理配置。东京作为世界级大都市，扮演着多重角色，世界影响力巨大；埼玉县成为日本东部重要的交通枢纽，承担部分政治功能的转移；神奈川县和千叶县则是日本重要的工业区域。东京湾区形成了以东京为核心的“中心－外围区域体系”，加速了湾区在全球化中的分工协作。

第二节 合作格局

一、合作主体

（一）联合推进协议会统筹

日本作为政府主导型国家，湾区发展与欧美国家存在着差异。政府组织对东京湾区的发展起主导作用，尤其日本在第二次世界大战中受到巨大的破坏性影响后，日本政府出台了一系列相关法律和支持政策、制订了多次规划，以推进东京湾区建设的有序进行，具体包括提供完备的法律体系保障、提出配套的财政金融政策、建立统筹中央和地方的规划机构等。

东京湾区作为区域存在，在开发过程中并没有某一个具体的政府来统筹规划和管理，而是由“东京湾港湾联合推进协议会”来协商整个东京湾区的开发管理。东京湾港湾联合推进协议会由日本政府的国土交通省关东地方整备局港湾空港部牵头，东京湾区的所有地方政府一起参加，协议会事务局设置在横滨市。除此之外，还有由各海运公司和港区开发公司、沿港工厂企业共同参与的东京都港湾振兴协会。

日本政府为保证规划的权威性和顺利实施，前后共制定了十多项相关法律，提供了完备的法律体系保障，包括《首都圈建设法》《中部城市圈整备法》《近畿圈整备法》《首都圈整治法》《首都圈建成区内工业等设施控制法》《首都圈城市开发地区整治法》及《商务流通城市整治法》等强制性的国家法规。

（二）中央性规划主体介入

从20世纪50年代至今，日本政府针对东京湾区开展了五轮规划。前两轮规划的主体从1950年成立的首都建设委员会，过渡到1956年改组后的首都圈整备委员会，从一个实行合议制的独立性议事机构转变为总理府直属、委员长由建设大臣兼任的中央直属办事机构，促进跨区域的开发建设协调。从第三次规划起，规划主体纳入新成立的中央机构——国土厅下属的东京都市圈整备局，强调要从整个国土开发框架中来定位首都圈发展，规划主体与地方政府也成为主导与从属的关系。从咨询委员会改组为行政委员会，再到相对纯粹的中央行政机构，规划决策权力的上移，对于提升区域性规划编制效率和实现效果作用显著，保证了东京湾区规划和全国性规划体系的一致性，并且容易获得一些大型项目的资金保障和政策倾斜。

东京都市整备局一般负责城市发展政策的制定、城市基础建设的调整管理，比如公路和铁路等运营建设，由土地调整项目和旧城改造项目的城市发展等。东京都市整备局还指导制定与公民生活和企业活动相关的具体业务，如住房建设和管理、针对美国军事基地的措施等。东京都市整备局的主要目标体现在确保城市的可靠安全性、加强人和货的交换网络、形成舒适的城市环境、实现可持续的富裕住房生活、建立行政和发展监管，以及尽早实现美国军事基地的军民双重用途。

（三）专门性港湾管理组织

针对东京湾区的海湾和港口，有专门性的港湾管理局，即东京都港湾局。东京都港湾局是东京都的知事部局，掌管东京湾、离岛港湾设施、调布飞行场等，包括总务部、港湾经营部、临海开发部、港湾整备部、离岛港湾部、东京港管理事务所、东京港建设事务所等部门。港湾局不同部门有着详细明确的职能分工，分管着东京湾区的渔港、机场以及沿岛海岸的开发、港口维修、东京港的废弃物处理设施的开发、防灾事业等。

同时，针对分布在京滨工业区的三大港口——川崎港、东京港和横滨港的统筹工作，则设有京滨工业区港口协会，主要目的是为了消除在京滨工业区之间的港口相关的事务矛盾。

二、合作机制

（一）多层递进规划机制

坚守规划，是东京湾区开发建设成功的关键之一。东京湾区的规划具有层次性，从整个东京湾区的规划，再到各个城市具体的规划，层层递进，具有强烈的现实性和可行性。从 1959 年开始，针对东京都市圈建设，日本先后制订了区域性五轮次规划，并从行政上给予了充分协调。

日本的“首都圈整备规划”始于 20 世纪 50 年代，先后于 1958 年、1968 年、1976 年、1986 年、1999 年制定了五轮次，期间经历了日本经济从战后复兴、高速增长、稳定发展到泡沫破灭、经济衰退等半个多世纪的发展进程，规划所面对的时代背景和外部环境发生了多次历史性转折，也都具有很强的针对性和鲜明的时代特征。从第一次首都圈规划到第五次首都圈规划，核心目标都是致力于解决区域经济一体化过程中的空间结构、功能布局和因人口、资源和城市功能过度密集所引发的各类区域性问题。这些规划的衔接均由智库进行协调，那么即使政府决策者在变化，但为东京湾区提供规划服务的东京湾港湾联合推进协议会是独立的第三方机构，因此区域规划不会轻易改变，具有一致性和可持续性。沿岸各城市的湾区开发，必须要服从于已经达成协议的规划案，一旦提出更改，就必须获得东京湾港湾联合推进协议会成员的一致同意。

表6－3 日本五次首都圈整备规划

时间	规划	核心内容	规划主体
1958年	首都圈第一次基本规划	按照“绿环带＋新城”的开发模式，在东京建成区四周设置绿带，以防止都市化地区扩大，引导人口产业流入外侧卫星城市	首都建设委员会
1968年	第二次东京首都圈规划	将生活、教育、研究等机构设施向东京郊区疏散，继续建设副都心，分散中心区高密度压力	首都圈整备委员会
1976年	第三次东京首都圈规划	改善城市功能过度集中于东京的面貌，希望从单核心发展成为多核心城市圈	都市圈整备局
1986年	第四次东京首都圈规划	调整周边城市的职能分布和城市格局，强调要强化中心的国际金融职能和管理职能	都市圈整备局
1999年	第五次东京首都圈规划	针对大城市人口与经济活动过密的问题，建立区域多中心城市分散型互联网结构的空间模式	都市圈整备局

（二）产业错位分工机制

20世纪60年代—70年代，东京开始实施“工业分散”战略，将一般制造业外迁。这些企业一般迁至临近投资环境好的京滨、京叶工业区，这也体现了东京作为一个世界级大都市其功能演变和产业不断外扩的过程。京滨、京叶经济带的工业不断发展，逐渐成为世界领先的工业带；而东京则进行产业升级，重点布局高附加值、高成长性的服务性行业等，从而成为日本国最大的金融、商业、管理、政治、文化中心。京滨、京叶两大工业区由于分别向东京西部和北部扩展，使得工业地带与东京城市相隔，但便利的交通又使得工业带与都市的经济、研发等功能紧密相连。

东京湾港口群在多年的发展中，已经形成了鲜明的职能分工。这些城市内部独自经营，对外则展现为一个整体，提高东京湾港口群的形象和竞争力。这些港口都有自己的优势产业部门，而彼此之间又联系紧密。生产要素在城市之间自由流动，促使人口和经济活动的集聚，形成了城市群的整体效应。由横须贺港、横滨港、东京港、千叶港、川崎港、木更津港六大港口组成的东京湾区将国际物流、贸易中心的优势发挥到极致。在东京湾区5亿吨吞吐量的带动下，日本政府通过产业引导，鼓励钢铁、石油化工、装备制造等产业择址湾区，使得湾区内的产业集中度较高。

强大的产业，发达的交通，明确的分工，完善的体系，为企业的发展提供了良好的外部环境。通过湾区的科学规划，湾区已经成功将政治、经济、商贸中心结合在一起，发展成世界知名的“产业湾区”，实现区域的转变升级。

（三）交通网络支撑机制

在交通运营方面，东京湾区有专门的管理机构。1976 年成立的“首都地区港口联合推进协议会”，以加强东京湾内港口的协作为目标，于 1997 年成立了“东京湾港湾联合推进协议会。这个协议会由东京湾所有的地方政府一起参加。这些成员相互之间紧密协作，从更广阔和综合的角度关注首都圈港湾的开发。还有各海运公司和港区开发公司、沿港工厂企业共同参与的东京都港湾振兴协会。

东京湾区完善的交通体系对于区域的发展至关重要，港口资源及公路、铁路等交通方式连接成网，拉近城市之间的距离，促进国内外的交流发展。多样化的交通体系促使城市人口向外转移，带来更多的工作和消费机会，满足居民日常的出行需求，扩大人口分布及通勤范围；满足国内外频繁的贸易往来，有效地节约产业的生产成本，提高工作效率，促进经济的发展。

东京湾拥有六大港口，分别是东京港、横滨港、千叶港、川崎港、横须贺港和木更津港，其中横须贺港为美国海军第七舰队和日本海上自卫队的基地。这六大港口与羽田、成田两大国际机场和 6 条新干线连接在一起，构成了东京湾与日本和全球主要城市之间海陆空立体交通网。同时，这六大港口和附属的仓库群，从全球进口从粮食、水果到奢侈品的消费物资，支撑着东京首都圈 3800 万人高质量的消费。在日本全国按金额计算的货物进口量中，东京湾占到了 38.3%。

（四）产业研发保障机制

东京作为日本第一大都市，拥有东京大学、早稻田大学等众多名校。众多优质高校集聚，为整个东京湾区输送大量人才，由大学组织、参与的科研项目也为整个湾区的科学发展提供了帮助。高度重视科技创新是日本创造的东京湾区经济奇迹的重要因素之一。东京湾区内科技创新能力水平高，特别是京滨工业区成为东京湾区的产业研发中心，不断随着 R&D 产生溢出效应，进一步推动科技创新产业的扩散，强化产业研发功能。

京滨工业区集聚了许多具有技术研发功能的大企业和研究所，包括 NEC、佳能、三菱电机、三菱重工、三菱化学、丰田研究所、索尼、东芝、富士通等等。这些机构具有产业自主创新能力，从而使得京滨工业区具有很强的管理和科技研发能力。还有众多名校布局于京滨工业区，如庆应大学、武藏工业大学、横滨国立大学等等。京滨工业区积极开展产学研模式，建立了专业的产、学、研协作平台。

日本通过制定合理的产业政策以完善产学研合作机制，转变隶属于省厅的大学和研究所为独立法人机构，赋予大学和科研单位更大的行政权力。为建立更有竞争活力创新体系，日本政府将科研主体置于企业中，提高年度企业研发经费的投入，调动了各相关部门的积极性，对于提高该地区科技创新水平具有重要的作用和意义。

第三篇

时空解构

第七章

空间共通

经过上百万年漫长的历史，虽然今天粤港澳大湾区乃至周边邻近省区在行政上划分为不同区域板块，但是各个区域之间地理同源、人口同宗、文化同根、交通同行，从远古以来就是一个不可分割和相对完整、统一的人文地理和经济地理空间单元。无论是区域自然条件、人口素质、文化风俗等都具有相同的特征和遵循着珠江流域所特有的共同规律，这对于今天探索粤港澳大湾区区域合作，布局整个大湾区经济分工和构建产业协作体系是十分有利和不可忽视的因素。

第一节　地理同源

一、三江汇合集大成

打开世界经济的大版图不难发现，经济发达地区和现代化都市群一般濒临大海，依傍江河。世界上三分之二以上的人口居住在离海岸线480公里以内的区域。世界知名的城市几乎都处于沿海、港口、江河出海口等咽喉要道上，水利之便对于区域第一、二、三产业以及经济、社会、文化发展影响深远。位于三江汇合处的珠江三角洲亦是依托得天独厚的自然区位条件，从潺潺之水发育成为中国乃至世界经济最活跃的地区之一。

（一）三次海侵构建地貌

珠江三角洲是由西江、北江、东江、流溪河及潭江等河流合力作用而成的一个港湾内复合型的三角洲，它发源于珠江溺谷湾的多次海侵，在海退旋回运动中发育起来。约在4万—3.25万年前，珠江三角洲全境皆为陆地，海水沿现今西江、北江、东江和潭江河谷上溯，形成几条溺谷；大约2.2万—7500年前，由于南海海面大幅度下降，珠江三角洲又全境成为陆地；到距今7500—5000年，发生第二次海侵，整个珠江三角洲均被海水淹侵，河口区发生淤积，泥沙充填溺谷，形成了珠江三角洲平原；距今5000—2500年，珠江三角洲经历第三次海侵，且海侵达到最大范围，由于海面上升缓慢，河流搬运作用强烈，淤积物增多，溺谷及海湾面积缩小，“溯源堆积”过程便告停滞，逐步开始转为向海方前进的过程，最终形成了近代三角洲叠加于古代三角洲之上的地貌特征。

（二）海岸线迁移调整地貌

珠江三角洲的海岸线随着河流的搬运作用也在不断迁移。大概距今4000年前的时侯，西、北江三角洲的海岸线已在番禺、顺德及江门一线，而东江三角洲根据新石器时期遗址所遗存的蚝壳分布点，当时的海岸线大致在左岸的峡口和右岸的石滩附近。

在十世纪之前，珠江三角洲的人口并不多，居民点较为疏落，直到十世纪（宋代）之后，珠江三角洲才逐渐开始繁荣。

至十四世纪，西、北江三角洲海岸线大致推移到鲤鱼冲、古井、上横、西安、港口、百花、下河、乌猪、横挡及黄阁以南一线，东江三角洲则延伸至漳澎、麻冲一线。到了十七世纪（明代），由于珠江三角洲本身的自然淤积发展和人为的积极开发，三角洲的范围有了更加明显的进展。西、北江三角洲与五桂山、黄杨山、牛牯岭一带连成陆地，大大增加了三角洲面积，最终形成了现在珠江三角洲的基本雏型。直至二十世纪，珠江三角洲便发展成具有八大出海口门的基本形势。

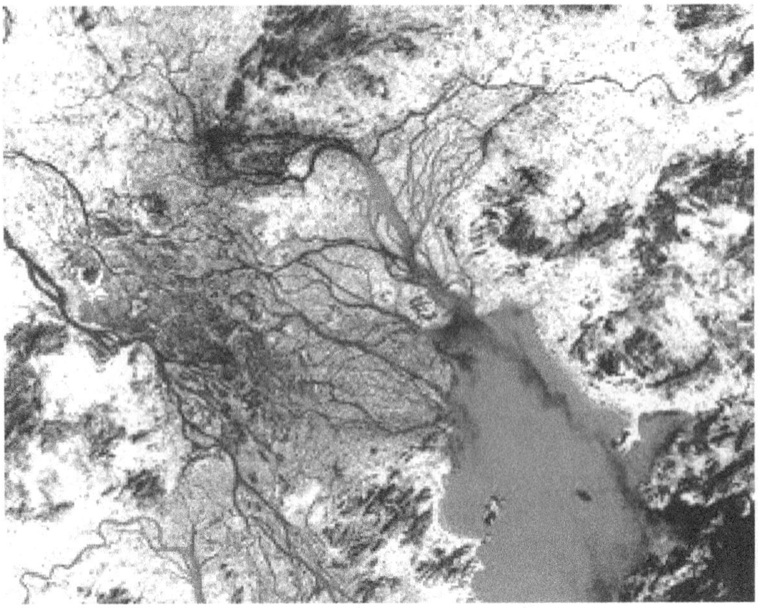

图 7－1　珠江三角洲地貌图

目前，珠江三角洲的岸线演变仍在继续。三角洲的泥沙仍未最后把“广州湾”淤满，狮子洋、伶仃洋就是“广州湾”的余留部分。西、北江三角洲以磨刀门部分发展较快，已基本上把内湾淤满，外湾部分的淤积亦逐渐加快，并开始向浅海方向发展。沙湾水道口门、蕉门、洪奇沥口门及横门一带滩地，由于近几十年来不断围垦，伶仃洋日见缩窄。东江三角洲口门则由于受到狮子洋涨落潮流的冲刷作用，淤积速度比较缓慢。至于黄茅海的三角港由于来沙数量少而潮流作用较强，淤积发展速度在整个珠江三角洲中最为缓慢。

（三）从三角洲到经济区

经过上百万年的地形地貌演变，最终形成广东省中南部珠江下游以及入海口的广袤地区，它环绕广东省省会广州，南接深圳、珠海两大经济特区，东遥汕头，西望湛江，形成一个多层次的对外开放扇面。1985 年中央确定珠江三角洲为经济开发区，至此珠江三角洲从一个单纯的地理概念转变成经济概念。

改革开放之后，珠三角逐渐成为一个具有独立意义的经济区域。1994 年广东省委正式提出建设珠江三角洲经济区，最初包括广州、深圳、佛山、东莞、中山、珠海、江门、肇庆、惠州共 9 个城市。其后，2009 年广东省住房和城乡建设厅、香港发展局和澳门运输工务司三方发布《大珠江三角洲城镇群协调发展规划研究》，将港澳地区纳入“大珠三角”规划范围，成为中国首个跨不同制度边界的空间概念，为后续粤港澳三地开展各类跨区域合作打开了思路。

二、五岭阻隔临南海

（一）政治稳定

古代，珠江三角洲平原地处我国南疆边缘，当时由于交通落后，北隔五岭、南阻大海的地理位置客观上阻隔了珠江三角洲地区与中原地区的交往，这种状况虽然一定程度上影响了中原先进经济、政治、文化的传入，却使珠江三角洲免遭战乱的纷扰，三角洲内并未经历长时间的分裂阶段，不同地区之间合力抵御恶劣自然环境带来的挑战，因此经济、文化均相对完好地被保存下来，使之带有明显的地域性、独立性。可以说，正是北隔五岭南阻大海的天然屏障区位，为珠江三角洲的区域合作造就先天的优势。

（二）河道密集

珠江流域高温多雨，河道密如蛛网，终年不干涸，能通航二三千吨的主要河道 30 多条，总长 170 多公里，因此水运是城乡联系的主要途径。同时广州是古今南北水上交通的要道隘口，自然成为珠江流域货物与人流的集散中心，由广州溯北江越过大庾岭入赣江可与赣南联系；由北江入武水过骑田岭可进入湘江支流耒水；西溯西江入贺江，越渚岭可进入湘江支流潇水，贯通南北。

在这样的自然区位之下，珠江三角洲自古以来内联内地，外通海外，造就了繁荣的河运贸易。在密集的河道的沟通连接之下，珠江流域特别是珠江三角洲内部的交往更是异常频繁，是珠江三角洲作为一个整体综合发展的重要保证。

（三）海上贸易

而粤港澳大湾区沿岸水深条件较好，大型港口众多，包括广州港、深圳港、珠海港、惠州港等亿吨以上的大型港口，可形成规模化的港口群；此外沿江、沿海大中小型港口集结，可充分利用资源，优势互补，承接几乎所有区域的物流运输。优越的海运条件是“湾区经济”的重要支撑，有利于湾区发挥开放的经济结构、高效的资源配置能力以及强大的集聚外溢效应，对于粤港澳大湾区内联大陆腹地，外接世界各地具有重要意义。

第二节　人口同宗

一、人口来源

珠江流域是我国最早的人类起源地之一。早在170万年以前，人类的祖先就在这里生息繁衍[1]。在秦始皇建立封建王朝前的数百万年，就有珠江流域土著人在此短距且缓慢流动，在最漫长的岁月里开发了珠江流域沃土，创造了该流域最古老的文明，并且逐渐形成了无论人类体质还是经济文化习俗都具有相同特征的古民族——越，因此岭南地区自古以来被称为“百越”之地。由于受北面五岭阻隔，交通闭塞，在秦汉以前少与北方往来，远离中原众族，处于孤立发展的状态。

至秦始皇统一六国后，通往岭南的驰道，开凿灵渠，沟通湘漓二水作为运粮通道，并设南海、桂林、象郡，又将数十万汉族军民，包括罪人，迁至这三郡，才揭开了中原汉人与岭南少数民族相互融合的序幕。

二、人口结构

珠三角城市群虽然也有一定数量的客家人和闽南语系的族群，改革开放后在一些城市特别是深圳等几个城市外来人口超过了本土人口，但绝大多数城市都是以广府人为主体。

随着经济社会发展和城镇化的不断推进，跨省流动人口成为广东人口结构组成的重要部分，根据广东省卫生计生委统计，至2017年5月底广东省流动人口达4094万人，其中有近1000万人是省内流动人口。

在地区分布上，珠江三角洲是广东常住人口的主要集聚地。根据广东省统计局发布数据，2017年末广东常住人口中有6150.54万人聚集于珠三角地区，占全省人口总量的55.07%。

此外，根据不完全统计，近五年广东省累计引进包含华侨华人在内的海外人才约5.8万人，其中华侨华人达到70%以上。目前广东省约有8.8万归侨、3000多万侨眷，主要集中在珠江三角洲、潮汕平原和梅州等侨乡地区。

---

〔1〕梁钊，陈甲优．珠江流域经济社会发展概论［M］，广州：广东人民出版社，1997.

由本土居民、国内流动人口和海外华侨所构成的多元人口结构，保障了粤港澳大湾区劳动力资源的有效供给，同时又为粤港澳大湾区的创新发展提供了强大的创新型专业人才保障，人口红利正不断释放。

三、人口流动

在珠江三角洲长达数千年的发展历程当中，曾经历三次大的人口迁徙浪潮，第一次的南下迁徙奠定了珠江三角洲的文化根基，而第二、三次的人口迁徙，则使整个珠江流域连接成一个完整的市场整体，对外实现了与港澳地区和世界各地区的大融通，为珠江三角洲的社会发展开拓了新的领域，对地区的发展起到至关重要的影响。

（一）政治驱动下的南下迁徙

秦汉时期，由于秦始皇统一六国，下令中原百姓大量迁徙“与越杂处”。加之秦始皇及其后历任君王都十分重视交通要道的开辟，包括秦始皇时期修建灵渠，沟通珠江与长江水系；《后汉书·郑弘传》记载：“建初八年，……弘奏开零陵、桂阳峤道，于是夷通，至今遂为常路”；《初学记》卷六引谢承《后汉书》也说到：“交趾七郡贡献，皆从涨海出入”，都为中原汉族人的南迁创造了条件。大批中原汉族人南迁到珠江流域特别是珠江流域下游地区，这是珠江三角洲第一次经历大规模的人口迁徙，并接受来自中原的先进生产工具与生产方式，为岭南地区的社会经济发展提供了有利条件，在文化层面上中原封建经济文化强烈辐射珠江三角洲地区，使珠江三角洲土著民族与汉族特色得以融合，推动珠江三角洲地区经济文化发展。

（二）经济驱动下的东西迁徙

改革开放以来，珠江三角洲地区得改革开放风气之先，经济社会发展进入前所未有的高速发展时期，民间甚至流传着“东西南北中，发财到广东”的说法，吸引周边广西、云南、贵州，以及湖南、江西等地区民工涌入珠江三角洲从事劳务、经济协作、商业外贸活动，继而是“新客家潮”，外省毕业的学子、调动干部、南下知识分子和科技人员，大部分落户成为“新广东人”。

（三）社会驱动下的外溢迁徙

最早一批广东人移居海外是由于1840年鸦片战争爆发后国内生存环境严峻，时值美国、加拿大、澳大利亚、新西兰等国先后发现金矿兴修铁路，需要大量招募外籍劳工，因此大量广东人被迫背井离乡，“下南洋”谋生。

不同于第一批海外移民，二十世纪八九十年代的海外移民是由于市场经济的张力作用，以广州、佛山为核心的三角洲地带农业、手工业、商业、对外贸

图7-2　1992年春运回流的民工潮

（图片来源：《南都周刊》，叶健强摄）

易的迅速发展，珠江三角洲空间与资源逐渐难以适应其经济社会发展的需求，要求珠江下游特别是珠江三角洲地带必须向新的地域拓展，转移过荷的人口。因此，部分广东人口溯珠江向中上游广西、云南、贵州迁徙，也有部分人口选择向海外外溢。因此，广东有数十万人口移居港澳地区，以及美国、加拿大、澳大利亚和欧洲各国，主要以专业技术移民、投资移民、留学生移民、家庭团聚移民为主。

第三节 文化同根

粤港澳大湾区协同发展进程中，一个鲜有人关注的核心元素，是其中的人文价值链。粤港澳大湾区在地理空间上的接壤以及上万年一脉相承的发展历史，使珠江三角洲地区与港澳地区尽管社会制度、发展历程和文化土壤存在一定差异，但依然民族血缘关系上骨肉相亲、文化上渊源脉延，形成最丰富而独特的人文价值链。这是粤港澳大湾区开展区域合作的精神纽带，也是粤港澳大湾区区别于旧金山湾区、纽约湾区、东京湾区等世界级湾区发展的独特元素，构成其最具竞争力的软实力。

一、同根同源的文化基础

从横向地缘来看，岭南文化是粤港澳地区的主流文化，它融汇了广府、客家和潮汕三大主要文化。岭南文化孕育于珠江，具有语言习俗相通、文化同源、同气连枝、同声同气的特点，具有认同性和亲近感的天然属性，其实早在粤港澳大湾区建设正式上升为国家战略前，粤港澳三地的交流合作尤其是人文性的交融，就始终随着历史的进程在各种空间中进行着，也为新时期粤港澳大湾区的合作提供了文化基础。

（一）历史的同一性

粤港澳大湾区各城市与地区自古以来就同属于百越之地，秦始皇统一岭南之后，又基本同属于南海郡范畴。以岭南文化为内核的粤港澳地区文化先后经历独立发展期、百越文化圈期、汉越文化圈期、汉越文化融合期、中西文化碰撞期和走向现代化时期这五个时期。尽管近2000年来，珠江三角洲与港澳地区政制发生变化，但是粤港澳地区的人文历史总是维持着千丝万缕的关系，同时同样面临国内外相似或相近的社会经济发展态势，保持着历史的同一性。

（二）人口的同一性

岭南偏处一隅，位于南疆边陲的南海之滨，在交通极不发达的古代，与中原在地理上形成了基本隔绝的封闭态势。由于自古远离中原本土，亦远离历朝历代的政治文化中心或重镇，致使百越土著人在当时属于“非正统”的少数群体。另一方面，岭南地区历史上在秦汉时期、两晋南北朝时期、两宋时期和明末时期先后经历四次大规模的人口南迁，同时也是史上文化精英的屡遭贬谪、放逐流散的主要地区，这使得岭南成为颠沛流离、远离家乡的移民最终的栖身之所。

百越土著人与大批移民同样面临被主流文化的冷落以及自身文化无所归属的彷徨，因此在精神层面而言，古代岭南人口具有同一性，也正因如此，岭南文化以一种异于常态的，即“遗忘—等待—接受—选择—新变”的方式孕育生长与自我造血，主流中原文化与岭南本根文化在动乱与流徙中相互交融，呈现顺理成章、融和变通的情态，并逐步确认了自有文化的本根性，这也是岭南文化具有兼容并蓄的基因的本质原因。

（三）语言的同一性

粤港澳地区主要语言载体有广府话、客家话、潮汕话、英文、葡语，其中粤语是珠三角城市群共同的话语体系，即使是外来人口占多数的城市，今天粤语也依然处于核心地位。“同声同气”的文化特质有利于岭南文化的传播与传承，形成岭南人的内在凝聚力与向心力，为地区之间的交流与合作提供了可能性。

二、海纳百川的文化练就

海洋性是粤港澳地区文化的另一个重要特质，南中国海浇铸了粤港澳人外向型敢于犯难冒险的“海洋性格”，主要表现出重商务实的价值取向、开拓进取的精神、开放兼容的意识。

（一）重商务实的价值支柱

由于岛屿众多，海岸线长，优越的地理区位为珠江三角洲开展商业活动提供了极大的优势，可以说，珠江三角洲是“在商船上崛起的三角洲”。在20世纪80年代，广东爆发“全民皆商”的壮举，而珠江三角洲地区在其中更是当仁不让。

在重商精神的推动下，广东人敢于冲破传统的禁区，形成“用好政策，用足政策”的观念，这对于广东在改革开放的浪潮中抢占先机，拔得头筹具有深远影响。中国改革开放在文化上打破长期封闭的樊篱，粤港澳文化交汇创新也随之达到空前鼎盛时期。首先是香港文化观念涌入广东，包括经济意识、市场观念、价值观念、行为规范、生活方式等，促进广东文化革新。而深圳人第一次在国内敢于引用美国百多年前就流行“时间就是金钱，效率就是生命”口号，也是珠江三角洲人民重商观念、竞争观念的重要体现。在今天，岭南文化中的重商务实的基因也为粤港澳大湾区进一步突破制度壁垒、实现跨区域协作共融提供了价值与精神支柱。

（二）开拓进取的精神气质

历史上广东的对外通商，海上丝绸之路的探索与冒险，到20世纪资产阶级革命的历程，现代改革开放的辉煌，都彰显着广东人开拓进取，勇于接收新事物，主动迎接挑战的精神气质。

近代西方文化在粤港澳激烈冲撞，孕育出中国最早一批文化精英，形成变革中国社会核心力量，从林则徐、洪秀全、康有为、梁启超到孙中山都是他们中的杰出代表。开拓进取的精神气质有利于广东在创新的道路上越走越远。过去30年广东经济发展模式造就了“广东制造”，使珠江三角洲成为“世界工厂”，再到今天的“广东创造”，酝酿和实施以提高自主创新能力为核心的新一轮改革。

创新，需要许多文化精神和价值支柱作为支撑，因此在粤港澳大湾区建设过程中，广东这种开拓进取的精神气质将支撑其在新时期寻求更大的发展动力源泉。

（三）开放包容的价值取向

开放包容是粤港澳大湾区与生俱来的文化特质。由于岭南人世代生息之地恰恰处于南海边上以及珠江三角洲，自古以来，舟楫之便，使广府人驰骋于辽阔的大海上，视大海为世界的起点。正是海洋，赋予了广府人开放的胸怀与无限的生机，他们走出国门，逐渐形成“以海为商”的海洋文明，在中华文化中构成独特的一翼，不是封闭住自己，而是敢于、善于面对整个世界。而港澳地区由于历史政治原因，多年来汲取了丰富的西方文化，对西方文化具有良好的包容性。

正因为这样的文化基底，使粤港澳三地一直以来充当着中国与世界之间的“超级联系人”角色，在新的发展时期，粤港澳大湾区凭借岁月练就的开放包容的价值取向，将帮助其在“一带一路”建设和对外开放格局中肩负起重要的历史使命，引领中国走向世界。

三、多元协同的文化产物

由于各类历史因素，粤港澳三地文化交流曾一度中断，但正因为其后天生长的土壤有所差异，使三地逐渐形成自己的文化个性，又在后期的交流中不断碰撞、交融与创新，最终使粤港澳地区文化在结构、性质和层次上具有明显的东西方多元文化交融的特征。

（一）结构多元

岭南本根文化、中原文化、海外文化，后续有殖民文化，这些文化并存于珠三角地区，不同文化始终处于相互作用和沟通的状态，却不存在严重的冲突和对抗的局面。

中国历史上几次大规模移民潮，广东地区都成为中原南下移民的最终归宿。五湖四海的移民群除了带来了中原地区先进的生产经验，更重要的是带来了中原及各地的文化元素，丰富了岭南文化的内容。此后，鸦片战争以后以及改革开放以后的两次海外移民潮则为珠江三角洲接触海外文化和殖民文化提供了渠道。各类的文化元素与文化圈子在珠江三角洲与原生的文化思潮进行交流和融汇，生根发芽，最后内化成岭南文化的一部分，这使得珠江三角洲及港澳地区人民有了文化认同的基础。

（二）性质多元

移民文化是岭南文化中的重要组成部分。广东的海外侨胞和归侨侨眷众多，约有3000万海外侨胞，占全国海外侨胞人数一半以上，遍布世界160多个国家和地区。

香港地区原为古代越族聚居之地，战国时期并于楚国。秦始皇三十三年，秦国派兵南下五岭，香港地区正式归入中国统一王朝的版图。1841年英军侵占香港岛时，岛上只有几千居民。后来英国殖民主义者又陆续占领九龙半岛和强迫租借新界地区，这些地区的居民多是祖籍东莞、新安等县的本地人和来自岭南各地的移民，因此其文化本根具有明显的广府文化的特征。同样，澳门自古以来就是中国的领土，与岭南文化也有着不可分割的关系。

其后，香港割让给英国，逐步发展成为一个世界性贸易城市和中西文化交流基地。葡萄牙人则以租赁形式入据澳门，在西方政治与法制文化的影响下，澳门也逐渐形成自己独特的文化风格与特点。在这样的背景之下，香港与澳门受到西方政治制度与文化的影响，又保留了固有的广府文化。

如今粤港澳大湾区具有侨乡、英语和葡语三大文化纽带，多元的文化特性为中西方文化交流提供了一定的空间，粤港澳大湾区成为连接21世纪海上丝绸之路沿线国家的重要桥梁。

（三）层次多元

粤港澳大湾区的文化内涵由多元文化交融构成，层次多样化。它既包括以广州、佛山为代表的传统岭南文化，以香港、澳门为代表的国际大都市文化，也包括以深圳为代表的科技创新文化。

这种多元的文化层次结构在广东地区表现出来的是一种杂处共存的形式，阳春白雪，下里巴人，各得其所。在广东既有传统的粤菜长盛不衰，又有西餐、日本料理、韩国料理等各色菜系的红火；既有传统的舞龙醒狮和粤剧，又有卡拉OK、迪斯科等新兴娱乐项目。正是这种对不同层次的文化极具兼容性的特点，使广东地区在国内正为资本主义的进入发愁时，率先运用外商独资、合资、股份制等形式将资本融入社会主义现代化建设当中。

这种兼收并蓄的特质，使得粤港澳三地始终以一种共同的利益为基础，以市场为导向，以文化认同为纽带，以民间合作为主要方式，自力带动，自然形成，多元、多向联合，将粤港澳大湾区内各种资源联合在一起，促进了整个湾区的整合和发展，这也是百年乃至千年以来粤港澳三地始终紧密合作长久不衰的精神底蕴。

第四节　交通同行

粤港澳大湾区的建设，交通基建至关重要。随着粤港澳大湾区上升为国家战略，广东提出打造大湾区1小时交通圈，以连通珠江口东西两岸为重点，构建城际快速交通网络。深（圳）中（山）通道、南沙大桥、莲花山通道等过江通道建设加快，狮子洋通道（广州南沙至东莞虎门）、深（圳）珠（海）通道前期研究工作启动。这些重大交通工程，把大湾区珠江东西口岸紧密连接，融为一体，构建出一张密集的城际快速交通网络。

一、水路交通

珠江三角洲地区因海而生，因此自古以来水路交通成为该地区沟通城乡、联系国内外的重要命脉。

经济实力最强、外向型经济最发达的珠三角地区是广东省外贸进出口核心区，“两头在外，大进大出”为主导的外向型产业特点造就了珠江三角洲经济发展对海运的高度依赖，给珠三角港口群源源不断带来大量的集装箱，带动珠江三角洲形成我国发展水平最高、发展最具活力的世界级大型港口群之一。

目前珠江三角洲港口体系层级相对明晰，形成4个亿吨大港为主，多个中小港口为补充的多层次港口群，有力支撑了进出口贸易的发展，也是我国最为重要的集装箱枢纽港之一。港口和航道形成以广州、深圳、珠海为主要海港，佛山、肇庆、东莞、中山、惠州、江门为主要河港的港口航道网。沿海主要港口主航道均能满足5万吨级船舶通航；港口货物和集装箱吞吐量分别为8亿吨和3900万标箱。各个港口的功能定位和发展方向明确，基本形成了差异化协调发展，满足港口腹地的运输要求。

良好的港口资源曾经是珠江三角洲对外贸易的重要支撑，而在今天，“依港而生”的天然区位优势也为粤港澳大湾区发展海洋经济，建设宜居宜业宜游的优质生活圈、构筑休闲湾区提供新的动力。

二、陆路交通

根据统计，每1元高速公路建设投资带动的社会总产值接近3元，相应创造国民生产总值0.4元；每亿元高速公路投资可创造2000个劳动就业机会，同时为相关产业提供近5000个劳动就业机会。2013年以来，一场轰轰烈烈的

“交通大会战”正在南粤大地打响，它被认为是破解广东区域发展长期失衡的关键之举。至2016年底，广东省高速公路通车里程达7673公里，广东省67个县（市）实现“县县通高速”，出省通道达到21条，与陆路相邻省区（澳门除外）均有至少3条以上高速公路相连；粤东西北地区高速公路通车里程达3578公里，大大缩短了与珠三角的时空距离，从珠三角核心地区往返粤东西北的车程普遍缩短1小时以上。通过交织纵横的“交通血管”，打通珠三角内部区域联系，开拓粤东西北发展腹地、打通出省通道，实现区域经济协调发展。

而在铁路建设方面，由于在建国初期广东不属于全国铁路建设的重点省份，因此在改革开放之初省内铁路发展水平较低，运输能力较差。直至1984年广深铁路公司成立，并探索出一条“自主经营、自负盈亏、自我改造、自我发展”的铁路经济管理体制改革新路径，才推动广东铁路进入高速发展的新时期。其后三茂、广梅汕、京九广东段等相继建设落成，大大改善了广东铁路交通状况。自1997年以来，粤港澳地区又动工或即将兴建大型交通基础设施20余项，包括广珠铁路、珠江三角洲城际快速轨道交通网、京九深圳至香港西九龙段等，铁路和轨道交通已形成以广州为中心，以京广、京九、广深、广茂为主要干线，武广客运专线（含新广州站）、广深港客运专线等干线铁路以及广佛、广珠、穗莞深城际线的轨道交通网。

按照2017年发布的广东“十三五”交通规划，广东省近年将有共计21个城际轨道交通项目陆续地开工，城际轨道交通项目投资额总计超3000亿元，总长度将近1000公里。按照现有的规划，到2030年前，珠三角地区将进一步基本实现县级以上城镇的轨道交通全覆盖，城镇覆盖率达66%以上；将形成“三环八射”城际轨道交通网络构架，最终形成以广州、深圳、珠海为主要枢纽，覆盖区内主要城镇的城际轨道交通网络，粤港澳大湾区一小时生活圈已成加速之势。

三、航空交通

大湾区内的三大国际机场与地区外向型经济也形成了良性互动。珠江三角洲内机场密集分布，枢纽机场地位突出，并形成了以广州白云国际机场为枢纽，深圳机场为干线，珠海等机场为支线，辐射全国、连接海外的民航运输网。而广州、深圳、珠海机场与相邻的香港、澳门机场，构成了“全球最密集机场群”，集聚程度远高于国内其他地区。2002年香港、澳门、广州、深圳、珠海5个机场更是共同组织了“A5”机场组织，首次向国际推介珠三角五大机场融合的概念，寻求与世界各大航空公司的合作。

而广州白云国际机场作为中国内地三大国际航空枢纽之一，白云机场航线网络覆盖全球219个航点，其中国际及地区航点86个，有77家航空公司在白云机场运营，其中外航和地区公司50家，堪称“连接世界的节点”。根据广州发布的《推进广州国际航空枢纽和临空经济示范区建设三年行动计划(2017—2019年)》，将搭建以广州为起点的“空中丝路”，建成辐射泛珠、服务全国、连通世界的民航运输网络，与国内、东北亚、东南亚、南亚主要城市形成“4小时航空圈”，同时大力发展中远程国际航线和洲际航线，增设国际直航，与全球主要城市间实现12小时通达。

四、立体网络

在粤港澳大湾区经济频密往来的同时，重大交通基建项目的开展也如火如荼。粤港澳“一小时交通圈”追求互联互通，交通运输基础设施建设是大湾区产业融合的重要前提。目前粤港澳大湾区各项交通建设陆续开建，其中港珠澳大桥、广深港客运专线、深港西部快速轨道线、莲塘/香园围口岸、深圳前海开发、广东南沙新区开发、珠海横琴新区开发等合作项目都将为三地互联互

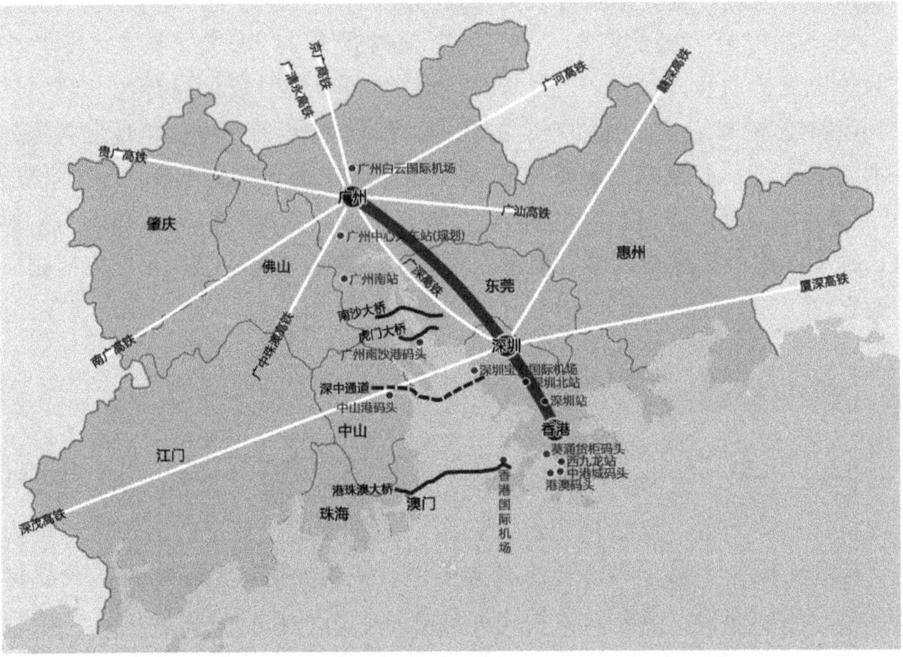

图7-3 粤港澳大湾区基础设施建设互联情况

通提供基础保障。部分工程已取得了突破性进展，粤港澳大湾区立体化交通网络建设已全面铺开。

表7－1 粤港澳大湾区基础设施建设互联情况

设施名称	里程	备注
港珠澳大桥	由香港口岸至珠澳口岸全长41.6公里，加上13.4公里的珠海连接线	• 往来珠海与香港葵青货柜码头行车时间由3.5小时缩减至75分钟 • 往来珠海与香港国际机场行车时间由4小时缩减至45分钟 • 珠三角西部进入香港，3小时车程可达范围内
高铁香港段	连接现时长达29000公里的国家高速铁路	• 14分钟到达深圳福田站 • 18分钟到达深圳北站 • 47分钟到达广州南站 • 无需转车直达44个内地城市
南沙大桥	总长度13公里	• 东莞至番禺的交通距离至少拉近10公里 • 是世界上跨径最大的钢箱梁悬索桥

第八章

经济共荣

总结世界湾区发展经验不难发现，具有竞争力的世界级湾区发展离不开从港口经济、工业经济、服务经济再向创新经济转型的发展阶段。回顾粤港澳三地经济发展的整体趋势亦然。由海上丝绸之路拉开珠江三角洲对外贸易的序幕，到改革开放期间形成的“两头在外”和“前店后厂”的经济发展新模式，再到产业结构转型，服务经济崛起，最后到如今走进创新经济，粤港澳三地在这一过程中经历过竞争、磨合最后走向分工协作，实现经济共荣。

第一节 港口经济发展阶段

在宋元时期至民国时期，粤港澳地区区域经济发展不断成熟，形成早期的沿海经济体。而在经济发展下的移民更早接触工业文明，在经济反向辐射的形势下，华侨纷纷返乡投资，掀起了侨资侨汇返乡广东的热潮，为广东奠定了经济上的领先地位。整体的经济发展脉络和经济上的领先地位奠定了粤港澳大湾区合作的经济基础。

一、以桑基鱼塘为本的农业经济

明清时期，面对日益加剧的人口压力挑战，珠江三角洲需要寻求更加高效的农业耕作方式。由此，由养鱼业、蚕桑业、缫丝业和丝织业等多种行业相结合的集约化耕作、商业化经营的“桑基鱼塘”形式应运而生。桑基鱼塘的耕作方式的普及，使蚕丝业得到快速发展，并带动各行各业，形成以出口为导向的贸工农经济体系。

“桑基鱼塘”既是脱胎于旨在自给的精耕细作的传统农业，又是在海洋文化（亦称商业文化）的浸渍下，服务于海洋贸易的生态型农业[1]。可以说，珠江三角洲之所以成为商业革命、产业革命和社会革命的先驱，后来居上，跻入先进地区的行列，实拜桑基鱼塘生态农业之所赐。

二、海上丝绸之路广开贸易之门

由于北面五岭阻隔以及南面南海给予的广阔空间，珠江三角洲地区凭借独特的港湾优势，早在秦汉时期就开启了海上对外贸易，至西汉时期，从中国广东番禺、徐闻，广西合浦等港口启航西行，与从地中海、波斯湾、印度洋沿海港口出发往东航行的海上航线，在印度洋上相遇，标志着贯通东西方的海上丝绸之路打通，广东成为海上丝绸之路的始发地。其后，随着经济重心南移，中国与西方的交通以陆路为主转向以海路为主，珠江三角洲海上贸易在唐代迎来大繁荣并在宋元时期达到顶峰。唐朝人贾耽曾描述过当时的著名航线，名为“广州通海夷道”，记载了从广州港出发，前往东南亚、南亚和波斯湾沿岸、

〔1〕 叶显恩，周兆晴．桑基鱼塘与珠三角近代经济变革潮流［J］．珠江经济，2008（8）：89—96.

地中海沿岸以及东非等地，共计100多个国家和地区的航行线路。当时珠江三角洲中，广州已经成为全国的外贸中心、世界著名的商港，呈现出一幅“大舶参天万舶争先”的图景，外国商人来广州多的年份达10万人。

至明清时期，珠江三角洲经济结构发生重大转变，凭借发达的对外贸易，商品经济蓬勃发展起来，并初步成长为全国经济发展程度最高的区域。特别地，由于明代澳门贸易高度繁荣，使澳门成长为广州的外港，将广州与世界连接起来。“广州—澳门”就像一条纽带，将珠江三角洲贸易与国际贸易联结在一起，大量白银输入中国，从客观上促进了中国社会商品经济的发展和东西方科技文化交流。

【拓展阅读】

“海上丝绸之路”的由来

东汉时期，从岭南出发的海上航路延伸至世界各地。而前往大秦（今伊朗）的航路，主要从中南半岛顺流而下，经过马六甲海峡进入印度洋，从印度洋进入阿拉伯海或红海，随后经陆路向西而行，进入地中海，最终抵达大秦。

这条航路还经过沿途各国，因此中国与西亚的安息（位于伊朗的古帕提亚帝国）、南亚的天竺和已程不国（位于斯里兰卡的锡兰岛）、东南亚的都元国（位于马来半岛）、邑卢没国（位于缅甸）和谌离国（位于缅甸）等国家亦建立起贸易关系。

由于在这条航线上，中国的丝绸最受到各国的青睐，据称在当时的大秦，最精美的丝绸与等重的黄金等值，因此手工精湛的丝绸为中国和世界各国架起了经济贸易和文化交流的桥梁，而这一条航路亦就此被赋予了一个美妙的名字——“海上丝绸之路”。

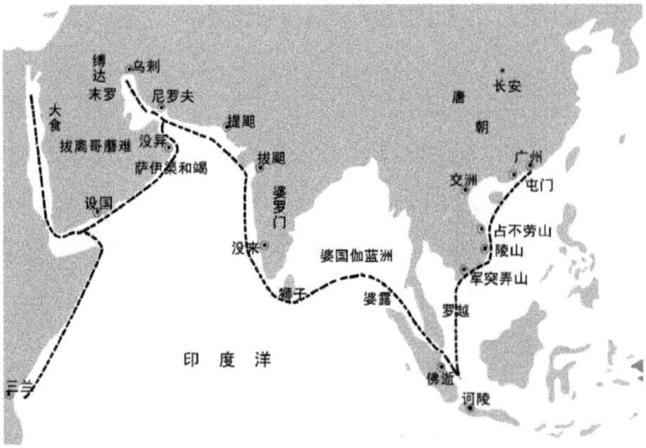

图8－1 唐代广州通海夷道通道

资料来源：

金峰，冷东．广府商都［M］．广州：暨南大学出版社，2011.

二、口岸埠市为中心的经济格局

晚清民国时期，粤港地区在全国经济发展的最高梯度区域地位不断地成熟和巩固。大批的开放口岸埠市率先在广东沿海、沿江出现，并形成一个辐射量巨大的商品经济体系，广东、香港、澳门作为一个统一的区域综合体，经济发展在全国始终保持领先地位[1]。

相应地，这一时期各种农产品加工业、大型手工业、制造业也迅猛崛起。明清时蚕丝产区南海、顺德，已家家流行缫丝和纺织手工业；在葵田广聚的新会，形成了葵扇手工业生产中心；在水草广为种植的东莞县，编织睡席、草绳的草织手工业则充分发展。清代，佛山还形成了陶瓷、丝织、棉织等近200个手工业行业，仅丝织棉织行业织工就达20万人左右。手工业的大规模发展，为市场提供了巨量的商品，极大地促进了珠江三角洲港口经济的发展。

〔1〕 黄滨．粤港澳地区形成全国最高经济梯度区域地位的历史探源［J］．广州大学学报（社会科学版），2006，(12)：45—51.

第二节 工业经济发展阶段

珠江三角洲地区是全国改革开放的先行地，作为改革开放的试炼场，珠江三角洲经历了由传统农业区向现代制造和高端产业集聚地转变的历史性跨越，是我国经济社会发展转变最典型的地区。

一、多层级制造业协作网络形成

根据统计，1980年珠江三角洲大部分产业活动主要集中于广州，广州工业产值占珠江三角洲工业总产值54.66%，其余各市、县工业基础较为薄弱。其后随着我国经济体制改革，珠江三角洲产业分工及协作关系发生了深刻变化，依循市场发展规律所形成的产业协作网络逐渐在珠江三角洲运作起来。1990年，广州市占珠江三角洲工业总产值的比重下降到23.68 %。深圳、珠海占珠江三角洲工业总产值的比重分别由1980年的0.3 %和0.49 %上升到15.3%和4.0%[1]。在工业地域分工情况上，珠江三角洲产业分工逐步显现，根据1990年珠江三角洲工业调查数据处理分析不难发现，新兴产业和高新科技部门主要集中在广州、深圳两个城市，而黑色金属、有色金属、煤炭及其它非金属矿产的开采及木材采运等专业化部门则主要集中在珠江三角洲北部、西部边缘地区，珠江三角洲工业发展地域分工格局逐步显现。

表8－1　1990年珠江三角洲各市县工业分工

县市	区位商>1，区际商品率（R_q）>5的工业部门	
	区际商品率（R_q）>10	5<区际商品率（R_q）<10
广州	石油，交通运输，设备制造，黑色金属加工，橡胶，烟草，医药，仪表，炼焦，机械，电器机械，化学，金属制品，印刷，有色金属加工，木材加工，家具，造纸，纸制品，饮料，自来水	电力蒸汽
深圳	电子及通信设备制造，文体用品，缝纫，机械，医药，饲料	无

---

〔1〕欧阳南江．珠江三角洲工业地域分工研究［J］．地理学报，1996（01）：44—50.

续上表

县市	区位商>1，区际商品率（R_q）>5的工业部门	
	区际商品率（R_q）>10	5 < 区际商品率（R_q） < 10
珠海	无	塑料制品，化学，金属制品，电子及通信设备制造，木材加工
佛山	建筑材料，塑料制品，纺织，电力蒸汽，化纤	自来水，电器机械，金属制品，工艺美术，化学
江门	无	无
肇庆	无	无
惠州	黑色金属采选，有色金属采选，木材采选	电子通信设备制造
南海	有色金属加工，饲料，工艺美术，皮革，有色金属采选，金属制品	建筑材料采选，烟草加工，建材制品，木材加工，纺织
中山	无	印刷，电气机械，缝纫，食品
东莞	电力蒸汽，工艺美术	无
番禺	无	无
新会	化纤	无
三水	饮料	无
清远	黑色金属采选，有色金属采选，木材采选，炼煤开采	建材开采
恩平	煤炭开采	无
开平	煤炭开采，木材采运	化纤，橡胶
从化	其它非金属矿采选，木材采选	煤炭开采
花县	其它非金属矿采选	无
四会	其它非金属矿采选	无
宝安	无	文体用品，建材制品，饲料
其余县市	无	无

注：

［1］数据来源：欧阳南江．珠江三角洲工业地域分工研究［J］．地理学报，1996（01）：44—50.

［2］区际商品率指数（Rq）用于衡量区际商品率，Rq 值越大表示区际商品率越高。

二、"两头在外"的贸易经济结构

改革开放以来，中央政府授权广东省实行特殊政策和灵活措施，赋予市县级政府更大的经济自主权。广东在推行沿海经济发展战略的过程中，由于自身资源相对短缺，原材料基础工业差，工业原料大部分依靠省外，因此广东凭借改革开放的政策优势，探索出一条原料、资金和市场在外的"两头在外"外向型经济路子。

凭借着长期以来对外贸易经验优势，借助当时全球产业空间重构的机遇，利用邻近港澳的地缘优势，"两头在外"的经济模式促使珠江三角洲产品由销往港澳市场逐步转向进入欧、美、日市场，并形成一批出口"拳头"商品。根据1980—2016年珠三角、长三角、京津冀地区进出口贸易额与外贸依存度对比可以看出，外来投资与对外贸易对珠江三角洲经济发展具有重要的促进作用，20世纪80年代以来珠江三角洲从一个外贸经济几乎可以忽略不计的地方，发展成为全中国经济外向性最强的区域，远远超过京津冀与长三角等地区。在这样的背景之下，珠江三角洲自下而上的工业化、城镇化得以蓬勃的发展。

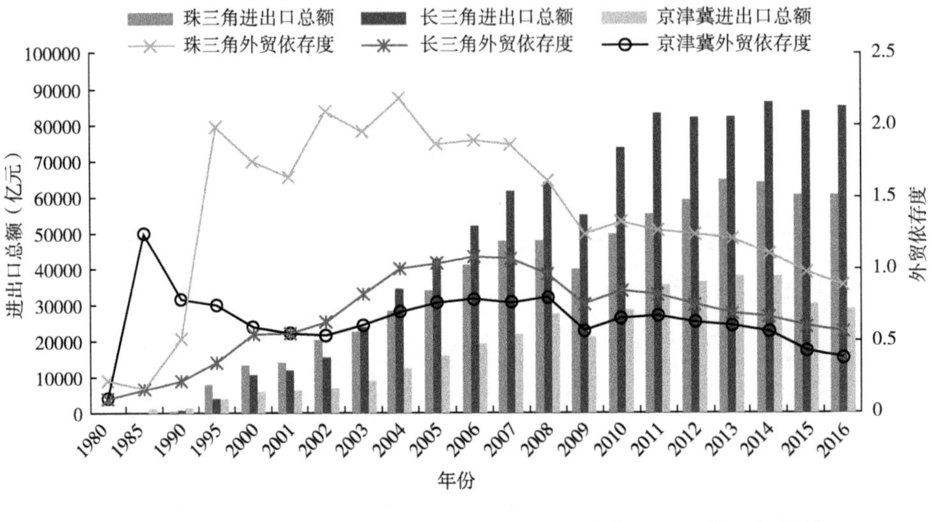

图8－2　1980—2016年珠三角、长三角、京津冀地区进出口贸易额与外贸依存度

（数据来源：周春山，王宇渠，徐期莹，李世杰．珠三角城镇化新进程［J］．地理研究，2019，38（01）：45—63.）

三、“前店后厂”的经济合作格局

在改革开放之初，珠江三角洲的市县经济发展水平仍然偏低，主要集中在广州等港区资源较为丰富的核心城市。随后，改革开放的不断深化打破了原有的对外封闭的格局。港澳企业抓住内地新一轮发展的历史性机遇，将低增值和劳动密集的生产工序转移至珠三角和其他地区，形成了粤港澳三地在制造业领域“前店后厂”式的跨地域产业分工体系，由此开启了粤港澳产业区域合作的进程。

港澳地区承接海外订单，从事制造和开发新产品、新工艺，供应原材料，进行市场推广和对外销售，扮演着“店”的角色；珠三角地区则利用土地、自然资源和劳动力优势，进行产品的加工、制造和装配，扮演“厂”的角色。由于“前店后厂”的经济模式生产成本低、交货周期短，因此当时粤港澳地区以服装、玩具、鞋帽为主的劳动密集型产业在国际市场上的竞争力非常强，也为珠三角外向型经济格局的形成奠定了良好的基础。

“前店后厂”的分工协作充分挖掘了珠江三角洲的劳工与土地潜力，将珠江三角洲的经济活动空间拓展至城市周边区域，也发挥了香港便捷的贸易网络与领先的生产服务能力，使港澳与广东的比较优势得到了凸显。这种模式顺应了全球产业链的转移，带来的经济效率提升远远超过由此带来的跨境交易成本增加，因而得到了迅速推广与发展。到20世纪90年代中期，约80%的香港制造业企业在珠三角设厂，其中塑胶业（80%—90%）、电子业（85%）、钟表业和玩具业（90%）都迁到了珠三角地区。“前店后厂”模式以香港为生产服务中心、珠三角为直接经济腹地，既推动了香港金融、贸易、航运中心的确立，也促成了广东省向“世界制造业基地”的转变。

第三节　服务经济发展阶段

一、产业结构向服务经济转型

随着珠江三角洲第二产业规模的不断扩大以及产业内部结构不断优化升级，对原材料供给、产品销售、资本融通、技术引进、设备更新和信息交流等服务活动提出了更高、更广泛的要求，这直接推动了珠江三角洲第三产业的快速发展。

另一方面通过10余年的产业政策调整，广东基本实现了由轻工业主导向重工业、服务业的转型（图8－3）。珠江三角洲逐渐形成“三资”企业、“三来一补”企业、国有外经贸企业、自营进出口生产企业和私营企业“五个轮子”一起转的大经贸格局。珠三角充分利用国家产业政策，鼓励外商投资交通、能源等基础设施、高新技术产业以及“三高农业”和金融、保险、旅游、社会服务等第三产业。珠江三角洲的一、二、三产业结构也由1978年的28.3:47.2:24.5，调整为2007年的2.4:51.0:46.6。

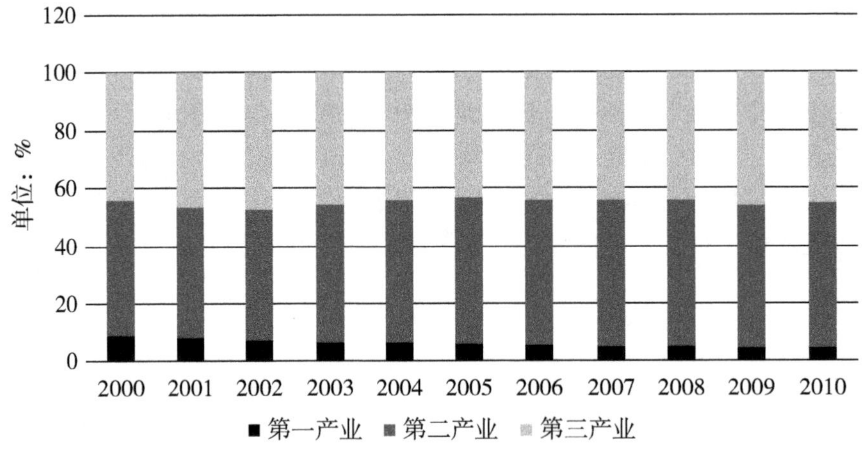

图8－3　2000—2010年广东省三产比重变化

二、自由贸易驱动开放对外贸易

在产业结构转型背景下，根据香港工业总会2014年进行的问卷调查数据显示，2009 年后投资珠江三角洲的香港制造业企业仅占受访企业的 7%，香港制造业向珠三角的转移趋于停滞。为寻找新的利益交汇点，充分挖掘港澳的服务业优势与广东省的巨大市场，中央政府于 2003 年出台《关于建立更紧密经贸关系的安排》（简称 CEPA），推动三地的服务业深度整合。

2015 年起，《关于内地在广东与香港基本实现服务贸易自由化的协议》正式实施，广东省服务业对港开放度将达到 95.6%，粤港澳三地的服务贸易自由化基本实现，金融业跨境投资、交易的制度障碍逐渐消弭。而在深港通正式启动后，粤港两地金融市场互联互通的程度进一步加深，内地资本市场开放与改革的进程再次提速。

三、要素流通催生协同合作格局

1997 年亚洲金融危机吹破了香港的经济泡沫，香港经济形势急转直下，香港原有的经济优势和地位明显受到挑战。香港在转移轻型制造业后，跨过重化工业阶段而直接迈向金融、物流贸易等现代服务业，与珠江三角洲在制造业方面的直接合作逐渐收窄。而珠江三角洲由于产业转型和经济环境的转变，第三产业快速发展，直接面对国际市场的能力也不断提高，广州、深圳等城市更是在物流商贸等方面逐渐赶超香港。1995—2001 年香港服务业与珠江三角洲工业增长对比可以看到，香港与珠江三角洲产业变动方向不再同步。

粤港澳三地的产业发展比较优势发生了变化，导致原来“前店后厂”的经济合作模式逐渐式微。因此推动经济结构优化、拓展腹地空间、加强粤港澳经济合作成为三地经济持续发展的现实需求。在这样的背景之下，广东自贸区的建立为珠三角地区服务业的发展开启了一扇窗，促进技术、人才、资金等服务要素在粤港澳三地自由流通，为粤港澳地区发展对外贸易、金融服务、交通航运服务、专业服务、科技服务等领域提供了一片沃土，也使得粤港澳三地的产业发展逐步从结构趋同、内部竞争走向分工合作、整体化协同发展的经济合作格局。

表 8－2　1995—2001 年香港服务业与珠江三角洲工业增长对比

年份	香港服务业（亿港元）	增长率（%）	珠江三角洲工业（亿元）	增长率（%）
1990	4473.7	-	1261.28	-
1995	8512.35	90.3	1957.09	55.2

续上表

1996	9536.42	12.0	2260.77	15.5
1997	10789.43	13.1	2588.28	14.5
1998	10238.36	-5.1	2876.09	11.1
1999	10043.35	-1.9	3203.31	11.4
2000	10532.02	4.9	3657.25	14.2
2001	10999.40	4.4	4138.99	13.2

注：

［1］转引自：陈鸿宇．论粤港产业分工模式的重构［A］．中山大学行政管理研究中心、澳门特别行政区行政暨公职局、澳门大学、澳门基金会．“21 世纪的公共管理：机遇与挑战”国际学术研讨会论文集［C］．中山大学行政管理研究中心、澳门特别行政区行政暨公职局、澳门大学、澳门基金会：中山大学行政管理研究中心，2004：12.

［2］数据来源：《中国统计年鉴 1996》，第 20 部分，香港特别行政区主要社会经济指标；《广东统计年鉴 1998》，中国统计出版社 1998 年版，第 578 页；《广东统计年鉴 2000》，中国统计出版社 2000 年版，第 596 页；《广东统计年鉴一 2002》，中国统计出版社 2002 年版，第 541 页，增长率数据经计算而得。

第四节　创新经济发展阶段

随着信息产业加速发展，以互联网为代表的新经济迅速崛起。湾区城市抓住新兴产业发展的历史机遇，加快推进以网络服务、创新金融、供应链管理以及商业模式创新等为主要内容的创新经济发展，抢占了产业发展的制高点。

一、开放创新驱动产业升级

随着中国加入 WTO、香港与澳门地区先后回归，加上长期以来珠江三角洲产业结构以低附加值制造业生产为主，“三来一补”出口导向型经济模式使其深受外部市场制约，这些因素都要求珠江三角洲提升自主创新能力和实力，以创新驱动地区发展。

2013 年广东省印发《珠三角国家自主创新示范区建设实施方案（2016—2020 年）》提出形成“1 +1 +7”珠三角国家自主创新示范区建设格局，珠三角国家自创区定位为广东省实施创新驱动发展战略的核心区；《国家“十三五”规划纲要》中也明确提出“支持珠三角地区建设开放创新转型升级新高地”，这一系列政策全面激活珠江三角洲地区的创新因子，使其成为产业转型升级和技术创新的热土。随着信息化与工业化不断融合，珠三角各地同时也在促进制造业全产业链、全价值链信息交互和智能协作，使制造业与服务业融合发展。

根据国家统计局核定，2016 年广东全社会研究与试验发展（R&D）经费投入 2035.14 亿元，总量首次位居全国首位，R&D 经费占 GDP 比例达 2.56%，超过经合组织（OECD）国家的平均值 2.40% 与欧盟 15 国的平均值 2.08%。其中，珠三角地区 R&D 投入占全省的 94.9%。在外部压力、内生性的产业升级与产业政策的作用下，珠三角地区的转型开始取得成效。

2019 年出台的《粤港澳大湾区发展规划纲要》提出“构建具有国际竞争力的现代产业体系”，建成全球科技创新高地和新兴产业重要策源地，也为粤港澳地区产业的转型升级指明了方向。

二、“造船出海”参与国际合作

珠江三角洲作为国家自主创新示范区，是我国开放创新重点区域。根据广东省科技厅发布数据，2017 年广东省区域创新综合能力排名首次跃居全国第一；国家高新技术企业净增1.3万多家，存量达3.3万家，保持全国第一；全省科技企业孵化器达781家，众创空间达735家，均位列全国第一。经过多年来产业转型与升级发展，粤港澳三地经济合作从过去的“借船出海”转变成“造船出海”。

《粤港澳大湾区发展规划纲要》提出粤港澳大湾区建设国际科技创新中心，成为全球科技创新高地和新兴产业重要策源地。随着“一带一路”建设的深入推进，粤港澳大湾区的发展红利、技术经验和产业需求不断向内陆经济腹地加速延伸，并与更加广阔的境外市场深度对接，将迎来以更高水平参与国际合作和竞争拓展的发展新空间。

表8-3 《粤港澳大湾区发展规划纲要》关于粤港澳大湾区现代产业体系的表述

发展方向	具体措施
先进制造业	• 推动制造业智能化发展，以机器人及其关键零部件、高速高精加工装备和智能成套装备为重点，大力发展智能制造装备和产品，培育一批具有系统集成能力、智能装备开发能力和关键部件研发生产能力的智能制造骨干企业； • 做强做精优势产业：装备制造、汽车、石化、家用电器、电子信息等； • 加快制造业绿色改造升级，重点推进传统制造业绿色改造、开发绿色产品，打造绿色供应链。
战略性新兴产业	• 培育新支柱产业：新一代信息技术、生物技术、高端装备制造、新材料等； • 培育一批重大产业项目：新型显示、新一代通信技术、5G和移动互联网、蛋白类等生物医药、高端医学诊疗设备、基因检测、现代中药、智能机器人、3D打印、北斗卫星应用等； • 实施一批战略性新兴产业重大工程：围绕信息消费、新型健康技术、海洋工程装备、高技术服务业、高性能集成电路等重点领域及其关键环节； • 构建以节能环保技术研发和总部基地为核心的产业集聚带：新能源、节能环保、新能源汽车等产业。
现代服务业	• 以航运物流、旅游服务、文化创意、人力资源服务、会议展览及其他专业服务等为重点，构建错位发展、优势互补、协作配套的现代服务业体系。 • 推进粤港澳物流合作发展，大力发展第三方物流和冷链物流，提高供应链管理水平，建设国际物流枢纽。

续上表

发展方向	具体措施
现代 海洋产业	● 优化提升传统优势产业：海洋渔业、海洋交通运输、海洋船舶等； ● 培育壮大新兴产业：海洋生物医药、海洋工程装备制造、海水综合利用等； ● 集中集约发展临海石化、能源等产业； ● 加快发展海洋服务业：港口物流、滨海旅游、海洋信息服务等。

三、“一带一路”拓展产业空间

随着与“一带一路”沿线国家基础设施的互联互通，粤港澳大湾区有望成为“一带一路”资金流、人才流、信息流、物资流的枢纽，推动中国与沿线国家的国际产能合作。

在珠江三角洲内部，已初步形成以战略性新兴产业为先导、先进制造业和现代服务业为主体的产业结构。珠江三角洲各地也充分迎接粤港澳大湾区发展机遇，一批重大产业平台、创新平台在珠三角的发展舞台上日益活跃，重要性进一步凸显。从广州中新知识城，到佛山中德工业服务区，再到江门中欧中小企业国际合作区，珠三角在国际上以独特的魅力，吸引了众多发达国家企业前来交流、投资、取经。

未来随着粤港澳三地产业比较优势的动态变化，三地产业合作格局也将相应发生变化，从原来的以纵向分工为主逐渐转向以产业的水平分工为主，珠三角城市群成员的协同创新需求亦将日趋浓厚，城市分工走向成熟。

第九章

城市共建

纵观世界湾区的发展历史，不难发现其中表现出的城市形态的演进以及城市关系的更迭。粤港澳地区自改革开放以来，也先后经历了中心城市崛起、都市圈融合、城市群协作发展等阶段，这既与湾区城市形态演化轨迹相吻合，同时也和珠江三角洲经济发展脉络相呼应。在粤港澳大湾区建设时期，城市间的关系又将迎来新的变化，从以往的内部竞争逐渐走向共建共享，共同参与到国际分工当中。

第一节　中心城市：改革创新排头兵

在粤港澳地区发展历程中，广州、深圳以及香港、澳门等中心城市发挥着强大的引领带动作用。同时东莞、中山、顺德、南海等专业特色镇凭借着突出的产业优势引领着珠江三角洲地区镇域经济的繁荣，这些重要的节点城市成为珠江三角洲改革创新的“排头兵”。

一、各领风骚的广深珠都市

珠三角地区是全国改革开放的先行地，从发展历程看，珠三角经济发展和启动是围绕香港增长极，以广州、深圳为龙头的区域极化效应和扩散效应进行的。

广州作为海上丝绸之路的始发城市，自古以来是我国对外贸易的重要阵地。改革开放之初，广州在珠三角经济总量中几乎占了半壁江山，区域中心城市的地位非常突出。

其后，1980 年基于港澳地区对珠江三角洲的经济辐射作用，经国务院批准在珠江三角洲临近港澳的地区分别设立深圳和珠海经济特区。通过多年的建设，深圳与珠海依托制度创新和区位优势，逐渐从一个边陲村镇（县）变成一个新兴现代化城市，特别是深圳特区凭借其金融业和高新技术产业在全国强势崛起，成为南中国一颗闪耀的新星。

二、翻江倒海的广东四小虎

由于珠江三角洲乡镇企业发展起步较早，基础较好，且具有一定规模和水平，涌现出一批骨干企业和外向性企业，并向系列化生产和集团化经营方向发展。其中最为突出的就是东莞、中山、顺德、南海四个地区，更被誉为广东“四小虎”。它们形成了各具特色的发展模式，构成珠三角模式的精髓，对引领全国县域、市域经济的发展起到了示范意义，分别形成了“游击队”（民营企业）、“武工队”（乡镇集体企业）、“洋枪队”（外资企业）和“国家队”（地方国有企业）四种区域经济发展模式。

“武工队”顺德虽然允许多种经济成分共同繁荣，但在发展过程中乡镇集体经济却成了主力军。“游击队”南海的县、镇、管理区、村、私营、外资 6 个层次一起上，民营经济得到空前发展。“国家队”中山市以十多个地方国有企业集团为龙头，带动其他经济成分共同发展。“洋枪队”东莞自 1978 年 8 月率先引进港资开办了全国第一家“三来一补”项目以来，顶住“三来一补”是不是“两头在外两头黑的沙滩经济”等争论，以“三来一补”为切入点发展外向型经济，埋头苦干，扎实推进，走出了一条以加工贸易为主要特点的现代工业之路，带来了生产力的空前大发展。

表 9－1　珠江三角洲城镇发展典型模式

发展模式	发展类型	发展特点
顺德模式：“中间突破，带动两头”	内源型发展	从乡镇企业为主导到多种所有制共同发展：改革开放以后，顺德农村的集体经济、个体私营企业和外资经济同时发展，其中集体经济居龙头。
南海模式：“六轮齐转，各显神通”	内源型发展	由“五轮齐转”向民营经济为主导转换： （1）1984 年南海县委县政府提出“五个轮子一齐转”作为南海的经济发展战略之一，南海的私营个体经济、外资经济以破竹之势向前发展； （2）90 年代初中期：南海开始进入调整发展阶段，许多集体企业转为民营； （3）2000 年以来：产权改造，私营企业占整个农村企业总数 85% 以上。
东莞模式：“以下促上，遍地开花”	外源型发展	“集体企业→三来一补→三资企业”的发展之路： （1）1978 年—80 年代中期：“三来一补”企业尚处于萌芽阶段，集体企业是该时期农村工业化的主要推动力量； （2）80 年代末期—90 年代中期：“三来一补”企业高速发展时期，并出现了远近闻名的虎门服装市场、厚街家私市场、大朗毛衣市场等； （3）90 年代末期以来：“三来一补”企业呈现衰退趋势，让位于代表更高层次的“三资企业”。
中山模式：“以上带下，一镇一品”	内源型发展	以市级企业带动乡镇企业： （1）80 年代以前：农业重镇； （2）80 年代中期：各市属企业开始打开大门迎接各地人才； （3）90 年代初期：对市属工业进行整合和技术改革。 区域特色产业集群： 以“一镇一品”为特色培育了灯都古镇、霓裳沙溪、菊城小榄等一批特色专业镇。

（资料来源：邝晓雯．珠三角小城镇规划发展史研究［D］．广州：华南理工大学，2015.）

抓住历史机遇大干快上，使珠江三角洲的这几只“虎”表现出了虎虎生气，迅速实现了农村工业化和城市化，带来了珠三角“镇城经济”的发展和繁荣。直至20世纪90年代前期，佛山、中山、东莞等地三分之二以上的建制镇已建设成为专业化镇，珠江三角洲内专业镇占全部建制镇的比例达到四分之一，这一批专业化镇成为珠江三角洲城镇化建设的重要支撑力量。

三、猛龙过江的港澳新势力

改革开放初期，由于内地投资环境不成熟、政策不完善，投资前景相对不明朗，诸多外资对国内市场仍然持犹豫和观望态度。在这样的背景下，港澳两地商人率先大胆踏足内地投资设厂，成为“第一个吃螃蟹的人”，更为相关领域的经济发展带来“第一桶金”，引风气之先，起到投资兴业的龙头作用。

1978年，中国内地第一家来料加工厂由港商在广东东莞开办；1980年，香港企业家伍淑清注册北京航空食品有限公司，成为中国第一家合资企业；1983年，由港商霍英东与内地合资的白天鹅宾馆在广州正式开业，成为内地首家五星级宾馆……这些猛龙过江的港澳新势力为珠江三角洲乃至中国的改革开放与经济发展带来深远的影响。根据中国商务部的统计显示，截至2017年12月底，内地累计批准港资项目417032个，实际使用港资10093亿美元，港资占内地累计吸收境外投资总额的53.1%。

第二节 都市圈：从“边城”走向融合

在城镇化过程中，各类生产要素跨行政边界流动，使得边界地区原本的单向市场结构转化为连接两侧中心的双向市场结构，其地理区位由城市偏远外围的边缘转变为合并了的一体化大市场的中心，“边城”逐渐与中心城市融合，在珠江三角洲地区构成各类小型的“都市圈”。

一、大分散、小集聚的专业镇崛起之路

20 世纪 80 年代，政策环境相对宽松，加上珠江三角洲人们浓厚的商品意识，为各类专业镇的形成与发展提供了天然的土壤。由于珠江三角洲地区积极承接亚太新兴工业国家和地区特别是香港地区的产业资金转移，“三来一补”的乡镇企业全力发展，大量村镇企业如雨后春笋般崛起。

珠江三角洲专业镇的崛起始于一种自发的状态，政府对于应发展何种产业并没有明确的概念，通常以土地和优惠政策促进产业发展。因此当时乡镇企业仍处于“幼稚”的摸索期，产业布局缺乏综合考虑，各类工业用地开发也具有一定的自发性和盲目性，整体城镇布局总体散乱。

由于早期粤港澳合作的重点区域分散于珠三角地区各城镇，边界地区并不是三地合作考虑的重点，因此到 20 世纪 80 年代末，珠江三角洲的城镇发展表现为分布点多、发展速度快、工业城镇比重高和分布渐均匀的特点；港澳城镇发展则集中于中心城区用地功能置换，密度进一步提升，同时通过填海造陆的方式拓展城市发展空间，呈现外拓内优的特征。

珠三角城市快速扩张的现象在珠江东岸尤为明显，“深港”地区与“广佛”地区轴向发展，形成“两翼齐飞”格局。在农村城市化的推动之下，港澳地区制造业转移并未集中于广州等大城市中心，东部走廊逐步崛起，因此原有的首位城市广州的区域地位相对下降，单中心格局被打破，以小城镇为经济活动基本单元的“大分散、小集聚”的城市化格局逐渐被重新构建。

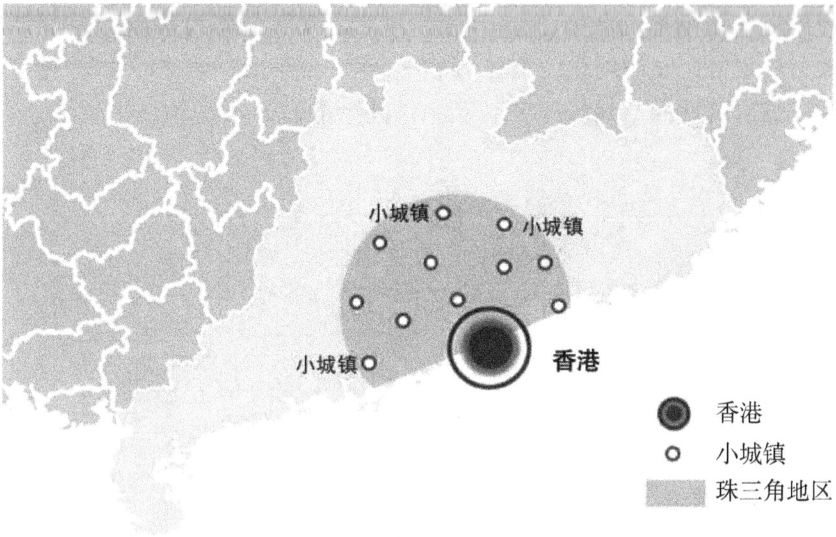

图 9－1　大分散、小集聚的城镇集约发展格局

（图片来源：任思儒，李郇，陈婷婷．改革开放以来粤港澳经济关系的回顾与展望［J］．国际城市规划，2017，32（03）：21—27.）

二、大集聚、小分散的卫星城发展特色

当专业镇产业发展达到一定规模后，政府培育主导产业的意识也不断加强，并开始通过产业政策引导专业镇发展。20 世纪 90 年代以来，珠江三角洲分别于 1991 年和 1995 年先后编制《珠三角城镇体系规划（1991—2010）》和《珠三角经济区城市群规划》，该规划对珠江三角洲城镇性质及发展规模、城市发展方向及规划空间结构等提出更加细化的发展要求，对珠江三角洲整体城市格局发展具有重要意义。

由于市场经济的推动，特别是广深等大都市和"广东四小虎"等专业镇的先行引领吸引了大量民工涌入小城镇，产业的集聚带动了人口集聚，从而带动了一批中小城市和小城镇的发展，成为"交通枢纽、发展对外加工业为主的工业卫星镇"。各类专业镇也逐渐走向分工合作的协调发展之路，各类产业集聚区、集聚带逐渐形成，专业镇与珠江三角洲城市互动加强，充分发挥城市在金融、广告策划、法律、物流、科研等方面的资源优势，珠江三角洲内部形成了以产业为联系的区域协调体系。

这一变化在空间上表现出来是粤港澳经济空间合作的重点区域从小城镇向

城市聚拢，原有的“大分散、小集聚”空间格局被逐步打破。粤港澳城市群逐渐形成以广深港澳为核心，以广佛、深港、澳珠合作为重点的空间结构体系，城市建成区以及同城化的交界地带逐渐取代原有的小城镇，成为经济关系的空间承载，区域的空间格局实现了向“大集聚、小分散”的重构。

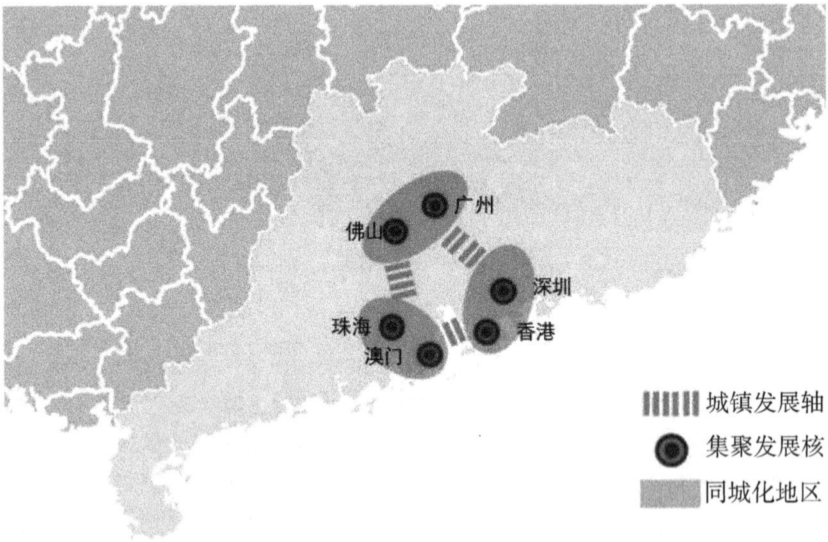

图9－2　大集聚、小分散的城镇集约发展格局

（图片来源：任思儒，李郇，陈婷婷．改革开放以来粤港澳经济关系的回顾与展望［J］．国际城市规划，2017，32（03）：21—27.）

第三节　城市群：从异军突起走向均衡协调

20 世纪 80 年代广州、深圳、东莞等城市凭借良好的商贸优势，在第一轮的城市发展中先拔头筹，成为珠江三角洲城市发展的标杆。但随着城市周边中小城镇和专业化镇的发展，生产要素在区域内流动的壁垒逐渐减小，各个枢纽型城市的竞争变得异常激烈，为了全面提升自身竞争优势，避免同质化竞争，珠江三角洲逐渐从异军突起走向城市群联合发展的格局，构建了广佛肇、深莞惠、珠中江三大城市群，珠江三角洲一体化发展进一步强化。

一、广佛肇城市群

广佛肇都市圈是珠江三角洲重要的组成部分，是全国经济的中心区域和联通海外的重要门户。

广州早在 2000 年组织编制的《广州城市建设总体战略概念规划纲要》就提出加强区域分工与合作，形成区域合作的珠江三角洲“组合城市”的概念。随后，广州提出“西联”发展战略，佛山加快“东承”发展步伐，肇庆提出“向东看，往东赶”的口号，使三市在发展战略上实现了接轨。

2009 年广州和佛山签署了《广州市佛山市同城化建设合作框架协议》，在创新行政管理体制、拓宽合作领域、促进要素资源自由流动等方面开展合作，迈出了广佛肇都市圈合作的第一步。同年，广佛肇三市签订的《广佛肇经济圈建设合作框架协议》，标志着广佛肇经济圈建设上升到政府战略合作层面。

在具体实践层面，以《广佛肇经济圈发展规划（2010—2020）》为代表的产业协作、交通基础设施、环境保护等整体规划陆续出台，在顶层统筹层面为广佛肇城市群的发展指明了方向。在产业合作方面，逐步实现了区域产业协同发展。此外，三地在综合交通体系、区域生态环境、公共服务等方面也实现了初步的互联互通。

广佛肇都市圈的建设，进一步优化了三地的空间布局与产业分工，逐渐形成了“一主两副，两脊多极”的空间格局，对于拓展三城的发展空间，实现资源的优势互补具有重要的意义。

二、深莞惠城市群

2009 年深圳、东莞、惠州三市在深圳签订《推进珠江口东岸地区紧密合作框架协议》，标志“深莞惠”经济圈正式成立，会议上还建立了三市党政主要领导联席会议制度，为三地合作的可持续性提供了良好的机制保障。同年，深莞惠3地还陆续通过签署合作备忘录、建立专责小组等形式加强三地的合作。

在产业合作方面，深莞惠城市群联合推动区域产业优化升级和合理分工，并就工业规划、商贸流通、产业转移、招商引资、产业升级等不同方面建立对口合作机制。由于深莞惠三市的产业结构差异较大、互补性强，因此三地加强产业合作，将提升深莞惠城市群的产业竞争力。

随着深莞惠城市群区域影响力持续扩大，对周边城市的辐射带动作用愈加凸显，在2014年深莞惠城市群以“3+2”的形式将范围进一步扩大到了汕尾、河源，进一步承接深莞惠地区辐射转移。汕尾、河源的加入使深莞惠城市群区域面积翻番，经济总量接近全省40%，发展空间进一步拓展。

深莞惠城市群的合作将为三地打造一个互补互惠的平台，进一步提高其土地利用效率，优化区域人口结构，促进要素集聚和集约化发展，对于克服珠江东岸地区经济社会不平衡发展问题具有重要的战略意义。

三、珠中江城市群

2009年，珠海、中山、江门三市正式签署了《推进珠中江区域紧密合作框架协议》，正式提出“珠中江经济一体化”的概念框架。2012年珠中江三地政府联合发布《珠中江区域紧密合作规划（2012—2020年）》，并先后签订《推进珠中江城市供水水源同网框架协议》《珠中江深化区域旅游合作备忘录》等一系列合作文件。在规划顶层设计方面，三地共同编制了《珠中江城市空间协调发展规划》《珠中江交通基础设施一体化规划》，进一步促进三地全面深化合作。

珠海、中山、江门三个城市在经济规模、产业结构、空间区位、发展模式上各具优势，城市综合竞争力相当，龙头的辐射带动效应不明显，为三地协作发展提供更大的空间。三市合作率先从事关民生民心的具体领域入手，逐步拓展到跨界交通项目、环境共治、科教文卫体交流、经贸合作、产业服务等各个方面。为建立更紧密合作关系，三地还建立了珠中江区域紧密合作机制，由三市市委书记、市长为正副组长，相关职能部门为成员的领导小组，负责重大事项的决策和协调，为珠中江区域合作提供有力的组织保障。

第四节　大湾区：从内部竞争走向国际分工

粤港澳大湾区从最初的探索思考珠三角区域合作新模式，而后提出大珠三角和泛珠三角战略、珠江－西江经济带等发展战略，到现在又着眼于国家“一带一路”倡议提出共建粤港澳大湾区，不仅是时代的需求，也是湾区内部发展的需求。

一、产业分工发展错位互补

2008 年《珠江三角洲地区改革发展规划纲要（2008—2020)》出台以来，珠江三角洲一体化发展开始步入新的发展阶段，各个城市在产业发展上分工更加明确。根据广东省统计数据显示，2008 年珠三角 9 个城市平均产业同构系数为 0.6176；此后，珠三角各市平均产业同构系数呈下降趋势，2014 年为 0.5834，6 年间下降了 0.0342，平均每年下降 0.006。[1]

长期以来广东的加工制造业与香港服务业形成了良好的合作互补关系，为粤港澳三地合作奠定了较好的基础。在新的发展契机下，需要进一步发挥粤港澳三地产业的互补功能，香港、澳门、广州、深圳四城服务业具有优势，城市服务业占比达到 60%，其中香港的金融较为发达，深圳的信息科技和金融产业亮点颇多，广州的商业租赁等专业服务具有优势，以博彩业为代表的文娱产业则是澳门的支柱产业。而佛山、惠州、中山、珠海、江门、东莞等城市则在制造业具有优势，逐渐形成了珠江西岸的电气机械和家电以及珠江东岸的计算机等电子设备制造两个产业集群。围绕着两个核心产业集群，所在区域的配套产业也蓬勃发展。

在 21 世纪海上丝绸之路建设中，粤港澳大湾区应该促进产业优势互补、紧密协作、联动发展，深入挖掘粤港澳大湾区的经济产业、航空海运、国际网络人脉等资源，加强与东南亚、南亚国家的纵向分工与横向合作，成为中国－东盟自由贸易区发展的重要推动力量。

---

〔1〕 彭惜君．《纲要》实施以来珠三角产业一体化进程研究［J］．广东经济，2015（08）：38—43.

二、城市融通壁垒不断弱化

通过研究世界国际湾区的发展历程，不难发现其空间范围均远远超出其行政管辖区地域。以纽约湾区为例，其空间范围跨纽约州、新泽西州和康涅狄格州，覆盖31个县。由于行政区划具有一定的凝滞性，而随着湾区经济的发展，空间迅速扩张，使其冲破凝滞的行政边界束缚，向邻近行政区蔓延成为其城市发展的必然选择。

在粤港澳三地的发展格局演变下，各城市优势产业明显，国际金融中心香港、创新科技中心深圳、环球贸易中心广州以及世界级现代制造业基地中山等，同时港澳深圳等地也受到城市土地空间的制约，因此开放互通、深度合作成为湾区发展的共识，城市壁垒正在不断弱化。内部格局的发展也成为推动“大珠三角”走向“大湾区”的重要因素。

三、创新平台引领协同发展

《粤港澳大湾区发展规划纲要》当中提到“共建粤港澳合作发展平台”。加快推进深圳前海、广州南沙、珠海横琴等重大平台开发建设，充分发挥其在进一步深化改革、扩大开放、促进合作中的试验示范作用，拓展港澳发展空间，推动公共服务合作共享，引领带动粤港澳全面合作。这是对粤港澳大湾区城市关系的崭新理解。

通过构建创新合作平台，将有利于进一步突破单一城市发展的思路局限性和竞争意识狭隘性，形成差异化的发展方向。同时以创新合作平台先行先试，局部探索创新性政策的可行性与科学性，有利于发挥试验示范的作用，全面引领粤港澳大湾区的协同发展。

四、全域发展的优质生活圈

除了在产业、经济等方面的协同发展外，粤港澳三地在基础设施建设和人居环境改善等方面也不断优化。2008年以来，广东省开始部署宜居城乡建设工作，打造宜居城市、宜居城镇、宜居村庄，珠江三角洲地区的小城镇在发展过程中也逐步从以往“千城一面”的状况转变为因地制宜结合自身地域文化特征进行风貌规划。

2014年广东省开始启动编制《珠江三角洲全域规划》，体现了珠江三角洲对于优化城市群格局发展的全空间、全要素、全类别的规划思维，为珠三角转型升级提供更具适应性和开放性的有效空间载体，促进珠三角真正成为区域共同体。

而2019年出台的《粤港澳大湾区发展规划纲要》提出粤港澳大湾区构建宜居宜业宜游的优质生活圈的战略定位，通过做好大湾区的软环境建设，进一步促进人、财、物等资源要素在各地区之间的流动性，为粤港澳大湾区更好地参与国际分工与协作提供环境保障。

第十章

战略共融

改革开放后的扩散阶段前期，三地已经逐渐意识到粤港澳在战略规划上需要协同合作，并逐步在规划建设、体制机制等方面展开融合探索。三地 CEPA 协议的签订，直接标志着粤港澳三地融合机制从市场驱动的自发性融合转变为制度化融合。而 2015 年后粤港澳区域协作上升为国家战略，合作方式由双边发展转变为多边推动，合作机制不断完善，标志着粤港澳大湾区发展进入战略共融阶段。

第一节 规划建设

珠三角不断发展演变到粤港澳大湾区的提出，将粤港澳三地在地理区位上紧密联系在一起，构成了南中国一个独立、完整的地理单元。珠三角九市携手港澳打造粤港澳大湾区，是继美国纽约湾区、美国旧金山湾区、日本东京湾区之后的世界第四大湾区，建成世界级城市群，其中伴随着国家和地方区域的规划实践探索和引领。

一、率先提出湾区概念

早在20世纪80年代吴家玮提出的“香港湾区”被认为是国内最早的湾区建设设想，后黄枝连提出以“第三制”探索建立纳入珠海的港澳发展圈的开发问题——“伶仃洋湾区”及“伶仃洋－粤港澳发展湾区”〔1〕〔2〕，郑天祥、江璐明等更进一步提出“珠港澳湾区”“环珠江口湾区”等概念〔3〕〔4〕。

2003年国家发布《关于建立更紧密经贸关系的安排》（CEPA），加强内地与港、澳之间的贸易和投资合作，促进双方的共同发展。这是内地与港澳第一个全面实施的自由贸易协议，这一协议的签订，为粤港澳三地开展各类贸易协作扫除了众多政策障碍，大大提升了市场的活力。

而在规划文件中，正式出现“湾区”概念是2005年发布的《珠江三角洲城镇群协调发展规划（2004—2020）》。发展规划中明确划分“粤港澳跨界合作发展地区”，并要求把发展“湾区”列入重大行动计划。该规划首次提出了珠江三角洲建设世界城镇群的发展目标，高度关注加强与泛珠江三角洲地区的联系，并且将“点轴拓展”的发展模式升级为“构建网络型空间结构”，制定了空间管治政策。

---

〔1〕 黄枝连．探索“大珠三角”的可持续发展——关于粤港澳在珠三角交流协作的理论与实践［J］．计划与市场探索，2003（1）：26—27.

〔2〕 黄枝连．粤港澳湾区发展论［J］．经济导报，2009（16）：17—19.

〔3〕 郑天祥．大珠三角港口群的竞争与合作［J］．港口经济，2005（3）：20—28.

〔4〕 江璐明，张虹鸥，梁国昭．环珠江口与环东京湾地区产业发展及环境比较［J］．热带地理，2005，25（4）．

二、湾区合作实践探索

之后，湾区发展陆续写入2008年国家发改委《珠三角地区改革发展规划纲要（2008—2020年）》、2009年粤港澳三地政府共同参与的《大珠江三角洲城镇群协调发展规划研究》、2010年《粤港合作框架协议》等文件。

2003年以来，《泛珠三角区域合作框架协议》的签署标志着珠三角模式进入了实现区域经济一体化推进的新阶段。2008年《珠江三角洲地区改革发展规划纲要（2008—2020）》将珠三角九市与港澳的紧密合作纳入规划，并配套出台珠三角"五个一体化"规划——即基础设施、产业布局、基本公共服务、城乡规划和环境保护，为广东"科学发展、先行先试"提供了广阔空间，区域一体化再次加速。

2009年《环珠江口湾区宜居区域建设重点行动计划》中，"宜居湾区"是建设大珠三角宜居区域的核心和突破口。2010年《粤港合作框架协议》等一系列粤港澳合作政策，推动了内地与港澳深化合作，发挥港澳独特优势，提升大珠三角城市群在国家经济发展和对外开放中的地位与功能。

三、国家战略方向指引

"粤港澳大湾区"的概念于2015年国家发改委、外交部、商务部联合发布的《推动共建丝绸之路经济带和21世纪海上丝绸之路的愿景与行动》中首次被明确提出。2016年"粤港澳大湾区"被写入国务院《关于深化泛珠三角区域合作的指导意见》、国家"十三五"规划等，要求建设世界级城市群。

2017年全国"两会"上所作的《政府工作报告》中有"研究制定粤港澳大湾区城市群发展规划"的提法，要求推动内地与港澳深化合作，编制粤港澳大湾区城市群发展规划，发挥港澳独特优势，提升在国家经济发展和对外开放中的地位与功能。至此，粤港澳大湾区从区域概念正式上升为国家战略。

2017年4月7日，国家发改委制定印发了《2017年国家级新区体制机制创新工作要点》。其中，广州南沙新区的工作要点为深化粤港澳深度合作探索，推动建设粤港澳专业服务集聚区、港澳科技成果产业化平台和人才合作示范区，引领区域开放合作模式创新与发展动能转换。

表 10－1　粤港澳大湾区发展历程及相关规划与政策文本

规划与政策文本	主要内容	历程
2003 年《关于建立更紧密经贸关系的安排》（CEPA）	内地与港、澳之间的贸易和投资合作，促进双方的共同发展	内地与港澳第一个全面实施的自由贸易协议
2005 年《珠江三角洲城镇群协调发展纲要（2004—2020）》	将环珠江口地区作为区域核心，实施经济发展与环境保护并重的策略，努力建成珠江三角洲重要的新兴产业基地、专业化服务中心和环境优美的新型社区	正式提出“湾区”概念
2008 年《珠江三角洲改革发展规划纲要（2008—2020）》	将珠三角九市与港澳的紧密合作纳入规划，目标是到 2020 年形成粤港澳三地分工合作、优势互补、全球最具核心竞争力的大都市圈之一	粤港澳地区合作发展的国家政策开始出台
2009 年《环珠江口湾区宜居区域建设重点行动计划》	“宜居湾区”是建设大珠三角宜居区域的核心和突破口	将“湾区”作为粤港澳合作重点区域
2014 年深圳市《政府工作报告》	重点打造湾区产业集群，构建“湾区经济”	地方政府报告中首次提出“发展湾区经济”
2015 年《推动共建丝绸之路经济带和 21 世纪海上丝绸之路的愿景与行动》	充分发挥深圳前海、广州南沙、珠海横琴、福建平潭等开放合作区作用，深化与港澳台合作，打造粤港澳大湾区	“粤港澳大湾区”第一次被明确提出
2016 年国家“十三五”规划纲要	支持港澳在泛珠三角区域合作中发挥重要作用，推动粤港澳大湾区和跨省区重大合作平台建设	深化“粤港澳大湾区”平台建设
2016 年 3 月《关于深化泛珠三角区域合作的指导意见》	构建以粤港澳大湾区为龙头，以珠江－西江经济带为腹地，带动中南、西南地区发展，辐射东南亚、南亚的重要经济支撑带	专门章节陈述“打造粤港澳大湾区”

续上表

规划与政策文本	主要内容	历程
2016年11月广东省“十三五”规划纲要	建设世界级城市群、推进粤港澳跨境基础设施对接，加强粤港澳科技创新合作	地方开始谋划“粤港澳大湾区”建设
2017年全国“两会”《政府工作报告》	研究制定粤港澳大湾区城市群发展规划	“粤港澳大湾区”被纳入顶层设计
2019年2月《粤港澳大湾区发展规划纲要》	全面阐述粤港澳大湾区战略定位、发展目标、空间布局、建设任务和实施保障	粤港澳大湾区第一份行动纲领性文件

（资料来源：根据文献[1]与网络资料综合整理而成）

〔1〕 张日新，谷卓桐．粤港澳大湾区的来龙去脉与下一步［J］．改革，2017(05)：66—75.

第二节　体制机制

一、跨区域管理机制

粤港澳大湾区的跨区域协作机制探索最早可以追溯至珠江三角洲内部的城市协作机制。作为我国改革开放的前沿阵地，广东特别是珠江三角洲在探索体制改革创新上的步伐一直走在全国前列。

1994 年广东省委七届三次全会首次正式提出“珠江三角洲经济区”这一概念，并着手对珠江三角洲经济区进行规划。广东省政府成立了珠三角经济区规划领导小组，完成了《珠江三角洲经济区现代化建设规划纲要》，并建立了珠三角经济的数据库；初步协调了一些重大问题，如基础设施建设、产业布局、环境保护、社会发展和城市群等五个重点专题；提出了 30 多项重大工程，由规划协调领导小组统一进行规划和协调，由省、市、县分工建设等。这一构想希望通过珠三角规划协调领导小组的工作，使珠三角经济区由各地原来的“单打冠军”转变为“团体冠军”。

2008 年 12 月，国务院批复了《珠江三角洲地区改革发展规划纲要(2008—2020 年)》，珠江三角洲一体化上升为国家发展战略。该《规划纲要》明确要求珠江三角洲地区九市要打破行政体制障碍，遵循政府推动、市场主导，资源共享、优势互补，协调发展、互利共赢的原则，创新合作机制，优化资源配置，探索建立有利于促进一体化发展的行政管理体制、财政体制和考核奖惩机制。在省政府的统一领导和协调下，建立有关城市之间、部门之间、企业之间及社会广泛参与的多层次合作机制。

2009 年 6 月，广东省人民政府办公厅发布的《关于加快推进珠江三角洲区域经济一体化的指导意见》提出要推动实现珠三角交通一体化、能源水资源供应一体化、信息一体化、产业发展一体化、生态环保一体化、城市规划一体化、基本公共服务一体化，形成城市间、部门间、企业间及社会广泛参与的多层次合作机制。

二、高层组织协调机制

港澳回归后，粤港澳三地沟通协作更加频繁，为了进一步推进粤港澳合作稳定化和持续化，粤港、粤澳两地分别从 1998 年和 2001 年开始，逐步建立了粤港/粤澳合作联席会议制度，并成为目前粤港/粤澳区域合作协调的主要形式。这一组织协调机制的确立，标志着粤港澳合作正式上升至政府层面，由三地政府全面推进合作。

2003年举办的第六次“粤港合作联席会议”，经中央政府批准，广东省省长黄华华亲自率领由有关厅局和广州、深圳、珠海市组成的广东省代表团赴港出席会议，会议由黄华华省长和香港特区行政长官董建华主持。这次会议打破了前五次均由广东省副省长和香港特区政务司司长出席并主持的常例，成为历届粤港联席会议规格最高的一次，也是在《内地与香港关于建立更紧密经贸关系的安排》（CEPA）刚刚签署之后粤港两地政府最高层合作的第一次会议，国务院港澳办副主任周波亲临会议进行指导。双方同意从第六次“粤港合作联席会议”开始，将原来的“双首长制”升格为双方行政首脑出面主持的粤港合作联席会议制度。

此外，“粤港合作联席会议”还下设“粤港合作联席会议联络办公室”，双方各自由副省长和政务司司长负责，并对应成立相应机构，联席会议下设若干专责小组，对各专题合作项目负责研究、跟进、落实。为加强粤港合作的前瞻性和科学性，双方增设“粤港发展策略协调小组”，就粤港经贸发展的广泛领域分课题进行合作研究，其成果经联络办公室协调衔接后提交联席会议讨论决策。

三、行业互联互通机制

除了跨区域的顶层设计与高层组织协调机制外，多年来粤港澳三地也不断探索在行业的互联互通机制。

《中国（广东）自由贸易试验区条例》中，特别提到了推进粤港澳服务行业管理标准和规则的相衔接。该《条例》还提出完善通关合作机制。开展货物通关、贸易统计、原产地证书核查、“经认证的经营者”互认、检验检测认证等方面合作，逐步实现信息互换、监管互认、执法互助。支持自贸试验区与“一带一路”沿线国家开展海关、检验检疫、认证认可、标准计量等方面的合作与交流，探索与“一带一路”沿线国家开展贸易供应链安全与便利合作。推进自贸试验区内各区域之间通关一体化。

通过各类行业监管机制的优化，使得粤港澳三地在众多行业合作发展当中流程更加通畅、效率更加提升，各类政策壁垒正不断弱化。

第四篇

旅游合作

第十一章

自发形成的初级合作

(1978年—1989年)

1978—1989年是粤港澳大湾区旅游合作的起步阶段，这一时期区域旅游合作以自发形成为主，在广东经济体制改革的春风之下，大量境外资本进入广东，并投资建设了广东第一批的旅游设施，同时带来了国际先进的现代服务业理念，为珠江三角洲旅游发展奠定了扎实的基础。

以民间资本作为启动力量的粤港澳旅游合作展现出强大的生命力和灵活性，相关政策措施也随行就市，为旅游合作提供了保障，但由于珠江三角洲旅游发展基础仍相对薄弱，因此这一阶段旅游合作形式相对单一，覆盖范围亦较小。

第一节　合作背景

改革开放初期广东率先探索体制改革，为其社会经济文化发展带来无限的活力，在这一独特的时代背景之下，粤港澳旅游拥有了孕育萌芽的温床，而国内旅游业定位转型以及港澳资本的直接进入，亦成为这一阶段珠江三角洲旅游发展的重要动力。

一、先行一步的体制改革

新中国成立后，广东受到经济困境的掣肘，整体社会经济发展水平较低。严峻的发展形势倒逼广东探索体制改革。因此，广东采取主动姿态，向中央要权，以调动地方经济主体的积极性与主动性，搞活地方经济。先行一步的体制改革为广东社会经济发展注入了新鲜的血液，也为这一时期粤港澳旅游合作创造了宽松、灵活的市场环境。

二、资本性合作带来契机

改革开放初期，粤港澳经济合作处于试点合作阶段，港澳资本主要以家族企业方式投入到珠江三角洲特别是特区当中，重点投资领域包括旅游、娱乐等第三产业。正因为整体经济环境特点，使得这一阶段三地旅游合作内容以资本合作为主，民间驱动特征明显。

三、旅游业社会角色转型

改革开放以前，旅游业主要作为我国外交事业的延伸和补充，承担的更多是外事接待的功能，而不具备现代产业的特征。1978 年党的十一届三中全会胜利召开，开启了中国改革开放的新时代。

中国改革开放的总设计师邓小平同志发出了“旅游事业大有文章可做，要突出地搞，加快地搞”的号召，预示着在那百废待兴、难关重重却充满光明前景的时代里，中国旅游业正式开始迎来起飞、赶超和跨越的新征程。

第二节　合作亮点

珠江三角洲作为我国探索科学发展模式的试验区、改革开放的先行区，早在改革开放初期，就凭借天时、地利、人和及交通优势，率先探索区域旅游合作，并开风气之先形成旅游业合作发展新格局。

一、港澳资本促旅游焕发新机

珠江三角洲乘改革开放之风，在改革开放初期成为港澳资本投资的热土，形成一批集吃、住、购、娱、游多功能的综合性旅游企业和旅游中心。由于港澳资本的进入，使珠江三角洲旅游逐步摆脱过去单一投资主体、封闭的经营方式，为处于起步阶段的旅游业注入新的活力。

（一）现代化旅游宾馆建设热潮

改革开放以来，珠江三角洲积极引进外资和部分国内资金发展旅游业。1979 年，中国第一家中外合作旅游企业——石景山旅游中心出现在珠海，该中心由珠海市旅游公司与澳门珠海旅游发展有限公司签订协议，用包干合作经营方式兴建，第一期投资 1100 万港元，1980 年 2 月正式动工，同年 10 月 12 日第一期工程竣工，开始营业，它是国内第一家引进国外饭店先进管理经验的中外合作经营的旅游饭店，开全国旅游宾馆饭店现代化建设和管理之先河。

【拓展阅读】

中国旅游宾馆饭店现代化建设和管理之先河——
广东珠海石景山旅游中心

1980 年 2 月，经广东省政府批准，中国第一家引进外资建设的宾馆——广东珠海石景山旅游中心开始动工，当年 10 月就开始营业，这一举措当时震惊了全国。石景山旅游中心是珠海国贸集团与澳门珠海旅游发展有限公司合作兴建经营的，是用包干合作经营的形式进行的。整个建筑设计不但具有现代化的水准，同时也仿效港澳服务方式。女服务员一反国内穿白色工作服的传统，皆着港澳花式服务套装，男服务员一袭西装。进大门时服务员点头鞠躬、递送雪白的毛巾。入客房时，服务员彬彬有礼，为客人再递毛巾、斟茶，并满口称客人为先生。宾馆富丽堂皇的建筑和港澳服务方式使当时的人很不习惯，尤其是一些来参观的老干部一时难以接受，认为这是资本主义的东西。然而，随着思想解放、改革开放的深入，石景山旅游中心这个现代化宾馆的样板，不但很快在广东推行，而且后来影响了整个中国旅游业。

自此以后，霍英东、何贤、吴兆声等港澳知名巨商陆续进入珠海、广州、中山、深圳等桥头堡城市投身改革开放事业，相继建成珠海宾馆、广州白天鹅宾馆、中山温泉高尔夫球场等国内最早一批中外合作、合资酒店，掀起了香港、澳门等海外资本对珠三角旅游业投资的热潮。到1984年后，更大型的合资、合作宾馆，如广州中国大酒店（1984年）、广州花园酒店（1985年）、广州中央大酒店（1986年）、广州远洋宾馆（1986年）、广州三寓宾馆（1986年）、广州东山宾馆（1986年）、深圳湾大酒店（1985年）、深圳南海大酒店（1986年）等先后快速建立起来，这部分酒店至今对粤港澳大湾区旅游发展仍发挥着重要的作用。

【拓展阅读】

深入骨髓的观念变革：白天鹅宾馆的历史沿革

白天鹅宾馆是中国第一间中外合作的五星级宾馆，也是我国第一家由中国人自行设计、施工、管理的大型现代化酒店。

1978年，改革开放后的中国面临“盼来了宾客盈门却始终解决不了床铺”的发展瓶颈，国务院成立“利用侨资外资筹建旅游饭店领导小组”，提出在北京、广州、上海、南京四大城市建八家涉外宾馆。来自香港的企业家霍英东最先响应，与广东省合作兴建白天鹅宾馆。经过多方奔走，1979年4月5日，国务院利用侨外资筹建旅游饭店领导小组办公室向国务院递交《关于霍英东在穗建造旅游饭店的请示报告》，获国务院批准。7月12日，广东省旅游局党组副书记、副局长陈斌作为白鹅潭宾馆中方代表与霍英东、彭国珍为代表的香港维昌发展公司正式签订合约，双方出资合作在广州兴建白鹅潭宾馆，后馆名改为白天鹅宾馆。

白天鹅宾馆总投资4981万美元和300万元人民币，合作期限为15年，宾馆建设首创“投资者出钱，承包公司交钥匙”的工程总承包模式，迈出了国内旅游基建体制改革的第一步。兴建白天鹅宾馆前后，广东旅游局还派出机关和直属企业干部参加宾馆基建和机构筹建工作，其中一些人员最后留在宾馆从事经营管理。同时，宾馆还对甲乙双方的出资比例、利润分配等方面进行了清晰的规定。1979年8月白天鹅宾馆破土动工，1982年9月16日，广东省旅游局副局长、白天鹅宾馆首任总经理朱一明与霍英东签订1982年10月5日至1997年10月5日《合作经营白天鹅宾馆协议书》。

1983年2月6日，作为改革开放以来首家由中国人自建自营的现代化大型酒店，白天鹅宾馆正式开业。当日酒店“四门大开”，人潮涌动，成千上万普通的中国人涌入宾馆，据报道之后酒店员工清理现场时，捡到市民因拥挤而掉了的鞋竟有五大筐。“白天鹅”也因此成为国内第一家对普通市民打开大门的高级酒店。这一历史创举成为广东旅游为中国改革开放提供的最具光彩的记忆之一。1985年，白天鹅宾馆成为中国第一个加入“世界一流酒店组织”的宾馆。

资料来源：周人果，李业珅．白天鹅宾馆杨小鹏：中国人有能力管好自己的酒店［EB/OL］．http：//news. southcn. com/gd/content/2018-10/22/content_183746632. htm，2018-10-22.

图 11－1　香港企业家霍英东向前来参观的国家领导人介绍白天鹅宾馆设施情况

（图片来源：网易新闻，中国的香港——香港回归十五周年策划，http://news.163.com/special/hongkong15years/?_pc=1）

据广东省旅游局统计，1979—1984 年广东引进侨资、外资共 8.5 亿多美元，投资市场的成功引入，一方面有效促成了改革开放的“滚雪球效应”，推动了中国特色社会主义市场经济起步发展，使酒店业一度成为珠江三角洲乃至广东省社会经济的晴雨表；另一方面有效推动了中国入境旅游的发展，为广东省国内旅游、出境旅游的发展奠定了坚实基础。

表 11－1　1980—1984 年珠江三角洲中外合资酒店设施建设情况

开业年份	名称	地区	投资额	备注
1980 年	珠海石景山旅游中心	珠海	1100 万港元	中国第一家引进外资建设的宾馆
1981 年	深圳市竹园宾馆	深圳	8000 万港元	深圳经济特区第一家与外商合资企业
1983 年	白天鹅宾馆	广州	4981 万美元和 300 万元人民币	中国第一家中外合资的五星级宾馆
1984 年	中国大酒店	广州	1.25 亿美元	中国首家中外合作经营的五星级酒店

续上表

开业年份	名称	地区	投资额	备注
1984年	花园酒店	广州	9.5亿港元	中国首批三家白金酒店之一
1984年	珠海度假村	珠海	2亿港元	中国首家休闲度假型五星级酒店

（资料来源：本表根据《广东省志（1979—2000）旅游卷》及网上文献资料整理而成）

（二）旅游景区点引领全国潮流

自1979年改革开放到80年代末，是中国主题公园的启蒙时期。珠江三角洲亦凭借港澳资本优势快速建起一批主题公园。据统计，这一时期广东兴建大大小小游乐园十余个，其中利用外资兴建的大型游乐场就有7个。

1983年，香港三菱顺捷公司和中山长江旅游区合作，由港方投资5800万港元、中方投资2230万港元和504万元人民币，兴建中山长江乐园，它是广东省实行改革开放后，第一家引进外资建设和合作经营的大型游乐场，也是国内最先引进世界先进游戏机械、电子游乐设备的游乐场。中山长江乐园的落成，掀起了全国性城市机械游乐园建造热。

由广州东方宾馆与香港建图公司于1984年合资兴建的广州东方乐园标志着国内游乐场向主题游乐园转型的探索，成为广东主题公园的雏形。1985年12月，东方乐园被国际游乐场协会第67届年会吸收为会员，成为中国第一个跨进世界组织的游乐园。而1989年由香港中旅集团公司和华侨城集团公司合资兴建的“锦绣中华”微缩景区是我国主题公园发展史上的里程碑，使我国具有了真正意义上的主题公园。

进入90年代后，国内游乐园由于同质化严重，盈利收入不佳，开始走下坡路，珠江三角洲利用外资兴建大型景区、度假区、高尔夫球场、温泉等才逐渐兴盛起来。1982年由中山温泉宾馆与香港时煌有限公司合作兴建的中山温泉高尔夫球场动工，投资总额1500万港元，占地面积50万平方米，1984年8月25日建成开业，它是中国第一个具有国际水准的高尔夫球场。

在珠江三角洲旅游发展起步阶段，各类旅游景区点的建设与经营模式等均在全国先行先试，不难发现珠江三角洲旅游业的成长，离不开港澳资本以及伴随着资本进入所带来的经营与管理理念的革新，对于随后珠江三角洲旅游业融入世界旅游发展潮流影响深远。

（三）旅行社民间合作率先起步

随着广东省旅游开放程度越来越高，特别是赴香港探亲旅游业务的开拓，珠江三角洲对于旅客组织、代办赴香港旅游探亲在香港的业务、组织港澳台同胞赴广东旅游、向国内居民提供香港旅游信息资料等方面的需求激增，在这一背景下珠江三角洲对办理跨境业务的旅行社需求日益增长，据 1981 年 8 月 28 日广东省旅游领导小组办公室在《贯彻全国旅游工作会议精神，广东省旅游工作亟须解决的主要问题》的汇报中记载，当时全省已拥有经中央和省正式批准的专业旅行社 79 家，未经批准、直接与港澳私营旅行社挂钩接团拉客的有 90 家，港澳私营旅行社在广州设立办事处或联络点有 7 家，全省经营对外旅游业务的单位共 176 家。

另一方面，为进一步拓展珠江三角洲旅游客源市场，部分旅游公司在美国及中国香港、中国澳门等国家与地区开办分支机构，包括广东（香港）旅游有限公司、广东（澳门）旅游有限公司、粤海国际旅行社有限公司、粤华旅游有限公司等，主要承担广东旅游项目的宣传、组织境外游客在中国大陆的旅行团业务等等，使内地与境外旅游客流形成良好的互动。

1986 年 10 月，广东省旅游局与粤海集团公司商定，批准《广东（香港）旅游有限公司与中国国际旅行社广州分社合作经营粤海国际旅行社有限公司协议书》，在香港合资注册设立“粤海国际旅行社有限公司”，充分利用香港拓展海外旅游业务。1987 年，广州市羊城旅游公司、快达旅行社、天马旅行社组成了第一个经营国内旅游的横向联合体，是粤港澳三地企业旅游合作的新尝试，是国内旅行社经营合作的一大创新。

二、制度破冰开拓市场蓝海

以赴港探亲旅游为开端，开启了粤港澳三地客源市场的合作互惠的新阶段。跨境制度的破冰，大大刺激了三地客源的流动，随着“人”的流动，各类资源在粤港澳地区开始汇集，成为这一时期粤港澳旅游合作的助推器。

（一）赴港探亲游刺激新市场

为了方便广东居民赴港澳探亲，也为了广东省内居民能在港澳会见台湾和海外华侨亲朋，1983 年 11 月经广东省政府批准，由广东省旅游服务公司和广东（香港）旅游有限公司联合经营的广东省内居民赴香港探亲旅游业务开始试办，首团 25 人由深圳罗湖口岸出境抵达香港。由于政治原因，大陆居民长期难以赴港澳探亲，因此这一举措成为改革开放的一个里程碑。此后，在

1984 年 4 月又开办了省内居民赴澳门探亲旅游业务。

1988 年 6 月，广东省政府同意“港澳游”增加新的业务项目，即允许省内因经济业务或其他公事业务活动亟须去港澳的人员和“三资”企业业务人员，利用旅游渠道出去，手续从简。“港澳游”业务的开办，使粤港澳区域旅游互动更加密切、频繁，在微观层面刺激三地的合作。据统计，至 1988 年，参加港澳游的人数已超过 54 万人次。

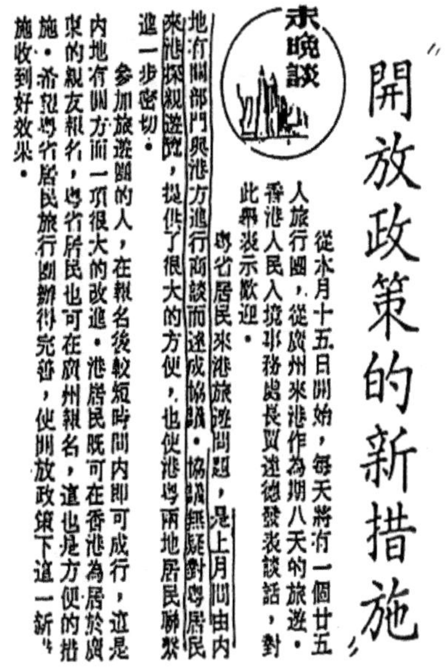
“開放政策的新措施”

新晚談

從本月十五日開始，每天將有一個廿五人旅行團，從廣州來港作為期八天的旅遊。香港人民入境事務處長賀達德發表談話，對此舉表示歡迎。

粵省居民來港旅遊問題，是上月間由內地有關部門與港方進行商談而達成協議。協議無疑對粵居民來港探親遊覽，提供了很大的方便，也使港粵兩地居民聯繫進一步密切。

參加旅遊團的人，在報名後較短時間內即可成行，這是內地有關方面一項很大的改進。港居民既可在香港為居於廣東的親友報名，粵省居民也可在廣州報名，這也是方便的措施。希望粵省居民旅行團辦得完善，使開放政策下這一新措施收到好效果。

大陸人民來港旅遊

短針

「廣東旅遊公司」昨日公佈內地居民來港旅遊的具體辦法，這項辦法，對報名手續、收費標準，旅遊節目，申請資格等內容，都有詳細規定。

至於港府將以何種方式去協助這項「香港遊」，如何避免「遊而不歸」的滯港情況，相信港府當局又自會有適當安排。

無可否認，港府實施連串的新人口政策及新移民措施以後，大陸人民來港的人數、條件與時間，都有所限制，這個「困擾」的形成，自有本港的客觀原因。

但香港與大陸，特別是本港與廣東，確有密切關係，促進兩地人民往來，提供人民探親方便，也是有理由的。「香港遊」的主辦，這無疑是一項「變通辦法」或「權宜措施」。

當然，該公司這項旅遊服務，也爲大陸增加一筆外匯收入，這對各方面都有好處。而中共採取這項措施，也不失爲開放政策與開明態度。事實上，提供人民的旅遊探親的條件與方便，對中共來說，畢竟是一項爲人民所歡迎的改革與改進。

图 11－2 《新晚报》（1983 年 11 月 8 日）与《快报》（1983 年 11 月 8 日）关于开放省内居民赴香港探亲旅游业务的报道

【拓展阅读】

“香港游”开启粤港澳旅游合作新里程

1983年起开办的“赴香港游业务”由广东省旅游局统一领导和管理，具体由广东省旅游服务公司分别同粤海公司下属的广东（香港）旅游有限公司（简称“广旅”）以及广东（澳门）旅游有限公司联合经营。在香港的业务和接团工作由广东（香港）旅游有限公司专办，在省内各地、市港澳探亲游业务，由广东省旅游服务公司专办，并指定各地旅行社代理经办。组团计划由省旅游服务公司统筹安排。1984年7月，经中旅总社与广东省旅游局协商，报省政府同意，广东省中旅社也开始主办广东居民赴港澳旅游业务，出团指标由省旅游局管理，广东中旅约占1/3。

“香港游”的组团办法是由广旅根据在香港办理委托的省内各市实际申请人数和香港的接待能力与条件，按月制订出团计划，由总代理下达各代理按计划安排出团。省内代理按广旅制订的计划，按期将团种、人数向广旅预约。香港游初期，申请香港游人员须由在港的亲戚或朋友担保，并为其在港报名付款买单。

凡持有港澳成人身份证的港澳同胞、华侨、外籍华人均可委托办理内地亲友参加港澳游，广东居民经所属单位同意，并经公安机关批准发给旅游证件，均可参加。刚开始时，只准在境外付外币买单。1988年6月23日，省政府批准省旅游局的报告，同意“港澳游仍以现有境外付款为主，同时增设省内付款买单业务”。到90年代，逐步发展到在省内付人民币买单。港澳游先是纯粹的探亲旅游业务，后来发展到一些单位的人员利用这一通道前往港澳洽谈外贸和招商引资。

“港澳游”的开办开启了粤港澳三地旅游合作的新里程，使三地合作有了抓手和更加广阔的平台，三地更紧密旅游合作关系由此开启。

（二）港澳成入境旅游中转站

由于香港享有“购物天堂”的美誉，加上广东经济特区的建立和全国出入境口岸有限，因此当时许多外国人——无论是经广东入境还是从北京、上海入境都乐意取道广东进入香港，然后返国。据广东旅游年鉴统计，1985年中国接待的海外游客中有40%是从香港进入内地的，到1987年这个数字增加到60%。

另一方面，台湾当局开放民众赴大陆探亲旅游以后，香港作为重要的旅游中转站，旅游获益颇丰。1987年，香港接待台胞人数达27.5万人次，比1986年增加了55.4%，此后一年比一年剧增。这种互惠的旅游市场共享方式既为珠江三角洲旅游接待水平的提升带来动力，又为港澳地区带来更加广阔的客源市场，使得珠江三角洲和港澳地区在国际舞台上旅游目的地的地位大大提升。

二、顶层设计激活市场活力

珠江三角洲在旅游发展起步阶段就已十分注重与香港、澳门地区的互动与合作。早在 20 世纪 80 年代，广东率先提出“粤港澳大三角”旅游合作理念，开启三地合作的序幕。

（一）小规划驱动合作新格局

在改革开放之初，珠江三角洲就将区域旅游合作作为其旅游发展的重要环节，并予以规划。1984 年广东省旅游局制订的《特殊政策、灵活措施，促使广东旅游事业蓬勃发展》对广东省旅游风景区的建设规划指出，需要做好“三条线、三个湖、一个岛”的风景区的建设和旅游设施配套。其中“三条线”是指“广州至深圳”“广州至珠海、中山”“广州至韶关”三条旅游交通动脉，串联佛山古镇、南海西樵山、龙门南昆山、番禺莲花山、肇庆星湖和鼎湖山等旅游资源，形成以广州为中心的旅游网。《关于广东省珠三角为主体的区域性旅游业初步设想》提出争取把粤港澳大三角旅游区广东段的建设纳入国家重点建设项目。

1987 年，广东省旅游局组织编制的《广东省旅游发展战略研究》第一次明确提出广东省的旅游布局应坚持按一个主体、两个侧翼、两条干线的方案去进行规划建设。其中一个主体是以广州市为中心的珠江三角洲，与香港、澳门建设成三角旅游区。三者互相补充，相辅相成，将粤、港、澳旅游大三角是远东最有竞争力的旅游区。

这些规划着重发挥广州在珠江三角洲区域发展中的核心地位，规划重点集中在旅游风景区及旅游基础设施的布局与建设之上，对珠江三角洲区域城市的认识仍停留于点上，属于初步摸索阶段。

【拓展阅读】

《广东省旅游发展战略研究》首次绘就粤港澳旅游合作蓝图

1987 年 10 月，省旅游局“旅游发展战略研究组”撰写的《广东省旅游发展战略研究》（以下简称《研究》）刊登在省人民政府社会经济发展研究中心编写的《广东社会经济发展战略研究资料选编》中。

《研究》提出“八五”（1991—1995 年）和“九五”（1996—2000 年）计划期间，把以广州为主体的珠江三角洲旅游区，海南和潮州两个侧翼及广韶、广肇两条旅游主干线配套成龙。广州市在广深珠高速公路连接下，把以广州为中心的珠江三角洲的旅游风景区交织成网，成为远东最有竞争力的旅游区。同时，把省内广韶、广肇旅游主要干线开拓完善，潮州至南澳县初步建设成观光避暑的旅游区，使广东的旅游业具有强大的竞争力，接待国外游客平均每年增长7.6%～10%。

在《研究》中，第一次明确提出：全省的旅游布局应坚持按一个主体、两个侧翼、两条干线的方案去进行规划建设。一个主体，就是以广州市为中心的珠江三角洲，与香港、澳门连成一片的大三角旅游区。三者互相补充，相辅相成。两个侧翼，指东、南两侧，东侧翼是汕头市、潮州市、南澳县，这一侧翼可建成旅游观光和避暑度假旅游区；南侧翼是海南岛，重点是三亚旅游区，可建成中国唯一的一年四季均可下海游泳的避寒冬泳旅游胜地。两条旅游干线是广韶线和广肇线。广韶线以广州市为起点，至韶关境内，以清远飞来峡，英德宝晶宫，曲江南华寺，马坝古猿人化石遗址，仁化丹霞山，乐昌古佛岩、金鸡岭、九泷十八滩，粤北小北江，连县大口岩等构成一条山、水、寺、洞互为匹配、交相辉映的旅游干线。广肇线以广州为起点，至肇庆地区境内及江门市部分县境，以肇庆七星岩、鼎湖山植物自然保护区及庆云寺、封开白石岩、黄石洞晚期人类文化遗址、阳春的凌霄岩、独石仔洞穴遗址、云浮县蟠龙洞、台山的上川岛飞沙滩等自然景观构成一条以探古寻幽、奇洞怪石为特色的旅游干线。广州至茂名铁路建成通车后，各风景点可连接成线。

（二）粤港澳大三角粉墨登场

为了进一步参与国际旅游竞争，开发东盟地区旅游市场，1987年广东省旅游局研究制订广东“七五”旅游发展计划，提出建立粤港澳大三角国际旅游区，成为广东旅游发展战略的重点。1988年7月，广东省旅游局在中山市召开的全省旅游局局长会议暨粤港澳大三角旅游发展研讨会上，首次提出“粤港澳大三角”旅游发展的战略构想，标志着“粤港澳大三角”的区域旅游合作理念正式上升为战略层面。

（三）跟着市场走的政策理念

随着改革开放的不断推进，粤港澳三地人员往来日益密切，尤其是自1984年起正式开办港澳游业务后，三地旅游部门的往来更加频繁。为了进一步增强粤港澳之间旅游市场合作，充分发挥各地、市、县旅游部门的积极性，广东省旅游管理部门把自主外联权下放给各地，让他们自行与信誉好的港澳旅游机构签订合同，组团入境。另一方面充分发挥经济特区的桥梁作用，允许深圳、珠海以及中山自主外联组织客源进行一地游、一日游，还可以延伸到省内游、国内游。在组团价格上，允许省的自主外联团的综合服务费低于全国的收费标准，允许地区、市的自主外联团的价格低于省的收费标准。在相对宽松的政策环境之下，两个特区和中山在1984年前的几年内，每年仅自主外联的外国游客就达15万人次。

广东旅游部门还积极适应市场的发展，做好行业引领与服务工作。根据全省旅游发展战略，有意识地注意加强与港澳旅游部门的联系与配合。尽管这一时期政治问题较为敏感，但在旅游业务方面三地仍然保持着活跃的行业交流，广东经常邀请国内驻港澳旅游机构及港澳地区信用较好的私人旅行社的代表参加全省召开的外联会议，座谈旅游业务，互通信息，协调矛盾和价格。

四、市场推动下的灵活机制

随着客源市场的不断积累，粤港澳三地旅游市场的活力愈发凸显，并且开始自发性探索市场合作机制，包括客源互送、政府和产业的“派出去”与“引进来”，并且开始初步探索跨境旅游管理制度的制定，进一步保障市场的健康发展。

（一）客源互送的灵活市场机制

除了在海外市场上的紧密合作外，粤港澳地区还十分注重三地客源市场的内部共享，通过各类措施实现三地客源互送。1979年9月，具有浓郁乡土风情的西丽湖度假村开业，深圳市旅游公司因陋就简积极组织从香港回深圳休闲、度假的工人、学生到西丽湖游玩。与此同时，各地、市旅游部门也积极组织“春游团”“品尝荔枝团”“看龙舟团”“春茗团”“恳亲团”等。广东省旅游管理部门还注意举办灵活多样的旅游活动，如自行车游、联欢活动、中秋游园、新婚旅游、学烹调、品尝荔枝等，都获得游客的好评。

为了进一步抢占欧美市场，广东省旅游部门还派送人员到港澳地区设立旅游公司，在港澳当地或借助港澳地区签证便利直接到欧美、东南亚、日本等各国招徕游客。1980年广东省更先后在香港、澳门分别设立广东（香港）旅游公司和广东（澳门）旅游公司。

通过一系列的客源互送措施，三地旅游市场得到迅速的发展，自1983年11月和1984年4月广东分别开办港澳游后，赴港澳旅游、探亲、联系贸易业务的内地人逐年增加。据统计，1984年，广东入境游人数首次突破1000万大关，1986年达到2140万人次，其中80%是港澳台同胞；1984—1986年两年时间里，内地赴香港游的人数达26万人，1986年香港接待游客为373万人次，旅游收入178.6亿港元；1987年游客增加到480万人，增长20.6%，旅游收入达到254亿港元。[1]

（二）政产参与派出去与引进来

广东省相关旅游管理部门十分重视市场合作平台的搭建工作，先后多次组织企业、行业组织的海外学习与洽谈以及邀请海外业界人士开展各类行业交流，积极促进珠江三角洲旅游的“派出去”和“引进来”。

1984年，广州白天鹅宾馆积极采取“派出去”的办法，与港澳和外国旅行社洽谈业务，仅一年时间，就与海外110多家旅行社签订合作协议。

1988年首次举办“粤港澳大三角旅游发展研讨会”，会议特别邀请国家旅游局、国旅总社的有关负责人，广东部分市主管旅游的副市长、秘书长和各市旅游局的负责人，港澳旅游界有关人士，北京、上海从事旅游研究的知名学者，有关院校、科研所的教授和专家以及新闻记者等都出席。三地政界、业界、学界代表共110人共聚一堂，探讨粤港澳大三角旅游区的建设问题，粤港澳旅游合作正式提上议程。

1989年9月，广东省旅游局又率领“广东省旅游界访港澳代表团”，先后拜访香港旅游协会、旅游业议会及其下属的旅游专业协会、中资旅游机构、澳门旅游司、澳门日报等。这是新中国成立后广东省旅游界的首次大规模的宣传促销活动，有效地改变了政治风波后港澳地区旅行社放弃经营中国旅游转营东南亚旅游的状况，为重振广东旅游市场发挥了重要作用。

通过宣传，1990年为广东省输送游客超过1万人次的港澳旅行社就有16家，其中香港国旅、中旅、广东（香港）旅游有限公司和澳门中旅等为广东省输送游客都在10万人次以上。港澳台同胞、东南亚华侨积极回乡旅游对填补广东国际旅游滑坡形成的低谷起了重要的作用，这种政产共同参与的市场互动机制，进一步规避了政治、经济等宏观环境对旅游业发展的负面影响，使三地旅游业抵御外部风险的能力进一步提升。

（三）跨境管理制度的初步探索

广东省是改革开放的前沿阵地，旅游行业实行的许多管理手段和政策措施都相对较早。早在1984年2月21日，广东省人民政府就批转了广东省旅游局拟订的《香港旅游组团试行办法》；1986年又批转了省旅游局《关于加强省内居民赴澳门旅游管理工作的意见》，以上这些行政政策措施的初步探索对进一步规范珠江三角洲出境旅游业的管理起到重要作用，使跨境旅游合作“有规可依”。

---

〔1〕 广东省地方史志编纂委员会．广东省志（1979—2000）旅游卷［M］．方志出版社，2014，08.

五、节点为导向的基础建设

这一时期粤港澳旅游基础设施建设伴随着珠江三角洲整体基础设施建设的步伐，主要以核心节点城市为导向，旨在打通关键节点之间的连线，初步构建起区域互联的框架。

（一）下海开路辟旅游交通网

粤港澳三地因海而兴，因此旅游交通设施建设也首先从“下海”开始。1981 年 4 月，广州洲头咀口岸码头建成并投入使用，此后深圳蛇口、珠海九洲港、东莞虎门太平港、中山港、番禺莲花山港、顺德容奇港等港口先后与港澳通航，以广州为中心的珠江水网地带迅速形成了航运交通网络，1987 年，广东各地至粤港澳水运航线客运量已达 183 万人次，约为 1978 年的 18 倍，大大促进了三地旅游交通的发展。

此外，广东省内河航运也有较大发展，以广州为中心的定期客轮通过引进外资、中外联运方式建起了一大批新口岸，形成了以广州为中心的航运网络，为珠江三角洲内部游客往来提供了极大的便利。

另一方面，粤港澳三地还积极“开路”，大力发展铁路交通。改革开放前，广东铁路只有京广线、广州—三水线、广深线。1978 年，广深线每天只有 6 对旅行列车，总定员为 4800 人，旅客往返穗港，须在深圳罗湖转车，既耗时又不便利。1979 年广州至九龙直达列车开通，使穗港旅客可以在广州验关，无须在罗湖中转，开启了省港铁路运输的新纪元。

到 1987 年，粤港澳三地通过航空、铁路、公路、水路已紧密相连，进出已十分便利。

（二）市场带动下的口岸建设

相对宽松的出入境制度为粤港澳旅游发展带来广阔的市场空间，而在市场推动之下，亦加快了三地口岸建设进程。自 1983 年赴港旅游业务开办后，广东省各地、市、县赴港旅行团均经由深圳罗湖口岸出入境，为关口带来较大的压力。为进一步满足三地出入境客流需要，广东省政府批准 1986 年 6 月起，增设广州洲头咀、湛江、海口、汕头、江门、开平三埠以及中山港 7 个港口口岸，至 1987 年底，除上述口岸外，又增加珠海、肇庆、番禺莲花山、东莞太平口岸，共计先后增加 11 个口岸，为三地深化合作打下良好的基础。

第三节　合作格局

在自发形成的初级合作阶段，粤港澳旅游合作主要呈现民间启动、基础为本、随行就市、范围较小等特点。

一、民间资本先行启动

在改革开放初期，珠江三角洲与港澳地区旅游合作的主体主要是部分企业和民间组织。随着中国改革开放的大潮，内地与港澳地区的壁垒逐渐消除，为大量港澳地区有抱负、有情怀的企业家和归国华侨回乡报效祖国提供了空间。加之珠江三角洲地区各级地方政府、民间组织的积极引进与配合，使得这种民间启动，自发而松散的区域合作充满活力。

据统计，1978—1987 年广东省积极引进侨资、外资用于旅游基础设施的建设与改造，包括建设新宾馆、改造旧宾馆、购买汽车建立出租汽车公司、建设游乐项目等，9 年共 12 亿美元。其中新建和改造宾馆、饭店 236 家，拥有客房 30712 间，包括高档客房 22103 间。这些宾馆多集中在广州、深圳、珠海、中山、佛山、肇庆等旅游业比较发达的城市，其中广州约占一半。

二、基础设施建设为本

由于珠江三角洲与港澳地区旅游区域合作始于珠江三角洲旅游发展起步时期，因此这一时期粤港澳地区旅游合作内容主要集中于资本合作，通过引进港澳资本来进行各类旅游投资开发活动，如合资或独资建造酒店、度假村、旅游景区等。在国家“六五”计划期间，珠江三角洲宾馆、游乐项目、游乐中心等数量快速增长，至“七五”计划前两年，珠江三角洲旅游发展则逐渐进入稳步发展阶段，主要集中于加强宾馆服务设施的配套建设和宏观管理，进一步平衡部分后进城市的旅游基础设施建设。

三、政策措施随行就市

这一时期粤港澳大湾区旅游合作以民间启动为主，表现出极大的市场活力，而相关政府部门亦随行就市，为相关的业界合作给予大量刺激性政策措施。一方面，广东省旅游局通过主动下放自主外联权、允许特区以及合资企业自主外联组织客源、给予自主外联团财政优惠等方式，刺激各类市场性合作活动的发展；另一方面，做好行业引导者的角色，通过组团出访、召开业界研讨会、邀请港澳代表直接参与珠江三角洲旅游业务管理等方式，为三地的旅游合作营造良好的行业氛围和政策环境。

四、合作范围简单单一

由于这一时期粤港澳三地旅游合作属于民间启动为主，较大程度上受企业家和投资者个人情怀以及企业经营布局的影响，属于探索性合作，因此合作领域和合作范围较为单一。同时受到改革开放系列政策的刺激，在市场自发行为的带动下，粤港澳大湾区旅游合作聚焦于珠江三角洲与香港、澳门地区的合作之上，珠江三角洲内部对于旅游业发展认识仍然有限，在空间布局中注重广州的核心地位，但对于其他重要的节点城市重视程度依然不足。

第十二章

业界推动的多元合作

(1990年—1999年)

1990—1999年是粤港澳大湾区旅游合作的发展阶段，这一时期区域旅游合作主要以业界力量为主要推手。受当时政治风波和金融风暴的影响，旅游业在国内社会经济中的角色有所转变，珠江三角洲逐渐从客源市场向旅游目的地转变，市场的发展倒逼珠江三角洲旅游发展理念转变，更加接近现代国际旅游业发展趋势。

这一阶段合作主体趋于多元化，各类体制改革和基础设施建设为市场发展保驾护航，灵活多样的合作机制也为市场带来前所未有的生机与活力。

第一节　合作背景

20 世纪 90 年代，我国先后经历国际环境和亚洲金融风暴的冲击，各类政治与经济因素从客观上推动了粤港澳三地通过发展旅游促进当地的可持续发展。而旅游在民众日常生活中的角色转变，也为三地旅游合作创造了良好的环境。

一、国际环境提供合作契机

1989 年刚建立大三角旅游区时，广东旅游部门与港澳旅游界的交往基本处于香港中资机构层面。这段时间，中国旅游业因以美国为首的西方国家在经济上严厉制裁中国和阻止其公民到中国旅游而发生严重滑坡，并殃及港澳两地。于是粤港澳三地旅游部门为了共同利益真正走到了一起。

粤港澳三地对旅游合作相关政策制度的改革也随之纳入相关部门的日程。这一阶段先后出台了多项促进三地旅游合作的政策，在各类旅游研讨会及洽谈会上，也不断强调和重视旅游合作问题，顶层设计逐渐铺开。

二、金融风暴推动旅游发展

1997 年亚洲金融风暴的爆发，使以传统制造业为主的新兴市场国家经济受到重创。在这一背景下，我国希望通过大力发展旅游以扩大内需来应对金融风暴，并提出把旅游业培育成为新的经济增长点，这在一定程度上推动了国内旅游市场的发展，旅游业逐渐成为拉动消费和树立国际形象的重要产业。在国内良好的行业发展背景下，珠江三角洲和港澳地区的旅游业也不断发展壮大，行业内合作密切，开始探索多元化、综合化的旅游合作新模式。

三、旅游成民众生活新方式

由于我国综合国力的提升，居民收入有了显著的提高，旅游成为了我国民众一种新的生活方式，国内的旅游市场逐步形成。1993 年国务院对国内旅游工作提出“搞活市场、正确领导、加强管理、提高质量”的指导方针。珠江三角洲地区作为国内旅游业发展起步较早的地区，加之其毗邻港澳的区位优势，旅游市场尤现活跃。庞大的内部客源市场为这一阶段粤港澳三地开展各类市场资源共享合作提供了基础条件。

第二节　合作亮点

市场始终作为粤港澳地区旅游合作的引领性力量，发挥着重要作用。在市场导向下粤港澳三地业界率先推动各类行业改革措施，为行业发展提供源源不断的活力。

一、规划引领发展观念转向

进入20世纪90年代，广东旅游业发展逐渐成熟，在产业发展观念上有了一定的创新与进步，其中“跳出旅游”的资源发展观、由点及线的空间发展观以及“跳出广东”的区域合作观的树立对于这一阶段粤港澳三地旅游合作具有重要的影响意义。

（一）跳出旅游的资源观转变

这一阶段，珠江三角洲地区对旅游资源的内涵有了更加深刻的认识。1997年广东省第五次全省旅游景区建设工作会议提出了如何“跳出旅游，发展旅游”“跳出广东，规划广东”的问题，提出要转变观念，树立大旅游的资源观，实现从单个景区（点）建设转到区域旅游的综合开发和合作；从考虑新项目、大项目转到对原有项目的重新包装和对小项目的配套成线；从注重景区的数量、外延转到注重景区的质量和内涵；从急功近利偏重短期利益转到下功夫提高品位质量、培育市场。这次会议的召开，标志着广东省旅游发展观的转变，从以往的大拆大建的粗放式发展逐步转向精耕细作的集约化道路。

在新的资源观统领下，广东省旅游部门以抓生态旅游促进旅游可持续发展为核心，逐步加大生态旅游的开发力度。1999年前后，在珠江三角洲涌现出一批融生产、科研与旅游于一体的旅游景区，如肇庆鼎湖山“品氧谷”、珠海农科中心、中山海上庄园、广州横沥度假农庄、惠州金果湾等，形成了新一轮强势产品。各地还顺应市场需求开发出一批新型旅游景区、度假区，如深圳海洋世界、珠海梦幻水城、广州黄金海岸水上乐园等，属于在全国范围内较早形成、较为全面的生态旅游产品体系。

（二）由点及线的空间观转变

进入20世纪90年代，广东省旅游部门开始关注粤港澳三地旅游发展的顶层设计问题，1995年先后编制完成了《珠江三角洲经济区旅游业发展规划》《京九（广东段）、广梅汕沿线旅游发展战略》《广东省旅游业发展“八五”

总结和“九五”规划》《珠江（广州到虎门）两岸旅游资源开发规划》等一系列旅游规划，在原来的“一个主体、两个侧翼、两条干线”布局的基础上促进了珠三角、粤东、粤西和粤北四大区域旅游品牌的正式建立。其中珠三角是以广州为中心，东面有深圳、东莞、惠州（一部分），西面有佛山、珠海、中山、江门、肇庆（一部分），与香港、澳门连成一片，形成旅游资源互补的粤港澳大三角旅游区。

1997 年“着眼大区域”的规划战略思想提出来以后，各市、各地区亦对如何发展旅游、实行旅游资源共享有了新的认识，认为只有将景点联成线、以线连成片才能推动国内游，尤其是省内各地区旅游的蓬勃发展，由点及线的旅游空间规划观念逐渐形成。

（三）跳出区域的合作观转变

1988 年在中山市召开的“粤港澳大三角旅游战略研讨会”上，旅游界学者就已经达成构建“粤港澳大三角旅游区”的共同构想。至 20 世纪 90 年代“粤港澳大三角旅游区”的构想开始逐步演化为“大珠江三角洲”区域旅游一体化的实践。1992 年粤港澳大珠江三角洲旅游界联欢会洽谈会上，旅游界开始讨论粤港澳三地旅游合作的问题。

特别是香港和澳门先后于 1997 年和 1999 年回归后，在广东省省委省政府的主导下，“粤港澳”旅游业合作进程开始驶入“快车道”。1999 年 6 月 25 日，广东省旅游局、香港旅游协会和澳门政府旅游司在澳门联合举行“粤港澳旅游发展研讨会”，该研讨会就粤港澳大三角旅游区未来 5 年的发展战略方向问题交换意见，一致同意进一步扩大合作范围，实施面向区内、国内和国际的全方位的市场拓展战略，把粤港澳大三角旅游区建成 21 世纪中国重要的旅游目的地，粤港澳旅游合作进入新的阶段。

二、区域供需市场焕发活力

至 20 世纪 90 年代，广东已成为我国的旅游大省，是我国最大的国内客源组团地。然而多年来广东省“出多入少”的局面一直未能改变，而且身处改革开放前沿的广东人对广东的飞速发展并不全面了解，对许多有特色、有规模的景区和线路知之甚少。在业界推动下，进一步激活珠江三角洲地区内部客源市场，并在产品整合、品牌共享、平台搭建等方面重点突破，使粤港澳旅游市场展现出前所未有的活力。

（一）内部客源市场转化激活

回顾广东省旅游业前二十年发展历程，广东旅游市场主要以客源输出为主，省内旅游尚未充分被激活。面对亚洲金融危机席卷全球，国际旅游业发展放慢，全国及广东旅游业肩负起拉动内需的重要责任，这为广东内部旅游市场的活化提供了契机。1997 年广东省旅游局提出“广东人游广东”的口号。

“广东人游广东”首团是以组织原广东省、市领导梁灵光、寇庆延、焦林义、王全国、黎子流、杨资元、赖竹岩等游览和参观当时广州市最新的旅游景点广州海洋世界和香江野生动物世界开始的。1998 年 3 月 10 日广东省旅游局正式发出《关于开展“广东人游广东”活动的通知》并于当年 7 月 4 日在广州天河宏城广场举办“‘广东人游广东’98 嘉年华”大型旅游宣传促销活动。全省 20 个地市的旅游管理部门、主要旅行社、酒店、景区景点 500 多位促销人员参加了活动。全省各地热烈响应，“千人游广州”“南海万人行”“十万人游省城”等活动迅速展开。同年 12 月 19 日，省旅游局在深圳市举办“‘广东人游广东’嘉年华”活动，再次掀起广东省内游热潮。通过这一系列的主题活动，使广东作为旅游目的地真正进入本地市场当中，促进各类旅游资源被盘活。同时，省内各地旅游客流的跨地市流动，也进一步促进了珠江三角洲乃至港澳地区旅游市场的互动与合作。

（二）点轴式的旅游产品整合

在由点及线的空间发展观指导之下，粤港澳三地在旅游产品开发的过程中，开始重视各类旅游产品的串联与整合。20 世纪 90 年代以来，广东省根据国家旅游局关于“改革现有旅游产品、重新设计和形成旅游国线、省线和专线的要求”，编制并推出的省旅游国线是：广州一日游，广州—深圳（或佛山）二日游，广州—佛山—肇庆三日游，广州—中山—珠海三日游。又以广州为中心，编制辐射全省的 5 条主要旅游线路，即广州—惠州、深圳线；广州—中山、珠海线；广州—佛山、肇庆线；广州—清远、韶关线；广州—海南岛线。1994 年粤港澳三地联合设计线路推广“珠江三角洲旅游品牌”，重点推广“广州、深圳、珠海、佛山、东莞、中山、顺德、肇庆”八个城市。

在旅游景区建设方面，1994 年 6 月广东省政府批准兴办 22 个省级度假区，加上原有的一个国家级度假区——广州南湖旅游度假区和两个省级旅游度假区——肇庆七星岩旅游度假区、西樵山旅游度假区，广东一共兴建 25 个旅游度假区。其数量之多、规划面积之广、计划投资金额之巨都是广东旅游发展史上所没有的，是一项跨世纪工程。这部分旅游度假区落成后，广东省旅游度假区资源基本形成以广州为中心，以珠三角为重心，沿粤东、粤西、粤北三条干线分布形成网络。

在这一阶段中，粤港澳旅游开发主要遵循点轴式的发展模式，珠江三角洲地区更加重视内部各地市旅游产品的整合与培育，以旅游中心城市或重点旅游地为“点”，构建连接它们的“轴”通道，同时沟通港澳地区，注重旅游轴线上重点旅游节点的开发，旅游系统的空间结构从之前的点向轴发展，并逐渐向网状演化。

（三）常态化营销平台渐成熟

为了制止旅游滑坡，重振广东旅游，粤港澳三地还于1990—1994年连续5年先后在广州、深圳、肇庆、澳门和香港举办了五届粤港澳旅游界联欢洽谈会，将三地旅游宣传推向新高潮。

连续五届的旅游界联欢洽谈会，为粤港澳三地旅游合作构建了一个常态化的营销平台，一方面增强了三地旅游行政部门、行业组织、企业对于各地旅游资源的了解，有利于各地旅游资源的整合；另一方面对于树立粤港澳地区统一的旅游品牌形象，促进旅游产品走向国际具有重要作用。

在旅游界联欢洽谈会的基础上，广东省旅游局举办“珠江三角洲旅游区10城市联谊协作会议”。连续两届的联谊协作会议除了关注珠江三角洲各市之间的旅游线路联网建设、整体对外宣传促销、旅游景点开发及旅游商品生产的协作交流等问题外，还进一步深化了区域旅游合作相关事项问题。

各类营销平台的构建和运用，使粤港澳三地旅游发展步入新的台阶。至2000年，全世界已有20多个国家和地区的近140多家旅行社在销售珠三角线路。

三、合作组织机制不断活化

在业界推动之下，粤港澳三地旅游合作组织机制呈现多样化趋势，一方面业界联合推广机制正式确立，使粤港澳旅游营销推广有了常设性协调组织；另一方面学界的加入也为旅游合作提供更多理论性支撑。

（一）联合推广机制正式确立

1993年12月，广东省旅游局与香港旅游协会、澳门旅游司于香港联合成立“粤港澳珠江三角洲旅游推广机构”（以下简称“推广机构”），共同推广和发展三地的旅游业。“推广机构”每年不定期召开协作会议，联合开展了一系列实质性的推广活动，如在大型国际旅游展览会上联合设置“珠江三角洲”展台；联合制作印刷和影视宣传品；联合邀请客源目的地的旅游界和新闻界代表考察珠三角等。值得一提的是，推广机构还在伦敦、悉尼、东京、洛杉矶等世界主要客源地成立了当地“粤港澳和珠江三角洲推广工作小组”，与当地旅游界联手推广粤港澳和珠江三角洲旅游线路。自“推广机构”成立以来对三地旅游市场联合推广和旅客互流方面起到了重要的促进作用。

1999 年 6 月 25 日，广东省旅游局、香港旅游协会和澳门政府旅游司在澳门举行的粤港澳旅游发展研讨会上，更建议把原有的联合推广机构提升为协调机构。“推广机构”的成立不但标志着粤港澳三地旅游的合作从理论研讨、联谊活动进入到实质性的协作阶段，同时为目前粤港澳大湾区旅游合作的组织机构建设提供了良好的实践基础和思路借鉴。

（二）企业联合体创广东风潮

广东是全国最早建立国内旅游企业联合体的省份。早在 1986 年，广州快达旅行社、羊城旅游公司、天马旅行社率先成立全国国内旅游的第一个联合体。随后广东省天马旅行社、香江旅游公司等 8 家旅行社和康辉旅行社广东分社、粤侨旅游公司等 4 家旅行社也分别于 1988 年、1991 年成立旅游联合体。1993 年 3 月，广东省国旅、广东省中旅、广东省青旅和广东省旅游服务公司 4 家也成立“南粤之旅”联合体。这 4 个旅游联合体通过加强内联，形成以广州为中心与全省乃至全国各地联通的多渠道、多层次、多功能的旅游接待网络，为广东国内旅游市场开拓发挥了龙头作用。

这种联合体合作采取既联合又分工的形式，不靠行政命令，主要靠市场经济规律运作，对平衡国内旅游市场价格、减少恶性竞争，起到了积极的促进作用，极具广东旅游业发展特色。

（三）学界研讨补充理论短板

粤港澳三地旅游合作始于市场自发行为，市场与业界实践略先于理论研究。进入 20 世纪 90 年代，关于三地旅游合作的相关学术性研讨开始受到关注。1997 年，粤港澳三地旅游部门在广州联合召开“粤港澳旅游发展研讨会”，探讨三地在资源开发、景区酒店的规划建设、信息交流、人才培训等方面全面合作。1999 年，在澳门召开的“粤港澳旅游发展研讨会”总结了自 1993 年成立三地市场推广机构以来所取得的成果，并进行了深层次的研讨，为 21 世纪粤港澳区域旅游发展指出了战略性的向导，具有里程碑的意义。

1996 年广东省旅游局和广东省政府研究中心还专门成立“加强粤港澳旅游业合作研究课题组”，将三地旅游合作问题作为专项开展研究，对于下一步区域旅游合作提供一定的理性思考和理论支撑。

（四）联合营销机制共享品牌

随着旅游业界合作不断深入，粤港澳三地旅游在旅游宣传营销方面更加注重品牌的统一打造与推广。1993 年 6 月在香港举行的三方高层人士参加的座谈会上，一致同意用“一江珠水，三颗明珠”（注：广东、香港和澳门以珠江相连，被比作三颗明珠）作为宣传推广粤港澳三地旅游区的总体名称，树立统一品牌，并提出了推广计划。1994 年 12 月“粤港澳珠江三角洲旅游推广机构”正式成立后，又以“一江珠水，三颗明珠”为主题，统一设计旅游行程、制作宣传资料，在国际市场上共同推广粤港澳三地包括珠江三角洲在内的旅游项目。这一阶段在联合营销和品牌共享方面的尝试，是粤港澳三地旅游开展实质性协作的重要途径和措施，亦是当前粤港澳大湾区旅游合作的重要方面。

四、基础设施建设“触网”

这一阶段广东省旅游基础设施建设得到较快发展，其中信息共享网络化、陆路旅游交通网络化大大提高了三地旅游服务效率，同时广东省一批高规格的旅游景区和度假村的落成，也为珠江三角洲旅游发展水平提升提供基础保障。

（一）信息平台开启智慧旅游

自 1997 年后，粤港澳三地进一步加强旅游信息共享平台的构建，广东省旅游局建立了粤港澳酒店资料信息库，优化三地旅游资源信息的共享与整合。

在对外宣传方面，先后建设开通广东活力网旅游信息网站、广州旅游天地信息网站和“珠三角”旅游网站等，各大旅行社的电子销售系统和各种旅游商务模式也开始运行。

（二）陆路旅游交通网络形成

随着广东省交通基础设施建设进一步完善，旅游交通网络也逐步形成。1993—1995 年，佛山、肇庆至香港九龙直通车先后开通。1996 年首列由广东羊城铁路旅行社经营管理的境外旅游列车，从广东肇庆首发，沿途停佛山、常平、深圳等站，终点为香港九龙，开创了由旅行社直接经营管理旅游列车的先例。

而在公路交通方面，1994 年、1996 年广深高速公路、深汕高速公路先后建成通车，大大缩短了广州、深圳等重点城市之间的公路行程。

除此以外，1998 年，广东省旅游局推出了“广东人游广东”活动后，国内、省内旅游蓬勃发展。1997 年首批参加创建中国优秀旅游城市的广州、深圳、珠海、肇庆 4 个城市，先后开辟了市区“一日游”专线车；1998 年广东省旅游局决定与省交通厅商定，共同创建连接城市间旅游景区（点）的旅游穿梭巴士网络，把旅游和交通的优势紧密结合起来，既为游客提供交通服务，又为游客提供导游、住宿、购物和景点门票预售等一条龙服务。这些线路大大方便了散客旅游，对各城市景区、景点组织客源，促进省内短线旅游的繁荣兴旺做出了新贡献。

直至2000年，广东省普通公路和高速公路四通八达、纵横交错成网。由广州到珠江三角洲、港澳地区乃至粤北、粤东、粤西各个城市及其旅游景区（点）交通已十分便利，陆路旅游交通网络已逐步形成。

（三）景区住宿设施不断完善

经历20世纪80年代海外资本大量投资掀起的旅游宾馆建设热潮后，珠江三角洲地区的旅游景区和酒店住宿设施建设进入理性深耕阶段，更加注重精品化产品的打造，部分为人所熟知的知名景区、度假村正是建设于这一阶段。

1994年由香港中旅集团公司和华侨城集团合作投资6.5亿元（前者占51%，后者占49%）兴建的大型旅游文化景区“世界之窗”景区竣工，同年6月18日正式开业。1996年由民营企业家苏志刚创办的香江实业有限公司投资的广州香江野生动物世界开始动工建设，1997年建成开业。2000年又建成长隆（夜间）野生动物世界。1998年由香港御温泉国际管理集团投资1.32亿元人民币兴建的珠海御温泉度假村正式开业。这些景区及酒店住宿设施的建设落成，标志着珠江三角洲地区旅游产品供给能力和水平得到有效提升。

五、市场驱动政策体制创新

旅游体制改革突破了广东旅游发展的瓶颈，为广东旅游业经营带来新的思路，同时这一时期先后出台的多项口岸便利措施不但为粤港澳三地居民旅游互通带来方便，也为途经港澳地区的国际游客进入珠江三角洲旅行提供可能，从而打开了珠江三角洲地区的国际旅游市场。在市场发展倒逼下，广东省旅游市场也逐步走向规范，行业相关标准与规定日益完善。

（一）体制改革扩充合作空间

在新的历史时期，随着改革的深入与旅游企业的发展，政策与体制成为广东旅游发展的瓶颈，广东旅游业界精英深刻认识到旅游业要上一个新的台阶，就必须大胆地进行旅游业体制改革，创新经营体制。因此广东旅游业积极导入非公有制经济，开创出国有、外资和民营共同发展的新局面。

1996年广东省人民政府批复同意在“省中旅”的基础上组建广东省中旅

（集团）有限公司（国有独资），至2001年6月“省中旅”作为主要发起人联合香港、澳门中旅和珠三角4家旅行社成立广东省中国旅行社股份有限公司，率先在全国中旅系统中进行股份制改造。

1997年“华侨城”股票上市，成为第一支上市的旅游相关概念股票，标志着旅游业开始走向金融市场。

其后，1999年广州广之旅国际旅行社股份有限公司与香港康泰旅行社有限公司经批准联合组建广州康泰国际旅行社有限公司；广东省中国国际旅行社与香港永安旅行社联合组建广东永安国际旅行社有限公司。此两家公司是国家旅游局正式批准营业的首批中外合资旅行社，从而结束了境外企业不能在国内办旅行社的历史。

随着政企分开、股份制改造等旅游业体制改革的深入，珠江三角洲一批优秀的旅游企业率先确立以客为先的经营理念，逐渐与港澳地区国际化的旅游经营与服务标准接轨，为粤港澳三地旅游企业合作提供了更多的空间。

（二）开放口岸打开国际市场

为了方便旅客进出口岸，广东省自20世纪90年代以来开展了一系列口岸改革，不断简化查验手续，减少查验环节，提高查验科技水平，通关能力已达到世界先进水平，为粤港澳地区旅游合作与发展做出了重要贡献。

1995年国务院实施对到香港的外国游客进入深圳实行72小时便利签证政策，这类措施充分发挥了香港作为国际城市的桥梁作用，吸引更多的外国游客到深圳经济特区旅游，对深圳经济特区旅游发展带来重要的促进作用，同时也拉动了中国入境旅游的第一轮高速发展。

表12－1　20世纪90年代广东省口岸改革主要措施

时间	文件名称	颁布单位	主要措施
1994年	《关于加快广东省旅游业发展有关问题的汇报提纲》	广东省人民政府	给国外游客在广东主要口岸入境旅游办理72小时便利签证
1995年	《关于方便旅客进出境合作备忘录》	海关总署广东分署与广东省旅游局	广东省内广州、九龙、拱北、汕头、黄埔、江门、湛江7个海关分别制定实施一系列方便旅客出入境的措施
1995年	《关于为到香港的外国人组团进深圳经济特区旅游提供便利的管理办法》	公安部、外交部、国家旅游局、国家安全部、海关总署	对到香港的外国游客进深圳旅游实行72小时便利措施

（三）市场推动行业规范完善

广东省旅游业逐渐走向规范化发展，并先后制定出台一批旅游业行业规范与标准，包括1994年广东省旅游局发布《广东省国内旅行社服务质量基本标准实施细则》，对国内旅行社安排游客食、住、行、游、购、娱6个方面提出量化要求；1995年成立广东省旅游质量监督管理所，正式实施《广东省旅行社质量保证金暂行规定实施方案》；1996年广东省旅游局出台了《广东省景区（点）建设管理基本要求》等。这部分行业标准与规范重点对旅行社、旅游景区（点）等主体的经营行为进行了规定，提升行业管理水平。

同时，针对越来越火热的港澳游，广东省旅游局也先后制定相关管理文件，整顿市场秩序，另一方面也制定出多项有利于港澳游发展的措施，如增加年度配额、增加出团人数、取消担保人制度、实行内地付款买单和简化出入境手续等措施，促进港澳旅游经济的稳定发展。

第三节 合作格局

与前一阶段相比，这一阶段业界力量逐渐成长起来，并成为20世纪90年代粤港澳地区旅游合作不容忽视的推动力量。以市场为导向的行业发展始终是粤港澳地区旅游业稳步健康发展的重要因素，在市场力量导向下，粤港澳旅游在发展观念、产品设计、营销推广等方面都有新的突破。最后，旅游体制改革更是为三地旅游合作注入了一针“强心剂”。

一、业界推动多元合作

这一阶段珠江三角洲与港澳地区旅游合作主要以业界力量为主要推手。在经济体制改革机遇之下，广东旅游在积极导入非公有制经济，鼓励非公有制企业参与旅游经营等做出了积极的尝试，进一步促进经营主体的多样性发展。这一举措大大促进了珠江三角洲旅游企业创新，一方面为粤港澳三地企业合作提供了良好的行业环境，使整个市场进入良性竞争的局面；另一方面进一步提高了旅游市场抵抗风险的能力，进而加快粤港澳旅游市场的成熟。

二、市场为本盘活资源

粤港澳大湾区旅游从合作的初级阶段就具有明显的市场化特质，特别在20世纪90年代展现出前所未有的市场活力。在市场导向下，实现了资源发展观、空间发展观、合作发展观的转变。同时，随着珠江三角洲内部客源市场被激活，催生出更多创新型旅游产品，产品种类与内涵更加丰富。此外，由于各类市场营销活动的带动以及体制改革和口岸改革带来的便利，珠江三角洲与港澳地区合作关系更加紧密。根据统计，广东省居民1999年赴香港游28.64万人次，赴澳门游34.06万人次；2000年，广东省居民赴港澳探亲团体旅游人数已达到96.78万人次。

三、市场推动体制改革

在市场力量推动之下，广东始终领风气之先，始终走在改革创新的前列，在经营体制创新、行政工作思路等方面都有许多敢为人先、大胆开拓的尝试。

在“九五”规划期间，广东省许多地市都将景区和度假区建设作为规划重点工程，面临资金紧缺的压力，广东各级旅游管理部门创新性采取以地换路、以项目带土地等有效办法，改变“等、要、靠”的作风，实行“国家、地方、部门、集体、个人一起上，自力更生和利用外资一起上”的方针，取得了很大成效。据统计，1993—1995 年，广东省 1 个国家级和 24 个省级旅游度假区共投入资金 91.24 亿元人民币，其数量之多、规划面积之广、计划投资金额之巨都属于当时国内鲜有。

此外，在旅游企业经营方面，广东省中旅的股份制改造、部分国有宾馆的改制、广州康泰国际旅行社有限公司与广东永安国际旅行社有限公司等企业的成功组建，对于提升珠江三角洲地区旅游经营管理国际化水平，提升服务质量均具有深远的影响。

第十三章

政府主导的全方位合作

(2000 年—2009 年)

进入新世纪，粤港澳大湾区旅游合作进入成熟与提升的新阶段。由于全球经济发展步伐放缓，珠江三角洲改革发展上升为国家战略，对其提出了新的时代要求，加上 CEPA 协议签订等政策因素，促使政府全方位介入粤港澳旅游合作中。

在政府主导下，粤港澳三地旅游合作走向规模化和常态化发展，各类高层次旅游合作规划与区域分工，市场协调统筹、行业软环境建设、大型基础设施建设等全面展开，区域合作延伸至整个旅游产业链。

第一节 合作背景

在全球经济放缓的大背景下，粤港澳三地宏观经济均受到不同程度的影响，使其亟须寻求促进经济平稳持续发展的“第三条道路”。另一方面《珠江三角洲地区改革发展规划纲要（2008—2020年）》的出台赋予了珠江三角洲地区新的发展目标和使命，加之CEPA协议的签订，都从客观上促进了粤港澳三地旅游合作向更高的层次发展。

一、全球经济放缓须产业破局

进入21世纪，全球经济逐渐放缓，特别是九一一事件后美国经济加速陷入衰退，对香港和澳门经济发展带来较大影响。加上港澳地区处于经济结构转型期，两地经济一度陷入困境。另一方面，广东省制造业出口也受到美国经济衰退的影响而大幅下降，经济相对不稳定。

经过前一阶段的发展，广东省逐渐从全国旅游大省向旅游强省转变，旅游业也已经成为广东省重要的支柱产业、新的经济增长点。依托“大珠三角旅游区”的发展基础，粤港澳将发展目标投向旅游业，将其作为这一时期国内外宏观经济环境影响下，三地经济平稳发展的“第三条道路”。

二、珠江三角洲改革提出新要求

国家制定出台的《珠江三角洲地区改革发展规划纲要（2008—2020年）》把珠江三角洲的改革发展上升为国家战略，赋予了珠江三角洲建设探索科学发展模式试验区、深化改革先行区、扩大开放的重要国际门户、世界先进制造业和现代服务业基地、全国重要的经济中心五大定位，并专门对广东省建设全国旅游综合改革示范区、建成亚太地区具有重要影响力的国际旅游目的地和游客集散地等进行部署。这为广东省特别是珠江三角洲旅游业改革发展提出了新要求、拓展了新空间、注入了新动力。为建设成为扩大开放的重要国际门户、世界先进制造业和现代服务业基地，打造国际大都会，从客观上要求珠江三角洲地区进一步加强与港澳地区建立更加紧密的合作关系，形成优势互补的共识，这也为这一时期粤港澳三地旅游合作提供外部动力。

三、CEPA 开创三地合作新局面

2003 年中央政府与香港、澳门特区政府先后分别签署了“关于建立更紧密经贸关系的安排”（以下简称“CEPA 协议”），标志着粤港澳区域经济合作进入了实质性发展的新阶段。CEPA 协议其中最为重要的内容就是内地将进一步向香港和澳门开放服务业，这必然促进三地旅游业的强势发展。CEPA 协议的实施，使粤港澳经济合作从过去的功能性的合作发展到了契约式的安排的新阶段，因此也相应地促使粤港澳三地旅游从以往“自下而上”的合作模式转向“自上而下”的合作模式，成为这一时期三地旅游合作呈现明显的政府主导特征的重要原因。

四、全国大众旅游浪潮引领者

2008 年，广东省在国家旅游局支持下启动建设全国首个旅游综合改革示范区，打造旅游强省，率先推行“国民休闲计划”，再次成为全国大众旅游浪潮的引领者。

2009 年广东正式成为全国首个试行国民旅游休闲计划的“试点”，并推出包括落实带薪休假制度，弹性安排带薪休假时间；鼓励开发跨行政区域的旅游专线，增设行政区域内的旅游专线；深化与港澳地区的旅游合作，做好“144 小时便利签证”政策及相关配套措施的落实，不断优化交通、安全和通关环境，推动三地旅游服务便利化对接等一系列试点措施。这些措施都直接促进了广东旅游业的提升和粤港澳旅游合作。

第二节　合作亮点

政府力量的介入使粤港澳三地旅游合作逐渐步入系统化发展阶段，同时由于政府的参与，也使得更多资源与力量得到有效整合，使市场环境、行业建设和各类基础设施建设都得到有效落实。

一、自上而下统筹合作层次

《珠江三角洲地区改革发展规划纲要》为粤港澳旅游合作营造了一个新的政策环境，进一步促进了珠江三角洲内部旅游一体化发展，同时逐渐形成了从大珠三角到局部区域联盟自上而下的统筹合作层次。

（一）大珠三角旅游统领方向

2009年国务院颁布《珠江三角洲地区改革发展规划纲要》，明确把加快珠江三角洲地区的改革发展上升为国家战略，并赋予“科学发展、先行先试”的重大使命，这一纲领性文件作为广东改革开放三十年后又一重要的里程碑，标志着珠江三角洲一体化发展进入了新的发展阶段。随后，广东省先后出台了五个一体化文件，包括《珠江三角洲产业布局一体化规划（2009—2020年）》《珠江三角洲基础设施建设一体化规划（2009—2020年）》《珠江三角洲环境保护一体化规划（2009—2020年）》《珠江三角洲城乡规划一体化规划（2009—2020年）》《珠江三角洲基本公共服务一体化规划（2009—2020年）》，为珠江三角洲旅游业一体化发展营造了良好的环境。

《规划纲要》颁布为珠江三角洲一体化合作指明了方向，随后珠江三角洲九市旅游局局长于2009年4月在惠州罗浮山共同签署了旅游合作的《罗浮山宣言》，九家龙头旅游企业即场签署了《珠三角地区旅游合作旅行社行动纲要》，九市将共同开辟区域旅游绿色通道，形成两小时旅游经济圈，构建旅游合作一体化的无障碍旅游区，揭开了珠三角旅游合作的“第一宣言”。珠三角九城签署旅游合作《罗浮山宣言》，标志着珠江三角洲地区九市旅游合作一体化的正式启动，它将为珠江三角洲旅游业一体化提供机制保障。政策保障和实质深入推动了珠三角旅游一体化的形成和发展。

另一方面，“粤港澳共同推进实施《珠江三角洲地区改革发展规划纲要》联络协调会议”后，就重点推进基础设施和促进交通联系、新区及跨境区建设、企业转型升级、金融、科技创新、促进三地区域发展与城市规划方面的协调、旅游及环境保护等方面达成共识。

《珠江三角洲地区改革发展规划纲要》的出台开启了粤港澳三地关系的新阶段，也使粤港澳三地旅游合作从原来的市场自发性行为向常态化、有序化发展。

（二）局部合作联盟展现活力

在顶层规划的带动和引领下，粤港澳三地旅游合作全面启动，从以往集中于广深珠等核心城市逐渐延伸至珠江三角洲其他城市，带动更广范围的合作。特别是在CEPA协议等一系列政策利好影响下，“广深珠”“大香山（中珠澳）”等各类城市间的合作联盟开始成立，并通过共建旅游品牌、建立旅游资源、网络、信息、市场等共享机制，成立日常联络小组等一系列机制开展区域合作。

在粤港澳旅游合作辐射效应下，珠江三角洲与粤东、粤北、粤西的联系也越来越密切。随着2003年广惠、惠河、揭普、汕梅四条高速公路同时通车，让粤东与珠三角及港澳的时间距离大大缩短，使粤东参与到粤港澳旅游合作中成为可能。特别是广东省每年将大批旅游扶贫资金注入粤东、粤北、粤西用于广东山区的旅游资源开发、旅游环境整治、旅游经济发展，将使粤东、粤北、粤西地区成为粤港澳的后花园和最理想旅游目的地。

2007年南海、顺德和广州番禺三区成立旅游联盟——“南番顺”，三地旅游局局长和三地旅游协会分别签署了《“南番顺”旅游合作联盟协议》和《“南番顺”旅游企业合作协议》，实现三地旅游资源、游客和信息互动共享，共同将“南番顺”区域品牌打造为岭南文化旅游精品[1]。“南番顺”旅游联盟的成立，标志珠江三角洲旅游区域合作的更小区域单元已经出现，它比以往的区域合作更具灵活性和精准性，犹如珠江三角洲地区旅游合作的“毛细血管”，使各地更加紧密地联系在一起。

【拓展阅读】

“南番顺”旅游联盟拓展地区旅游合作新层次

2007年，南海、番禺、顺德三地旅游局签订《“南番顺”旅游联盟合作机制》，实行轮值制，由三地旅游局轮流担任轮值主席局一年，轮值主席局牵头草议、讨论具体事宜并负责年度工作计划及年度预算，实施相关措施鼓励企业开展联合活动，着重南番顺统一品牌形象的宣传推广，打开了三地旅游“统一品牌、统一形象、整合推广、整合营销”的经营新模式。

---

〔1〕 广东旅游年鉴2008［M］. 广州：广东旅游出版社，2008.

"南番顺"旅游联盟有明确的组织架构和职能分工，主要设置顾问组、领导组、企业协作委员会和联络处，全面推进联盟合作的各项工作。顾问组：由三地分管旅游的区领导各一名，广东省旅游局、广州市旅游局、佛山市旅游局领导各一名组成，负责为旅游联盟提供产业发展、行业政策和区域合作的指导意见。领导组：由三地旅游局局长担任成员，主要负责领导"南番顺"旅游区域品牌的总体规划和统筹协调，实行轮值制。企业协作委员会：由三地旅游协会、餐饮业等相关行业协会会长组成，负责推进三地企业交流合作、设计和营销"南番顺"旅游产品；开展三地客源互换、游客互动活动等。联络处：由三地旅游局负责市场开发的科长组成，主要负责联盟联络与沟通、执行具体工作计划，向三地旅游局局长汇报工作进度等。

此外，联盟还制定了具体的合作机制，包括议事及信息交流机制；市场活跃机制；品牌宣传机制；资源共享机制；重大事件通报机制。

"南番顺"旅游联盟从发展之初就将自身定位为没有行政职能的行业组织，充分发挥企业在联盟中的主体地位，政府做好平台搭建的工作，最大限度地盘活市场资源，激发市场活力，成为珠江三角洲区域合作的重要实践。

资料来源：南海、番禺、顺德成立旅游联盟 打造"南番顺"区域旅游品牌［EB/OL］. 广东省人民政府官网 http：//www.gd.gov.cn/govpub/zwdt/dfzw/200709/t20070925_21051.htm，2007-09-25.

（三）各城市差异化战略布局

CEPA 的全面实施、大珠三角经济区加快建设以及《珠江三角洲地区改革发展规划纲要》的出台，都为珠江三角洲旅游业发展拓展了新的空间。

在广东省旅游业发展"十一五"规划对全省旅游布局中，指出以"广深珠"为核心的珠三角，将率先实现旅游现代化、国际化和产业化，是提升广东旅游目的地的主导区域。而珠江三角洲各城市参与到区域旅游合作中的积极性也被激活，并依托各自的地缘优势，逐渐形成差异化的战略发展思路。

除广深等传统旅游节点城市外，珠海市在《珠海市旅游发展总体规划（2007—2020 年）》中将自身定位为港澳珠、大珠三角组合型国际旅游目的地的重要组成部分，从大珠三角旅游网络中的端点区变为节点区、枢纽区；佛山在旅游业发展"十一五"规划中将自身定位为珠三角西岸区域性旅游中心、粤港澳旅游圈重点旅游目的地。可见，随着各个城市旅游发展战略目标逐渐明晰，粤港澳三地旅游合作将走向统筹协调、分工合作的发展阶段。

二、市场功能调整结构优化

在港澳自由行和"一程多站"概念提出的刺激之下，越来越多城市参与到粤港澳旅游合作进程当中，同时珠江三角洲强化了自身从旅游客源地到旅游目的地角色的转变，更加主动地搭建旅游营销平台和拓展营销渠道。

（一）自由行开启合作新篇章

1984年前后，国家政策仍然实行严格的“配额制”，只允许旅行社组织广东省居民赴港旅游探亲。90年代初，政策逐渐放宽。随着经济的快速发展，粤港澳三地旅游合作层次不断提升，领域逐步拓宽，2003年广东开展港澳“自由行”，进一步加强了粤港澳地区的联系与合作。

“自由行”启动仅10年便为香港带来8000多万人次内地游客，消费总额累计超过6300亿港元。《广东旅游年鉴2007》显示，广东省2006年全年共办理个人赴港澳旅游签注3048万人次，其中香港1664万人次，澳门1384万人次，均占全国总量的9成左右[1]。

可以说“自由行”的启动，不但加强了粤港澳三地客源互送的功能，掀起港澳地区旅游业的再一次蓬勃发展，同时也是让内地同胞开阔国际视野、接受先进理念、借鉴成熟市场体系、启动和深化改革的良好契机，为粤港澳旅游合作提供一个更加广阔的平台，开启三地旅游合作的新篇章。

图13-1 实行赴港“自由行”政策不到一个月，一群大陆游客游览香港

（图片来源：网易新闻，中国的香港——香港回归十五周年策划，http://news.163.com/special/hongkong15years/?_pc=1）

[1] 广东旅游年鉴2007［M］. 广州：广东旅游出版社，2007.

（二）一程多站优化产品结构

由于旅游资源开发观念的转变，珠江三角洲更多旅游资源的潜力被挖掘出来，各地市也因地制宜，广泛地开辟出一系列景区（点），使珠江三角洲处处有旅游，旅游产品结构不断优化，旅游产业规模不断扩大。

另一方面，在21世纪初期粤港澳“一程多站”概念的提出，更是为三地提供旅游业的新出路。所谓的“一程多站”是指游客的一趟行程包括香港、澳门、珠江三角洲多站。“一程多站”充分发挥了香港作为世界旅游中心的吸引力，以澳门作为香港旅游的延伸点，发挥其现代服务业和赌博业特色优势，加之珠江三角洲悠久的历史文化遗存与大量名胜古迹和人文景观，三地旅游形成合力，在海内外的影响不断加大。2008年首批8条粤港澳“一程多站”精品旅游线路正式推出。

随后，粤港澳依托其港湾优势，开始联合发展新邮轮行程，并大力推广邮轮旅游前后的陆上旅程，成为粤港澳旅游又一新增长点。

【拓展阅读】

乘风“出海”，开拓邮轮旅游市场新“蓝海”

邮轮旅游市场是新兴快速增长的市场，珠江三角洲发展邮轮旅游具有巨大的潜力，通过加强与香港及周边省区的合作，有利于其邮轮旅游市场发展。2007年6月14日，香港特区旅游事务署组织召开了发展邮轮旅游事务推广及发展计划的专题会议，国家旅游局及广东、福建、海南旅游局负责人受邀参加。会议研究了香港旅游发展局提出的《邮轮旅游事务推广及发展计划——中国内地沿海省份/城市和香港加强合作推广建议书》，达成了共同加强邮轮旅游事务推广及发展的相关共识。结合《建议书》的相关内容，广东省旅游局就邮轮海外业务推广、建立信息交流平台、联合发展新邮轮行程等方面，拟订了合作方案，并将联合香港、广西、海南、福建等省区旅游管理部门参加2008年在美国迈阿密举行的世界邮轮博览会。

在建立信息交流平台方面，借助“活力广东”网络平台，实现与香港、内地其他沿海城市邮轮旅游信息的交换，同时联合发展新邮轮行程，推广“一程多站”陆上行程，将加强与内地其他沿海省区，如福建、海南、广西等省区的合作，大力推广邮轮旅游前后的陆上旅程（即“一程多站”行程），使邮轮旅游成为粤港澳三地旅游发展的新“蓝海”。

（三）主动出击搭建营销平台

随着政府介入三地合作力量逐渐增强，广东省开始主动出击，由政府搭建平台给业界“唱戏”。2006、2007年广东先后成功举办广东国际旅游文化节暨泛珠三角旅游推介大会。该旅游文化节遵循“政府主导、市场运作、社会参与”的原则，吸引了国内外各类旅游企业和社会各界共同参与旅游文化节的项目策划、资金筹措及广告宣传。

该旅游文化节充分展现了具有广东特色的大型节庆活动市场化运作模式，强化了体制与机制创新，项目按运作主体和性质分为三类：第一类是由省政府有关部门主办的活动；第二类是由各市政府或有关部门主办、社会参与的活动；第三类是由企业、社会力量主办或承办的活动。各承办单位充分发挥主观能动性，按照市场规律和灵活机制，通过出售部分活动冠名权和广告权进行市场化运作，兼顾了活动质量和效益，一定程度上解决旅游文化节部分资金问题，据不完全统计，该旅游文化节企业自筹和社会化运作资金超过 8000 万元。

此类营销平台的搭建不但有利于广东特别是粤港澳三地旅游品牌的强化与传播，同时在活动运作过程中所形成的各部门联动、省市联动、海内外联动的多方联动体系以及协调机制、市场机制、竞争机制等运作调节机制，也为日后粤港澳三地开展各类营销推广合作提供了良好的经验借鉴。

（四）抱团取暖开拓营销渠道

除了主动搭建营销平台外，粤港澳三地还以不同形式组团到各地进行旅游宣传，不断拓展营销渠道。例如 2006 年广东省旅游局与港澳以联合展台的形式参加香港国际旅游展销会，不断强化“一江珠水，三颗明珠”的粤港澳国际旅游区品牌形象。2007 年广东省旅游局除了参加粤港澳旅游推广机构会议和粤港经贸旅游合作交流会外，还联合港澳参加了印度旅游展、德国柏林展、日本 JATA 国际旅游展及东京展、香港国际旅游博览会、广州国际旅游展销会等，合力打造粤港澳国际旅游品牌。此外，粤港澳旅游部门经常联合组织业界、媒体互访活动，整合包装粤港澳旅游精品线路向三地游客推出，以此推动粤港澳客源互动，繁荣大珠三角旅游业。

在珠江三角洲内部，各城市间的旅游营销合作也越来越密切。2007 年《中国旅游报》发起的“活力广东　走进珠三角”联合品牌宣传推广座谈会在中山市举行。广州、珠海、中山、佛山、东莞、江门、韶关、肇庆等城市的旅游局领导出席了座谈会，并达成了珠三角城市以“加大旅游区域合作，打造珠三角旅游联合品牌”的共识。

（五）各市加快市场角色转变

这一时期珠江三角洲各城市在旅游业发展中表现出更多的“城市自信”，加快了从旅游客源地到旅游目的地的市场角色转变步伐。一方面联合直接赴国内外旅游客源地促销、并与相关城市制定客源互送机制；另一方面更加注重港澳世界旅游目的地网络化市场营销系统的“搭车”运作，与遍布世界各客源市场的旅游营销、组织资源进行战略性联合。

此外，针对各地区在广东务工人员或户籍移民较多的“移民”优势，通过公共关系和专项开发策略，开发亲友型客源。如东莞市旅游局和大朗镇政府举办“香港人看新东莞”活动，旨在让香港同胞共享东莞发展建设所取得的丰硕成果和回馈感谢香港同胞在东莞的社会经济发展中做出的贡献。香港同胞通过参与“香港人看新东莞”活动，获取“香港人看新东莞”一卡通，凭一卡通在东莞观光旅游的过程中可获得景点门票优惠和入住酒店优惠。通过本次活动，香港同胞深入地认识了东莞、了解了东莞、享受了东莞，有利于两地旅游行业互相学习交流，商讨合作。东莞市政府、东莞市旅游局及各镇街举办的系列“看新东莞”活动精彩纷呈，成为假日旅游的重头戏，促进了东莞旅游资源的整合，加快了东莞市从旅游客源地向旅游目的地转变。

三、行业发展软环境渐开放

由于出入境政策的开放和软环境优化，加之 CEPA 协议实施的直接刺激，这一时期行业整体发展环境趋于规范和标准化，三地的行业管理与市场监管机制也更加紧密。

（一）出入境软环境提升效率

21 世纪初，内地赴港签证制度变化，广东地区居民可以以个人旅游方式前往港澳地区，由此三地的旅游互动更加频繁。2000 年国务院和国家有关部门给予珠江三角洲“144 小时便利签证”的优惠政策，进一步促使港澳游客入境旅游，据统计港澳地区 800 万游客中的 100 万人成为广东的游客，带动中国入境游的第二轮高速发展。

2003 年广东省陆续启动了 10 个城市居民个人赴港澳旅游，这是粤港澳旅游业合作中具有革命性的举措，掀开了港澳地区对大陆民众可望而不可即的“神秘面纱”，同时也顺应了历史发展趋势和旅游业发展规律。2004 年公安部又推出包括继续推进按需申领港澳通行证和护照、会同有关部门颁布实施中国“绿卡”制度、进一步改进往来港澳证件签发管理工作促进内地居民短期内往来港澳地区等出入境便民措施。

有别于 20 世纪 90 年代粤港澳重点加强口岸设施建设，进入 21 世纪三地更加重视口岸管理软环境的营造和出入境服务提升，有效提高粤港澳民众的互通往来效率，有效促进人流、物流和资金在三地之间的流通。

（二）CEPA 刺激产业集群形成

CEPA 中关于“加强旅游合作、提高服务水平”的相关政策措施，对粤港澳三地旅游合作注入了一针“强心剂”。一方面，它促进了广东通过与港澳企业紧密合作，引进新的服务品种、服务规则和经营理念，有利于其更好地与国际行业运行机制接轨，逐步建立集旅游交通、旅游农业、旅游工业、旅游商贸、旅游文化、旅游教育、旅游信息、旅游安全于一体的旅游产业群，提升广东旅游业的整体国际化水平；另一方面，关于开放港澳公司以独资形式在内地建设、改造和经营饭店、公寓楼和餐馆设施以及允许港澳旅行社在内地设立合资旅行社等的限制，更是有利于提升粤港澳旅游业在国内外的行业地位和品牌形象。

（三）市场协调监管机制建立

为了深化粤港澳大珠三角旅游合作，保障港澳个人游的健康、有序、良性互动发展，粤港澳三地旅游部门还建立了常态化的市场监管机制，包括定期会晤制度、信息通报、预警和协调机制。特别是在旅游黄金周，三地旅游部门在粤港澳主要媒体上及时公布口岸出入境人数、旅行社赴港澳计划出团人数、住宿设施开房率及平均房价等信息；积极协调边检、海关、口岸等部门改善通关环境，采取便利措施，有效疏导客流合理分流，做好港澳游预警信息通报工作，促进了内地居民赴港澳个人游更健康发展。

同时广东省旅游执法部门还介入粤港澳旅游市场监管当中，针对黄金周及节假日期间市场中出现个别旅行社推出以“一元线路”为诱饵欺骗旅游消费者的宣传广告，制定了严格的旅游广告发布监管机制，有效地维护了旅游消费者利益和旅游市场经营秩序。

（四）行业规范自律初见成效

除政府部门外，行业协会、企业等也积极参与到粤港澳三地旅游行业管理当中，行业自律规范逐步建立起来。针对穗港两地旅行社为招揽客源，相互压价，甚至出现了香港游零负团费操作、以增加购物点损害旅游者利益的问题，广东省旅行社协会主动与香港旅游业议会联系并反复研究、磋商，确定了香港一日游的最低成本价，并于2006年8月在广州召开有穗港旅行社代表和穗港两地主流新闻媒体参加的联合新闻发布会，会上共同签署了《穗港两地诚信旅游合作备忘录》；广州地区的出境游组团社代表也同时签署了《香港一日游最低成本价自律公约》，共同执行香港一日游最低成本价。

2007年广东联合香港旅游业界开展“优质诚信香港游”主题活动，通过新闻发布会、组织两地旅行社签订“优质诚信香港游”和“联合抵制零负团费不正当竞争”公约等，同时健全“广深珠联动、相关部门联动、粤港澳联动”打击非法特区游的工作机制，全面整顿穗港旅游市场秩序，受到两地旅游业界的广泛好评，维护了粤港澳三地的良好旅游形象。

【拓展阅读】

深港联合启动"优质诚信香港游"活动维护"香港游"品牌

从2007年1月1日起，深港旅游部门联合启动"优质诚信香港游"活动。深圳22家组团社签订了《"优质诚信香港游"公约》和《联合抵制香港游"零负团费"不正当竞争公约》，凡是在发布香港游的广告、香港游的产品上要使用统一的"优质诚信香港游"标志，并在媒体上发布公告、开设专版、制作专题电视片、派发宣传手册等多种措施，加大"优质诚信香港游"的宣传力度。两地旅游部门还联合在皇岗口岸开展"优质诚信香港游"专题活动，向赴港旅游团队派发"优质诚信香港游"宣传单和温馨提示。深圳市旅游局还5次召集全市组团社召开"优质诚信香港游"专题工作会议，及时研究解决存在的问题，并通过日常检查和专项行动等举措，加大了市场监管和查处力度，重拳打击以"零负团费"经营港澳游的旅行社或办事处。"优质诚信香港游"活动的开展取得了一定的成效，有关投诉下降了七成。

四、旅游基础设施实现突破

21世纪以来，粤港澳三地为促进旅游合作发展，在基础设施建设、信息平台打造还有金融业互联互通等方面实现了多项突破，为各类资源要素在三地的流通提供了良好的保障。

（一）区域性大型设施补短板

至2008年底珠三角区域交通网络已初步形成。其中公路建设已形成以广州为中心，以高速公路为骨架，国省道和县乡公路为基础，向外辐射的开放式公路交通网。铁路和轨道交通形成以广州为中心，以京广、京九、广深、广茂为主要干线，武广客运专线（含新广州站）、广深港客运专线等干线铁路以及广佛、广珠、穗莞深城际线的轨道交通网。高速公路已连接珠三角地区所有县（市），里程达2100公里。港口和航道形成以广州、深圳、珠海为主要海港，佛山、肇庆、东莞、中山、惠州、江门为主要河港的港口航道网。民航机场形成以广州白云国际机场为枢纽，深圳机场为干线，珠海等机场为支线，辐射全国、连接海外的民航运输网。

在这一时期珠江三角洲地区着力通过区域性大型交通基础设施建设补足发展短板。备受关注的粤港澳重大基础设施"一桥一路"进入论证、立项阶段，"一桥"指的是"港珠澳大桥"，"一路"指的是"广深港高速铁路"，此外港深西部大通道破土动工，这些关系到粤港澳三地经济合作的重大工程都将对粤港澳旅游区域合作带来深远的影响。

（二）旅游信息平台全面推进

迈入21世纪，粤港澳三地更加重视旅游信息化建设。在发展初期，旅游信息化建设主要立足于联合宣传推广平台的打造。

而在2002年3月举行的第五次粤港高层联席会议上，首次提出了粤港澳旅游信息平台的建设设想。粤港澳旅游信息平台一期工程主要完成面向公众、旅游同业和政府电子政务等系统的建设，这标志着广东省旅游信息化建设迈进了国际信息化系统建设的前列。此后，粤港澳旅游信息平台二、三期工程建设逐步实现了粤港澳三地旅游信息互联互通，加强了政府与旅游企业、游客及其之间的信息交流的互动。

旅游信息化建设除了强化了旅游营销宣传功能以外，更重要的内容是推进诚信旅游监管体系建设。2006年广东省旅游局利用“粤港澳大珠三角”和“9+2泛珠三角”旅游信息平台，公布旅游企业诚信经营公约，推出全透明旅游产品和线路，通报旅游市场监管信息，披露旅游市场违规失信经营行为，建立旅游投诉处理绿色通道，举报打击非法违规经营行为，让旅游者拥有更多的知情权。

一系列旅游信息化平台的建设举措，不但有利于粤港澳三地旅游品牌形象的树立与传播，提升旅游服务的便捷性和有效性，而且对于进一步规范三地旅游经营行为，促进三地旅游业健康发展起到至关重要的作用。

（三）金融联通突破流通瓶颈

在货币通行方面，2003年我国首张全球通行的金融旅游信用卡——“广发旅游通卡”正式面市，“广发旅游通卡”的发行整合了广东发展银行、香港旅游通有限公司双方的优势资源，实现了国内金融业和旅游业的首次合作，刺激了粤港澳三地货币流通，为持卡用户的境外旅游提供了更大的便利。

此外，中国人民银行和中国银联与香港金融管理局就人民币在香港刷卡提现款消费进行磋商，经国务院批准2004年2月25日以后香港银行可在港办理人民币存款、兑换、银行卡和汇款四项个人人民币业务。这些将更加方便内地居民在香港的旅游购物和支付活动，密切内地与香港的经贸、旅游往来，促进两地经济发展。

第三节　合作格局

随着政府相关旅游部门的职能转型，其在旅游行业发展中的地位越来越重要。因此这一阶段粤港澳三地旅游合作呈现明显的政府主导特征，同时也使得合作渗透到旅游业全产业链的各个方面。

一、政府主导全面统筹

进入21世纪，香港旅游市场运作机制逐渐建立起来，形成政府搭台、行业唱戏的格局，政府管理部门——旅游事务署负责统筹政府内部各项发展旅游业的工作并提供政策支持；旅游发展局负责推广香港旅游业；而旅游业议会则负责管理旅行社事务。

在这样的背景之下，在政府层面开展粤港澳旅游合作有了对话平台的基础，而珠三角各地市政府的加入也不断扩充了合作的外延，能够充分调动与整合各地旅游资源和要素优势，为旅游合作提供统筹性指导。

二、深入旅游全产业链

在一系列促进粤港澳协作的政策纲领性文件和相关经济贸易政策措施出台的刺激之下，旅游产业的各个分支被逐渐激活起来，包括旅游交通、旅游农业、旅游工业、旅游商贸、旅游文化、旅游教育、旅游信息等方面的合作都有所尝试。

在文旅发展方面，粤港澳先后于2003年和2009年签署了《粤港澳艺文合作协议书》《粤港澳文化交流合作发展规划（2009—2013）》确立了粤港澳文化合作机制，包括演艺人才交流、剧节目合作、售票网络的合建、文化咨询交流共享、文博考古合作、联合申报粤剧为“人类口述和非物质遗产代表作”等合作项目，这些举措掀开了三地文化合作的新篇章，增强三地民众的文化认同感，对三地旅游业合作及发展产生良好的互动和促进作用，对开展下一阶段粤港澳大湾区旅游合作意义深远。

第十四章

共建共享的全域合作

(2010 年至今)

2010 年以来世界宏观环境发生变化，在新时期我国“一带一路”倡议引领下，粤港澳大湾区迎来新的发展机遇。

粤港澳大湾区旅游合作在 40 余年来未曾停歇，因此这一阶段旅游发展格局呈现出前几个阶段效应叠加的综合效果，包括更加多元化的主体参与到粤港澳大湾区旅游合作当中，各类机制体制和组织架构逐渐完善，旅游与其他相关行业的联动更加密切，最终形成目前合作主体多元化、空间联动网络化、合作机制层次化的特征，形成三地互联互通、共建共享，全员联动、全域合作的良好格局。

第一节 合作背景

全球一体化进程的加快，使区域合作成为世界发展的重要趋势。与此同时，在新时期我国“一带一路”倡议引领下，粤港澳大湾区建设将承接更加重要的历史任务，区域关系、定位、格局、功能的变化将为旅游区域合作带来新的机遇。而全域旅游理念的提出与发展也将开启区域旅游合作新时代。

一、全球一体化进程不断加快

区域经济一体化已经成为当今世界经济发展的一大趋势，世界旅游业的发展也随着经济一体化的进程而走向合作化。在全球一体化进程不断深入的新时期，世界旅游发展走向合作发展和区域融合的新趋势。信息化催生着旅游业跨区域融合发展，推动旅游业的国际化进程加快发展。世界旅游发展新的态势将为粤港澳三地旅游合作带来新的发展契机。

二、“一带一路”的历史衔接

2013 年中国基于国内外政治经济整体形势，提出“丝绸之路经济带”和“21 世纪海上丝绸之路”（以下简称“一带一路”）的国家级顶层倡议，探索“走出去”新路径。为落实“一带一路”倡议，2015 年国家发展改革委、外交部、商务部联合出台了《推动共建丝绸之路经济带和 21 世纪海上丝绸之路的愿景与行动》，第一次在国家层面提出了“粤港澳深化合作，打造粤港澳大湾区”的构想。

此后，粤港澳大湾区概念便在国家、广东省以及港澳政府的相关政策文件中不断被提及。在新的时代背景之下，粤港澳深化合作，打造粤港澳大湾区是“一带一路”倡议的历史性衔接，作为“桥梁”，一端连接着世界，提升国家参与全球合作、全球治理的能力；另一端连接着中国南部、中部和西部的广阔腹地，提升珠三角的核心带动力，带动粤东西北、泛珠三角地区的发展，优化全国区域发展格局，将会为粤港澳三地发展带来更大的空间与机遇。

三、粤港澳大湾区成为突破口

粤港澳大湾区是国家建设世界级城市群和参与全球竞争的重要空间载体。

习近平总书记在十九大报告指出，要以粤港澳大湾区建设、粤港澳合作、泛珠三角区域合作等为重点，全面推进内地同香港、澳门互利合作。

粤港澳大湾区概念的正式提出，将传统的“城市概念”扩展为“区域概念”，推动粤港澳三地旅游合作向更高层次、更大范围发展。《粤港澳大湾区发展规划纲要》将粤港澳大湾区定位为宜居宜业宜游的优质生活圈，而港珠澳大桥、深中通道、广深港高速铁路等重大交通基础设施的建设，将重构区域城市旅游空间格局，从广深双核格局向多核格局拓展，城市旅游定位更加清晰，功能更加细化、产业专业化，对建设世界级宜游湾区影响深远。

四、全域旅游开启旅游新时代

2008 年提出全域旅游以来，珠三角以敢为人先的勇气和魄力积极推进全域旅游的发展，在全域时代的进展中始终走在全国前列，旅游业也随之快速发展。珠三角的旅游产业凭借着区位优势和政策优势，在经济发展中占据了重要战略地位，旅游产业格局和空间格局不断形成和优化。

在全域旅游时代，港澳地区加强了与广东的旅游合作，共同推动了世界级宜游湾区的发展。区域旅游合作已经成为经济发展的大趋势，粤港澳大湾区区域旅游发展具备良好的基础条件和潜力巨大的市场，在宏观政策支持和方向引导下，粤港澳大湾区旅游合作将不断加速，共同缔造世界级宜游湾区。

第二节　合作亮点

这一阶段粤港澳大湾区旅游合作进入补足短板、重点突破的阶段。在近30年的旅游合作发展基础上，在国家各类战略性政策引领之下，粤港澳大湾区旅游合作呈现出政策规划引领、统筹协调体系成形、合作范围拓展、机制对接畅通、支撑系统完善的格局。

一、政策规划先行引领

这一阶段各类政策规划充分发挥了引领指引作用，一方面贸易自由化打通了政策壁垒，为粤港澳大湾区旅游合作提供更加广阔的空间。此外，各类统领性规划、专项旅游规划促进了粤港澳大湾区各城市的空间联通，而各类政策协议性合作则为三地的旅游合作提供了制度的保障。

（一）贸易自由打通政策壁垒

2014年12月18日，商务部代表中央政府与香港、澳门特区政府分别签署内地与香港、澳门《关于建立更紧密经贸关系的安排》（简称CEPA）在广东省对港澳基本实现服务贸易自由化的协议（以下简称《协议》），正式确立粤港澳基本实现服务贸易自由化。《协议》是内地首次以准入前国民待遇加负面清单的方式签署的自由贸易协议。粤港澳三地服务贸易自由化为三地旅游合作带来了更加广阔的发展空间。

同年广东自贸区获批，目前广东自贸区由广州南沙、深圳前海和珠海横琴三部分组成，定位于面向港澳深度合作，承担着创新内地与港澳合作机制的重要任务。自贸区通过扩大对港澳开放、破除准入后的隐形壁垒和政策障碍、自贸园区自身体制机制的创新，进一步推动粤港澳服务贸易自由化。

自贸区的建立打破了三地旅游合作的政策壁垒，为当前粤港澳大湾区旅游发展提供了强大的推动力。首先，为港澳企业在广东自贸试验区的投资发展带来更大便利；其次，广东自贸区将进一步扩大对港澳服务业开放，取消或放宽对港澳投资者的资质要求、股比限制、经营范围等准入限制，直接支持在自贸试验区内设立的港澳资旅行社（各限5家），经营内地居民出国（境）（不包括台湾地区）团队旅游业务；再次，还将促进服务贸易的便利化，对于探索港澳游艇旅游、邮轮旅游等新型旅游产品提供了可能性。

此外，横琴新区片区将依托粤澳深度合作，重点发展旅游休闲健康、文化科教和高新技术等产业，建设成为文化教育开放先导区和国际商务服务休闲旅游基地，发挥促进澳门经济适度多元发展新载体、新高地的作用，也将有望成为粤港澳大湾区探索打造世界级宜游湾区先行示范区域。

（二）顶层规划促进空间联通

早在2010年，国家旅游局提出编制《粤港澳地区旅游合作规划》。随后2013年《粤港澳区域旅游合作愿景纲要》出台，加强了粤港澳大湾区关于开拓区域旅游市场、产品开发、质量监管、联合推广、信息交流与过境便利等方面的合作，共同提升区域旅游品牌。

2014年《珠江三角洲地区旅游一体化规划（2014—2020年）》正式提出推进珠三角旅游一体化机制创新，并提出与港澳共建世界级旅游目的地、加大粤港澳三地整体营销力度、推进粤港澳旅游合作示范区建设、推进粤港澳游艇旅游合作、推进粤港澳邮轮母港合作等一系列措施。

在空间布局上，《珠江三角洲地区旅游一体化规划（2014—2020年）》提出在珠江三角洲内部实现“双芯驱动、三圈推进、三带突破”——强化广州和深圳在珠三角旅游一体化中的龙头带动作用；推动广佛肇、深莞惠、珠中江三大旅游圈深度合作；推进蓝色滨海旅游带、黄金水道旅游带、绿色生态旅游带三大重点区域合作。在珠三角外部合作实现“两区携手、一环辐射、多层推进”——携手港澳共同推进珠三角旅游一体化；辐射带动粤东、西、北旅游加快发展；推进多层次区域旅游合作。

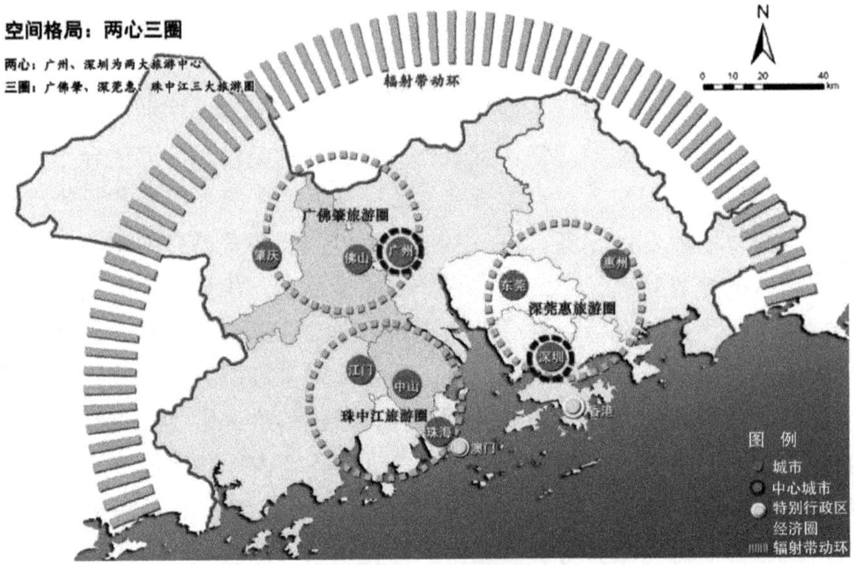

图14-1 珠三角旅游一体化空间格局图

（图片来源：《珠江三角洲地区旅游一体化规划（2014—2020年）》）

随后《广东省海上丝绸之路旅游合作发展规划（2015—2020）》等一系列专项规划的出台，都从旅游业不同细分方向对粤港澳三地旅游的发展定位、战略目标、空间格局、城市分工等指明了方向，2019 年《粤港澳大湾区发展规划纲要》出台，则正式从国家战略性层面检视粤港澳大湾区合作关系，为新时期粤港澳大湾区旅游发展提供更加清晰的思路与指引。

（三）政策合作提供制度保障

随着粤港澳三地旅游合作的不断深化，各类的区域合作协议、合作宣言等的签订加快了三地政策合作进程，对粤港澳旅游合作实践提供了有效的政策和制度保障。

2011 年分别签订了《粤港合作框架协议》《粤澳合作框架协议》，随后三地每年均根据该年社会经济宏观环境制定当年重点工作，旅游作为其中重要板块之一，既保持了政策的延续性，又保持了与宏观环境和行业趋势的适应性。

2017 年粤港澳大湾区旅游业界合作峰会在香港会议展览中心举行，会上 11 位来自粤港澳大湾区的旅游协会代表共同签署《粤港澳大湾区旅游业界合作协议书》，围绕推动区内旅游资源开发，实现优势互补；利用一程多站旅游概念，联合开发特色旅游产品，积极展开旅游宣传工作；建立定期沟通渠道及日常联络机制，商讨合作计划和交流项目；不定期会晤及交流互访，加强信息互通等内容达成共识。

此外，各地市的联盟性合作也在持续进行。如 2015 年香港、澳门与珠海市召开“港珠澳旅游合作发展会议”，会议上签署了《港珠澳三地旅游合作框架协议》，进一步巩固和加强了“港珠澳”区域旅游品牌，并就大力推广“一程多站”旅游线路及产品，积极开拓海外市场，联合推广“港珠澳”各具特色的旅游资源及产品等达成共识。2016 年珠海、中山、江门、阳江四市第十一次党政联席会议聚焦旅游产业区域合作，签署了《珠中江阳深化区域旅游合作共同宣言》，成立旅游合作联盟，进一步整合旅游资源，策划旅游精品，联合宣传打造旅游品牌，共同开展旅游联合促销，实现客源互送，进一步提升珠中江阳区域旅游的知名度和美誉度。

二、统筹协调体系逐渐成形

2010 年以来世界宏观环境发生变化，在新时期我国“一带一路”倡议引领下，粤港澳大湾区迎来新的发展机遇。

粤港澳大湾区旅游合作在 40 余年来未曾停歇，因此这一阶段旅游发展格局呈现出前几个阶段效应叠加的综合效果，包括更加多元化的主体参与到粤港澳大湾区旅游合作当中，各类机制体制和组织架构逐渐完善，旅游与其他相关行业的联动更加密切，最终形成目前合作主体多元化、空间联动网络化、合作机制层次化的特征，形成三地互联互通、共建共享，全员联动、全域合作的良好格局。

（一）合作协调组织开创先河

2017 年广东省广州、深圳、珠海、佛山、惠州、东莞、中山、江门、肇庆 9 个地市和香港、澳门 2 个特别行政区的旅游主管部门组成综合性旅游合作创新团体，成立粤港澳大湾区城市旅游联合会。粤港澳大湾区城市旅游联合会是粤港澳区域内首次以城市为单位组建的旅游合作团体，港澳及广东 9 个地市秉承“合作发展、品牌共创、市场共享”理念，通过资源整合、形象宣传、联合营销等方式，推动粤港澳大湾区城市旅游联合会成员之间的互动与合作，携手打造世界级旅游目的地。为保持联合会活动的正常开展，联合会还设秘书处为“粤港澳大湾区城市旅游联合会”常设办公机构。秘书处设在广东省旅游局，接受国家旅游局指导，负责联合会的日常工作，协调联合会发展事宜。此外，联合会还设立主席单位，主席单位每年轮换。

粤港澳大湾区城市旅游联合会的成立，标志着粤港澳大湾区旅游合作正式进入组织化、规范化进程。

（二）内部对接机制逐步下沉

除了跨区域联盟的成立外，旅游系统内部的衔接机制也不断完善。2011 年，为加强对广东省旅游产业发展的领导协调，广东省人民政府决定建立广东省旅游产业发展联席会议制度。联席会议制度的建立有效促进了旅游系统内部不同机构之间形成长效、定期的联系与沟通，对于加强旅游区域合作，加强旅游行业管理等都具有重要意义。

此外，为了更好地参与到粤港澳大湾区建设当中，香港特区还特别成立粤港澳大湾区建设督导委员会。该委员会由香港特首林郑月娥出任主席，成员包括特区政府所有司局长，全面统筹香港参与粤港澳大湾区建设事宜。特区政府政制及内地事务局也将设立粤港澳大湾区发展办公室，并委任粤港澳大湾区发展专员，以具体落实有关的工作。

（三）横向部门协作机制强化

旅游业是综合性极强的产业。随着区域旅游合作范围的不断扩大，就需要除旅游部门外的更多行政部门参与到旅游发展当中。因此，自 2010 年以来粤港澳三地旅游发展的横向跨部门协作机制也不断强化，包括由广东省旅游局与广东省公安厅协作，完善广东“144 小时便利签证”管理系统建设，联合加大对“144 小时便利签证”政策的宣传推广。

2018 年《中国（广东）自由贸易试验区粤港澳游艇自由行实施方案》经国家交通运输部等四部委同意，为在广东乃至全国推进港澳游艇“自由行”、促进游艇旅游业发展积累可复制可推广的试点经验。

三、市场空间不断升级拓展

新时期，粤港澳大湾区旅游合作范围不断拓展，一方面在合作边界上逐步辐射至泛珠三角以及珠三角周边城市；另一方面粤港澳游艇自由行产品的开发与探索，则拓展了三地的合作空间。最后，“一程多站”等各类旅游产品的推陈出新，则不断拓展粤港澳旅游合作的产品亮点。

（一）辐射泛珠拓展边界

粤港澳大湾区旅游合作的主体从珠江三角洲 9 个城市及港澳地区逐渐辐射周边城市，进一步吸纳周边优质旅游资源，形成更强劲的旅游吸引力。

2017 年泛珠合作各方旅游部门负责人在湖南长沙签署《泛珠区域旅游大联盟合作协议》，决定建立泛珠区域旅游大联盟，共同打造泛珠旅游品牌和精品路线、共建良好旅游市场秩序，以促进内地与港澳旅游合作、提振入境旅游。

另一方面，珠江三角洲 9 个城市旅游发展对周边城市的影响作用也不断显现，深圳、东莞、惠州、河源、汕尾五市为推进旅游一体化发展，建立深莞惠旅游联盟“3 +2”，共建旅游联合宣传推介长效机制，先后举办或参与多项联合推广活动，不断拓展珠江三角洲区域旅游合作的边界。

（二）蓝色旅游拓展体系

目前粤港澳大湾区的海洋旅游还处在方兴未艾的阶段，而且相对于陆地而言，海洋的面积更为庞大，加上港澳地区已经有了成熟的游艇、邮轮旅游的基础，珠三角城市群拥有大量的游艇旅游的资源和客源，发展潜力也更加强劲，因此加快在游艇自由行上的合作，成为了粤港澳在海洋旅游协作中的关键一步。

另一方面，相比其他形式的旅游合作而言，海洋旅游的管理主要节点是关口、港口，管理面相对较小。2015 年广东省起草上报《广东自贸试验区粤港澳游艇自由行实施方案》，推进粤港澳游艇旅游创新发展。广州南沙也积极探索粤港澳游艇通关新模式，梳理粤澳游艇自由行所需的政策支持，并提请上级部门予以支持，争取推动实现境外艇在南沙航行和停泊的便利化。因此蓝色旅游很可能成为下一阶段珠江三角洲旅游发展的增量，也成为了粤港澳旅游合作空间拓展的重要突破口。

（三）打造亮点拓展内容

粤港澳大湾区11座城市在自然文化及地理环境等方面都存在一定差异性，造就了丰富多样、互补性强的旅游资源和旅游产品，合作亮点内容不断拓展，为区域旅游市场的合作奠定了良好的基础。《粤港合作框架协议》中“一程多站”被专门提及，包括联合开发推广“一程多站”旅游线路，研究开发粤港航空及邮轮旅游，形成不同主题、特色、档次的多元旅游产品体系。

近年来粤港澳三地不断优化产品类型和层次，包括2015年公布了5条“一程多站”新路线，将珠海横琴长隆国际海洋度假区、长鹿休闲农庄、阳江海陵岛、惠州巽寮湾滨海度假区等融入当中。2018年粤港澳大湾区又联合制定了10条各具特色的精品旅游线路，涵盖人文历史游、世界遗产游、游学交流游、海丝探秘游、科技创新游、游艇自由行、美丽乡村游、健康养生游、休闲美食游、寻根问祖游等。

“9+2”城市还建立联合会品牌体系，统一设计开发“粤港澳大湾区城市旅游联合会”的标志、形象、宣传口号和宣传平台，整合粤港澳大湾区优质旅游资源，增强旅游业与其他产业的融合度，丰富旅游产品业态，促进旅游业的健康和可持续发展。

四、机制对接更加畅通

粤港澳三地旅游合作不断深化，信息共享机制、行业监督机制、行政管理机制等各类机制逐渐成熟，对接更加畅通。

（一）信息共享机制

粤港澳三地通过构建信息服务平台、建立联席会议制度、强化研讨合作等方式，逐步构建了一个相对多元化、多方位的信息共享机制。

2015年广东开始建设文明旅游信息服务平台。通过政府和社会资本合作（PPP）模式在全国率先建立的集全省文明旅游宣传教育、旅游安全警示、旅游宣传推介和旅游便民服务为一体的综合发布服务平台，不断提升珠江三角洲旅游服务水平。

在粤港、粤澳合作框架协议带动下，粤港、粤澳高层形成政府会晤合作机制，强化对口部门工作机制。发挥粤港、粤澳联络办主任会议机制作用，统筹43个省直单位及珠三角九市与港澳特区政府加强对接。根据统计，至2015年框架协议实施5年以来，粤港、粤澳分别累计实施473项和309项合作举措，在现代服务业、跨境基础设施建设、重点合作平台建设、社会民生合作等方面取得明显实效。

此外，研讨合作制度的作用愈发体现。粤港澳合作论坛、港珠合作发展研讨会等各类研讨平台，为粤港澳三地政府官员、专家学者、业界企业提供了一个信息交流共享的平台。

（二）行业监督机制

广东进一步推进了旅游信用体系建设，运用信息化手段，加强对导游人员的监管。推进旅游建设包括导游数据库、管理平台和执法平台三大板块导游征信系统，全面实现对导游人员的日常管理。截至 2015 年底，在广州、佛山、惠州、珠海、韶关、清远市全面推广实施。旅游信用体系的建设，对于规范旅行社和导游行为，提升珠江三角洲旅行社业服务水平具有促进作用。

在粤港澳合作方面，广州市与香港签订港穗旅游合作、旅行社合作框架协议以及“优质诚信香港游”合作协议，创新建立旅行社“红名单”制度，共同推广旅游精品线路和 144 小时便利签证措施。随后，又积极研究扩展“优质诚信香港游”红名单计划，提升两地旅游业整体素质和促进跨境旅游市场健康发展。

（三）行政管理机制

2010 年后广东迎来了旅游大发展的阶段，这一时期大量重量级的旅游规划出台，为区域旅游发展指明方向。为了保障各类规划的全面落地，2015 年广东建立规划执行评估及监督机制。对广东省政府印发实施的旅游发展总体规划、滨海旅游发展规划和珠三角一体化旅游发展规划以及相关专项规划进行检查评估，提升旅游规划实施成效。

对“港澳资旅行社试点经营广东省居民赴港澳团队旅游审核”“港澳服务提供者在粤设立旅行社审批”等符合《中华人民共和国行政许可法》规定的事项依法调整为行政许可等行政管理机制的改革，则为粤港澳大湾区旅游合作提供更加宽松的制度环境。

五、支撑系统更加完善

这一时期，粤港澳交通设施建设进入以重大项目突破补齐基础设施短板的阶段，各类大型交通基础设施的上马或落成，打通了粤港澳大湾区的“任督二脉”，更充分地发挥各地旅游资源优势。而出入境服务和跨境金融服务的优化提升，也为三地旅游合作赋能。

（一）交通大通道联通大湾区

湾区有别于三角洲的首要特征，就是区内交通网络发达，城市间实现 1 小时内通达，推动生产要素的高效流转和集约配置。改革开放 30 多年，由于城镇化发展等原因，以深圳、东莞为代表的珠江口东岸与以珠海、中山等珠江口西岸的发展呈现“东强西弱”格局。因此，粤港澳大湾区发展首要任务就是补齐交通基础设施的短板。

通车多年的广深高速、广珠东线、广珠西线等几条高速干线构成了纵向骨架，而南沙大桥、虎门大桥、深中通道、港珠澳大桥以及规划中的莲花山通道，则跨越珠江架起了横向动脉。深中通道等系列大通道将撑起粤港澳大湾区的“脊梁”，打通三地互联互通的“任督二脉”，有利于激活珠江西岸丰富的土地资源和旅游资源，激活湾区时代的后发优势。

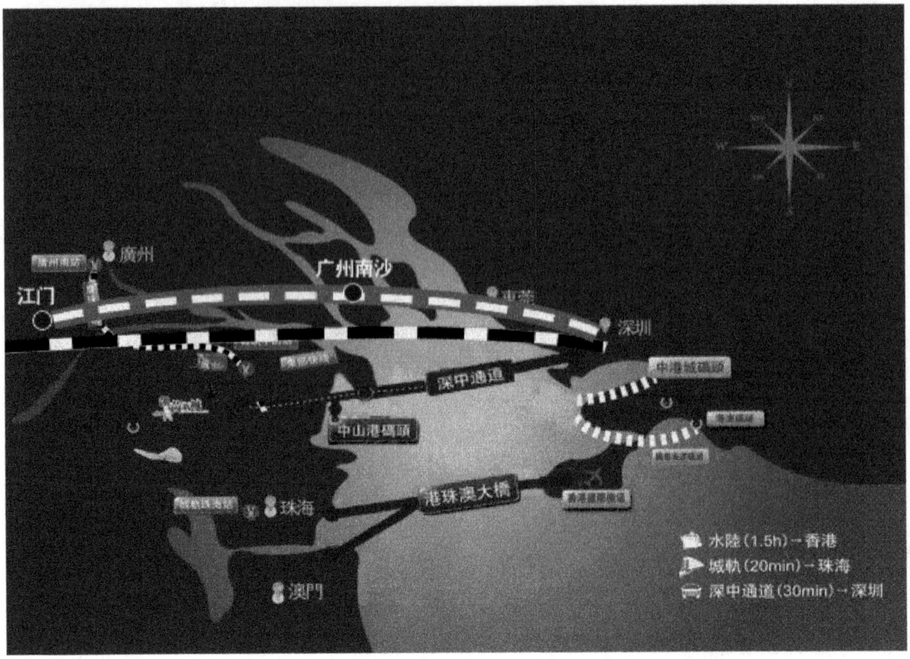

图 14－2　粤港澳大湾区交通大通道分布

表 14－1　2017 年以来粤港澳大湾区内重大基建项目进展及预期情况

项目名称	项目进展/预期情况
港珠澳大桥主体工程	2017 年 7 月全线贯通
港珠澳大桥隧道防水项目	2017 年 12 月完工
港珠澳大桥珠海连接线拱北隧道	2018 年 2 月完工
港珠澳大桥珠海公路口岸	2018 年 3 月完工
港珠澳大桥的珠澳人工岛澳门口岸交付澳门使用	2018 年 3 月完成

续上表

项目名称	项目进展/预期情况
港珠澳大桥桥面穿梭巴士后勤保障基地	2018 年 3 月启用
港珠澳大桥粤港澳三地联合试运行	2018 年 9 月试运
港珠澳大桥正式通车	2018 年 10 月通车
广深港高速铁路香港段投入试运行	2018 年 4 月完成
广深港高速铁路香港段开通运营	2018 年 9 月完成
珠海高速客轮香港航线船舶更新	2018 年 2 月完成
跨海工程深中通道	预计 2024 年通车
惠州机场扩建（定位深圳第二机场）	推进中
深港惠“水上穿梭巴士”	纳入统筹研究

（数据截至 2019 年 1 月）

（二）出入境服务便利化凸显

2014 年开始，广东公安出入境管理部门推出“广东警民通出入境连线”、腾讯微信服务平台等信息化便民措施，推广应用“出入境自助办证一体机”，统一和缩短出入境证件办理时限，设立出入境证件办理“绿色通道”。同时，广东还在全国率先试点签发电子往来港澳通行证，至 12 月底签发电子港澳通行证 3747677 张，电子往来港澳签注 6568233 人次。电子港澳通行证的签发，将大大提高粤港澳三地通关的便捷程度，不断提升三地旅客旅游往来的体验。

2018 年粤澳还继续探索建设粤澳新通道。该通道为全长 400 米的全封闭旅客过境专用通道，实现广珠城轨与澳门轻轨的便捷对接，集出入境联检大楼、交通枢纽和会展场地及配套设施于一身的综合建筑群。相应配套新通道的建设，粤澳两地还共同推进“合作查验，一次放行”的新型通关模式，将全面提升粤澳出入境便捷程度。

（三）跨境金融服务赋能旅游

针对近年来金融业出现的新现象、新机遇，粤港澳三地合作政策也有所创新，包括推广非现金支付工具跨境应用、移动支付场景应用等，为跨境旅游赋能。

在粤港合作方面，推动粤港两地金融机构及非银行支付机构合作，促进粤港跨境电子商务业务发展。完善非现金支付工具（包括银行卡、电子支票等）跨境使用和清算，便利两地企业跨境业务资金往来。粤澳合作方面，探索开展粤澳电子账单直接缴费便民业务，大力推广非现金支付工具跨境应用，推广银联闪付等联网通用移动支付在各类重要场景的应用，推动银联多币种卡粤澳互通使用，促进支付服务便利化。2018 年香港迪士尼乐园就与微信支付达成企业联盟合作，接入微信支付。内地移动支付运营商的进入，将逐步影响港澳地区居民的消费习惯，同时提升港澳地区商家面向内地旅游市场的运营服务能力，有利于粤港澳大湾区旅游市场走向共融共通。

（四）人才互通构建服务高地

人才是旅游创新与发展的核心动力。特别是港澳地区现代服务业发展水平较高，服务业创新人才力量优势突出。近年来粤港澳三地在旅游人才互联互通方面也做出较多尝试。

在政府机构层面，广东省旅游局不断促进开展港澳居民报考全国导游资格考试工作，为港澳旅游业界提供相关资讯。这既可拓宽港澳居民就业渠道，亦可让业界对内地客的需求、喜好等有更深的认识，有利于做好跨境旅游服务。

在业界层面，各地通过合作协议的形式开展人才培养合作。2018 年广州与香港、澳门三地导游协会共同发起“粤港澳大湾区导游联盟宣言”并签署联盟框架协定。同时，广州市导游协会与澳门旅游学院达成新型导游人才培训战略合作，为共同培养更多适合大湾区旅游需求的导游精英奠定基础。

在学界层面，目前粤港澳大湾区旅游教育机构在全球排名相对领先，香港理工大学、中山大学、澳门旅游学院等高等院校在旅游学术研究领域和业界影响力方面均有很强的实力和很好的口碑。此外，高校间的学校交流合作互动也颇为频繁，这将有利于为大湾区输送更多高端专业人才。

《粤港澳大湾区发展规划纲要》也提出支持澳门建设中葡双语人才培训基地，发挥澳门旅游教育培训和旅游发展经验优势，建设粤港澳大湾区旅游教育培训基地。粤港澳三地也不断探索优化港澳居民前往内地特别是广东就业、生活所需的在教育、医疗、住房、税收等方面的软环境。

第三节　合作格局

粤港澳大湾区旅游合作的不断深化，这一阶段三地旅游合作无论在纵向深度还是横向广度上都有所拓展，形成纵向全员联动、横向全域覆盖的合作格局，旅游合作内涵更加广泛，成为一项区域综合发展的系统性工程。

一、合作主体多元化

粤港澳大湾区的合作涉及范围广、制度复杂，而跨区域旅游合作又是一项综合强度极大的系统性工程，因此经过40余年的发展，粤港澳大湾区在新时期合作格局具有明显的合作主体多元化的特征。

（一）纵向全员联动

粤港澳大湾区旅游合作在主体上形成政府主导、市场驱动、民间互动等多种机制的综合协调的纵向联动合作模式。

1. 政府主导

粤港澳三地省级（特别行政区）政府是最高层次的合作主体，在1993年前政府参与旅游合作的形式主要是做好市场配套和环境营造的工作。三地政府间正式的旅游合作可追溯至1993年三地旅游行政部门联合成立的“粤港澳珠江三角洲旅游推广机构”。此后，粤港澳旅游行政部门在旅游合作上发挥着战略性、全局性、方向性的主导作用，并在行业规划、机构设置、政策合作、口岸管理、基础设施建设等方面有不同程度的探索。特别是“粤港澳大湾区”建设正式上升为国家发展战略，以及《粤港澳大湾区发展规划纲要》的出台，将掀起粤港澳大湾区旅游合作在政府层面的制度与机制探索创新的高潮。

2. 企业自发

在粤港澳旅游合作发展过程中，旅游企业在其中起着基础性作用，是三地旅游发展的最初动力源泉，并在一定程度上促进了旅游行政管理职能的转变。在改革开放初期，粤港澳旅游合作主要通过引进外资在广东建设第一批合资（或独资）酒店、度假村和旅游景区实现，大大提升了珠江三角洲地区的旅游接待能力。随着旅游业在国民经济中的角色转变以及旅游体制改革加快，粤港澳旅游企业率先抓住体制改革的契机，转换经营机制，转变服务理念，对珠江三角洲旅游企业经营与服务水平的整体提升起到重要的作用。

可见，旅游企业在经营运作、设施建设、旅游活动组织、境内外旅游市场拓展等实践层面发挥着有别于政府和其他社会组织的先锋作用。在CEPA协议实施以来，特别是粤港澳大湾区建设上升为国家战略后，企业仍然继续保持其在粤港澳旅游合作中重要的主体地位。

3. 业界参与

粤港澳三地旅游合作除了在政府和企业层面开展外，还有为数众多、类型丰富的社会组织和民间团体在其中发挥着重要作用。各类民间组织采取一种自发而松散的合作模式，在理论建设、舆论形成、环境营造、社会认同与支持等方面发挥作用。

此类主体包括行业协会、学会、商会、高等院校、科研机构等等。它们通过举办各类行业交流会、学术研讨会、展览会、科研项目合作等形式，为粤港澳三地旅游业界搭建一个更加灵活、开放的合作交流平台。如 1987 年澳门社会科学学会理事会副会长杨允中先生撰写的《澳门旅游与澳穗港旅游大三角》一文，引起了旅游业界、政府和学术界的高度重视，也成为粤港澳旅游合作理论形成的重要标志之一。其他相关的合作交流成果对粤港澳旅游合作的经验总结、理论探索、问题诊断、发展规划等方面也起到重要的支撑作用。

（二）横向全域覆盖

除了纵向全员联动外，这一阶段粤港澳大湾区旅游合作的另外一个突出的合作特征是横向全域覆盖。在微观层面而言，各级旅游部门加强了与其他行政部门的横向协作机制，为旅游业的可持续发展创造更加良好的政策环境。在宏观层面，旅游业与其他相关产业的联动作用加强，旅游业与粤港澳大湾区各城市发展建设进程相伴相生，旅游合作从以往的单纯的市场合作、信息合作逐步拓展至资本合作、制度合作和各类大型基础设施的互联互通。粤港澳大湾区旅游合作的横向全域覆盖不但推动三地旅游综合水平提升，同时也充分发挥旅游业先行先试的作用，为探索粤港澳大湾区区域合作的创新路径提供实践借鉴。

二、空间联动网络化

（一）核心城市崛起

在改革开放初期，由于广东省旅游业还处于百废待兴的起步阶段，因此相关旅游规划也仅局限于以广州市为核心的一些重要旅游城市和一些重要风景名胜区，粤港澳旅游合作格局尚未真正形成。

在区域旅游发展方面，各类旅游建设因势利导，摸索前行，逐步联点联线，形成以广州为中心，发展“广州至深圳”“广州至珠海、中山”“广州至韶关”三条旅游交通动脉，串联佛山古镇、南海西樵山、龙门南昆山、番禺莲花山、肇庆星湖和鼎湖山等旅游资源。而1987年广东省旅游局组织编制的《广东省旅游发展战略研究》中强调坚持以广州作为发展主体，与香港、澳门连成一片的大三角旅游区。

可见在珠江三角洲旅游发展起步阶段，主要以广州、深圳、珠海等旅游核心城市的崛起为主要特征，并与港澳地区形成一定的互动效应，空间格局呈现“节点+连线”的特征。

（二）分散区块联动

1995年《珠江三角洲经济区旅游业发展规划》《珠江（广州到虎门）两岸旅游资源开发规划》等规划出台以来，特别是1997年“着眼大区域”的规划战略思想提出后，广东旅游发展理念有所转变，促使珠江三角洲更加重视区域协同发展。最初的区块联动发展关系依托于临近的地缘联系，形成“广深珠”“广惠”“广深港”“深港”“广佛”“珠澳”等多个旅游合作组织，其后在广东交通大动脉的打通、粤港澳三地出入境管理政策放宽、CEPA协议实施等利好环境促进下，“广佛肇”“深莞惠”“珠中江”“珠港澳”“大香山（中珠澳）”等各类城市间的旅游合作联盟逐渐成熟，还逐步辐射梅州、河源、茂名等粤东、西、北地区，分散区块状的区域合作格局逐步形成。

（三）多层嵌套网络

随着粤港澳三地城市旅游合作关系趋于紧密，各城市之间逐渐形成“珠江三角洲旅游合作圈”，而在21世纪以来，由于国家“一带一路”倡议、自由贸易区的建立和全域旅游理念的提出等宏观因素带动之下，粤港澳三地旅游业更呈现唇齿相依的关系特征。

由于粤港澳地缘临近，经济上紧密相通、文化上渊源深厚，因此各个城市间依托地缘、经济、市场、文化等不同特征优势所开展的双边或多边合作更加频繁，并且逐渐形成大合作圈与小合作圈多层嵌套，相互交叉的网络化合作关系。

以2008—2016年粤港澳旅游经济收入及接待旅游者数量数据为基础，对2008—2016年粤港澳旅游经济联系度进行网络化分析可以清晰可见，粤港澳大湾区旅游合作网络密度越来越大，至2016年香港、广州、深圳、佛山、东莞5个城市与粤港澳其他城市形成了紧密的旅游经济合作关系。

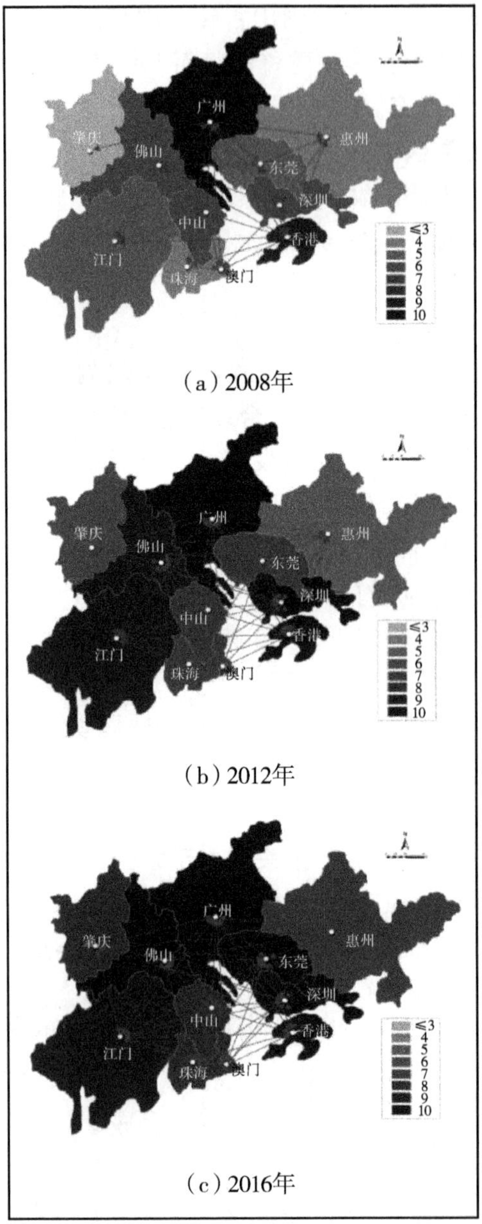

（a）2008年

（b）2012年

（c）2016年

图14－3　粤港澳大湾区旅游经济联系网络图

三、递进式合作机制

粤港澳三地在长期合作当中，充分发挥各地自身优势，求同存异，特别是在打造粤港澳大湾区宜居宜业宜游的优质生活圈目标下，各类旅游业政策、制度不断交流、协调并逐渐合拍，逐渐形成多层次递进式的旅游合作机制。

（一）高层统筹互访机制

在粤港澳旅游业合作中，三地长期探索所形成的政府指导下的一系列机制与框架起着关键性的引领作用。三地高层统筹互访机制主要以政府行政部门作为主体，通过广东省与香港、澳门两个特别行政区首长间召开联席会议、互访交流、签订合作协议等方式推动粤港澳三地在旅游发展规划、高端旅游项目引进、旅游合作工作机制、旅游基础设施建设等方面的合作探索。

粤港澳高层统筹互访机制从最高层次为次级区域旅游业合作营造了良好的宏观环境，奠定三地旅游合作的基本基调，决定了次层级旅游业区域合作的基本方向与主要内容，保证了粤港澳大湾区旅游合作的常态化、协调化和可持续化发展。

（二）城市联席协调机制

城市联席协调机制属于粤港澳旅游次级区域合作层面的主要工作机制，主要存在于各城市政府之间以及政府的相关职能部门系统内（如旅游部门之间、建设部门之间、公安部门之间）的协作。

各城市政府部门作为宏观合作战略的具体执行者，在区域旅游协调发展、基础设施建设互联、旅游产品合作开发、旅游市场营销宣传、信息平台接入等方面占据着主导力量。近年来，区域城市联盟发挥的效应不断显现，先后打造了“一江珠水，三颗明珠”“活力广东，精彩广深珠”“中珠澳——大香山”等一系列区域旅游品牌及相关旅游产品，推动粤港澳旅游合作进入实质性的操作层面。

（三）基层市场联合制度

在粤港澳旅游合作体系当中，开展历史最持久、最广泛、最深入也是最活跃的环节，就是基层市场合作。在基层区域合作中，不仅有各区域基层政府间的交流与合作，还包括各类企业、社会组织、学术团体等民间力量的友好往来。

粤港澳旅游业的各类政策、机制、管理措施的合作最初源于投资商、旅游企业之间依据利益原则共同遵守经济规律和市场交易规则的市场机制调节。在市场调节下的企业自我约束、自我监督、自我管理，使粤港澳大湾区旅游合作具有更加广泛的行业基础、更高的合作效率和更高的环境灵敏度。

因此，在粤港澳大湾区建设过程中，以市场为本的基层合作仍然是其中基础根基，也是支撑粤港澳大湾区探索创新性行业改革、突破政策壁垒，实现更紧密合作关系的中坚力量。

第五篇

路径推演

第十五章

时势审度

当前，国际形势暗藏变局，单边主义和贸易保护主义盛行，全球化趋势受到阻碍。与此同时，我国迎来了改革开放40周年，进入了中国特色社会主义新时代，并以大国姿态和担当，发起建设“一带一路”的合作倡议。在此背景下，粤港澳大湾区作为国家战略、千年大计，正式扬帆起航，将引领新一轮开放创新，打造国际一流湾区和世界级城市群。粤港澳大湾区旅游合作与发展迎来新起点，唯有洞察时势，认清底牌，才能实现突破，取得更大作为。

第一节　国际背景

粤港澳大湾区旅游合作与发展，必须立足国际背景，尤其是主导21世纪发展浪潮的全球化运动以及随之兴起的全民旅游趋势，积极抢位、占位，主动参与乃至推动全球旅游价值链重构，以获取比较优势地位。

一、顺应全球化运动：从融入到主导

通常而言，全球化是指20世纪80年代以来在世界范围内掀起的一种各国各民族各地区在经济、政治、文化、科技等领域进一步相互依存、相互制约的现象。其中，经济全球化是核心，主要通过国际垂直专业化分工体系的建立，来重构全球价值链。

中国自2001年加入WTO后，逐渐成为了经济全球化的主要受益者和贡献者。2000年中国GDP占世界经济总量比重为3.8%，2017年已上升到15%，上升了11.2个百分点，稳居世界第二。商务部数据显示，自2009年起，我国已连续9年保持全球货物贸易第一大出口国和第二大进口国地位。中国成为拉动世界经济的主要引擎。

以香港、广州、深圳为代表的粤港澳地区，是中国迈向全球化的先锋军，全球化指数居全国乃至世界前列。根据最新全球金融中心指数（GFCI）显示，香港作为全球最大的离岸人民币业务中心，力压新加坡、东京、首尔，连续三年成为亚洲第一、全球排名第三的国际金融中心。广州作为海上丝绸之路的发源地之一，古往今来一直以通商口岸的角色身处全球经济贸易的最前线。深圳则创造了更大的发展奇迹，从一个小渔村变成了享誉全球的国际都市，已成为粤港澳经济总量第一城市。

自2008年全球金融危机爆发后，发达国家单边主义和贸易保护主义盛行，全球化趋势受到阻碍，各国经济增速均有所放缓。在此背景下，中国以大国姿态和担当，提出建设"一带一路"的合作倡议。粤港澳大湾区要抓住机遇，积极代言中国，参与、推动乃至主导新一轮全球化运动。

二、拥抱全民旅游浪潮：从追赶到引领

旅游业在全球化运动中得到了长足进步。数据显示，2017年全球旅游总人次达118.8亿人次，人均出游率为1.6次，全球旅游总收入达5.3万亿美

元，占全球 GDP 比重达 6.7%。2017 年全球旅游总人次和总收入增速分别为 6.8% 和 4.3%，其增速超过制造业（4.2%），零售业和批发业（3.4%），农业、林业和渔业（2.6%）及金融服务业（2.5%），连续第 7 年超过全球经济增速，成为全球增长最快的行业。

根据世界经济论坛发布的《2017 年旅游业竞争力报告》，目前全球每 10 份工作中就有 1 份来自旅游业，行业发展速度远高于全球经济发展的平均水平。旅游业发展最大的 6 个国家也是世界六大经济体，美国、中国、德国、日本、英国和法国，其旅游业占 GDP 比重均在 2%—5% 之间。

中国旅游业起步较晚，但近几十年来始终保持迅猛的增长态势。联合国世界旅游组织多年来对中国旅游发展的测算显示，中国旅游产业对国民经济综合贡献和社会就业综合贡献均超过 10%，高于世界平均水平，连续多年保持世界第一大出境旅游客源国和全球第四大入境旅游接待国地位。根据世界经济论坛发布的《2017 年旅游业竞争力报告》，中国的文化资源排第 1 位、自然资源排第 5 位，在国际开放程度、信息通信、旅游基础设施水平和游客服务水平等方面的排名也有所提升。

国家文化和旅游部数据中心测算，2017 年，我国国内旅游人数 50.01 亿人次，比上年同期增长 12.8%，出入境旅游总人数 2.7 亿人次，同比增长 3.7%。人均出游已达 3.7 次，旅游成为衡量现代生活水平的重要指标，成为人民幸福生活的刚需，旅游业列“五大幸福产业”之首。过去三年，我国旅游综合最终消费占同期国民经济最终消费总额的比重超过 14%，旅游综合资本形成占同期国民经济资本形成总额的比重约 6%，旅游综合出口占国民经济出口总额的比重约 6%。其中，2017 年旅游总收入 5.4 万亿元，旅游业综合贡献 8.77 万亿元，对国民经济的综合贡献达 11.04%，对住宿、餐饮、民航、铁路客运业的贡献超过 80%，旅游直接就业 2825 万人，旅游直接和间接就业 8000 万人，对社会就业综合贡献达 10.28%。

据不完全统计，2017 年珠三角接待过夜游客 2.6 亿人次，到访香港游客达 5847 万人次，到访澳门游客达 3261 万人次。2017 年珠三角旅游总收入约 8194.6 亿元，香港旅游总收入约 3234.7 亿元，澳门旅游总收入约 499.8 亿元。粤港澳大湾区旅游总收入约 1.2 万亿元，占全国旅游总收入比重约为 22.3%，占粤港澳大湾区 GDP 总量比重约为 12.0%。总体来看，粤港澳大湾区旅游业发展走在全国前列，并对粤港澳大湾区的经济发展起到重要的拉动作用。在建设国际一流湾区和世界级城市群进程中，旅游业应该把握好全球市场发展机遇，积极发挥带动示范和合作纽带作用，加速国际化，力争成为粤港澳大湾区的特色名片。

第二节 国家战略

旅游业发展深受国家战略部署和政策调整影响。粤港澳大湾区旅游合作与发展，应主动承接“一带一路”倡议、乡村振兴和全域旅游等国家战略，先行示范，深化改革，勇于创新，开创新格局。

一、助力“一带一路”倡议：扬帆新时代

2000 多年前，连接亚欧大陆、促成中国与西方世界文明交汇的丝绸之路，是早期全球化的重要通道。中国既是丝绸之路的开拓者，又是规则制定者。丝绸之路在广义上分为陆上丝绸之路和海上丝绸之路。其中，陆上丝绸之路起源于西汉，以首都长安（今西安）为起点，经甘肃、新疆，到中亚国家、阿富汗、伊朗、伊拉克、叙利亚等而达地中海，以罗马为终点。海上丝绸之路形成于秦汉时期，以广东、福建等沿海港口为起点，经南海、北部湾到达波斯湾、红海。广州作为绵亘千年的通商口岸，不仅是海上丝绸之路的起航点，也是海上丝绸之路的最重要港口，其地位和作用无可替代。

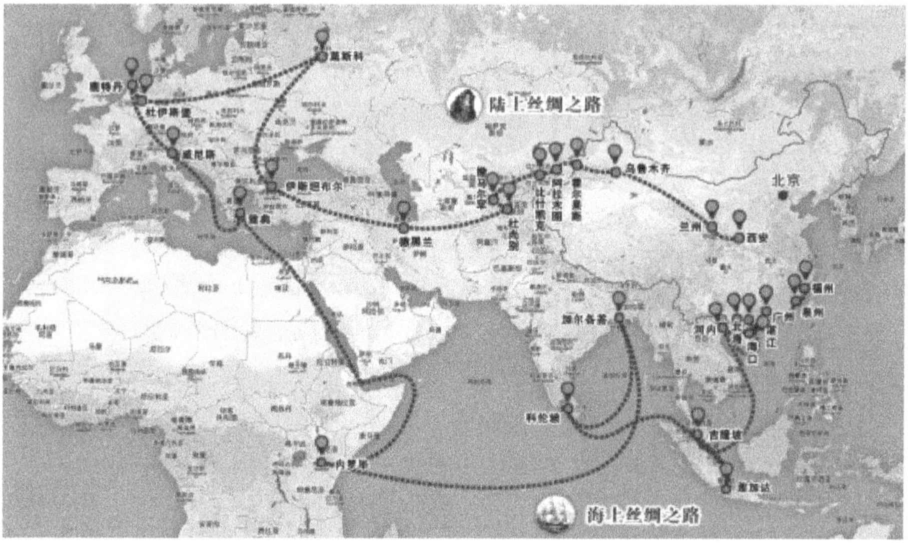

图 15－1 “一带一路”路线示意图

（图片来源：中国海事服务网 http：//www.cnss.com.cn/html/oldspecial/2014/0516/road/index.html？pc_hash = FffOd8.）

2013 年 9 月，中国国家主席习近平提出建设“新丝绸之路经济带”战略构想。2014 年 6 月，中国、哈萨克斯坦、吉尔吉斯斯坦三国联合申报的陆上丝绸之路的东段“丝绸之路：长安—天山廊道的路网”成功申报为世界文化遗产，成为首例跨国合作而成功申遗的项目。2015 年 3 月，国家发展改革委员会、外交部、商务部联合发布了《推动共建丝绸之路经济带和 21 世纪海上丝绸之路的愿景与行动》，该文件提出：充分发挥香港深圳前海、广州南沙、珠海横琴、福建平潭等开放合作区作用，深化与港澳台合作，打造粤港澳大湾区；同时，要加强旅游合作，扩大旅游规模，互办旅游推广周、宣传月等活动，联合打造具有丝绸之路特色的国际精品旅游线路和旅游产品，提高沿线各国游客签证便利化水平，推动 21 世纪海上丝绸之路邮轮旅游合作。

广东省在“一带一路”建设中先拔头筹。2015 年 6 月，广东省发布《广东省参与建设“一带一路”的实施方案》，成为全国首个上报实施方案，完成与国家“一带一路”倡议规划衔接并印发实施方案的省份。该《方案》明确将旅游业作为增进了解、促进商贸发展的重要途径和今后合作的重点。广东将积极打造国际航运枢纽和国际航空门户，与沿线国家签订旅游合作框架协议、旅游合作备忘录等整体性协议，促进更多的广东旅客到沿线国家旅游观光，开设广东驻海外旅游合作推广中心。在广州、深圳市建设国际邮轮母港，在珠海、汕头、湛江等市启动邮轮旅游开发，筹划一批跨境丝绸之路主题旅游项目。

香港和澳门积极参与“一带一路”建设。国家发展和改革委员会与香港特别行政区政府《关于支持香港全面参与和助力“一带一路”建设的安排》明确提出，将在“金融与投资、基础设施与航运服务、经贸交流与合作、民心相通、推动粤港澳大湾区建设、加强对接合作与争议解决服务”等方面加强沟通协商，充分发挥香港独特的经贸、金融和专业优势，实现内地与香港互利共赢、协调发展。澳门也是“一带一路”建设的一个重要节点城市，将以“一中心（世界旅游休闲中心）、一平台（中国—葡语国家经贸合作平台）”的建设服务国家发展大计，使“一带一路”倡议覆盖面更广，进入到更多的市场。

总的来看，粤港澳大湾区无疑将在“一带一路”建设中再次发挥先行示范作用。旅游合作与发展也应有所作为，进一步升级发展，提高一体化、国际化水平。

二、服务“大湾区”战略：注入新动力

在世界多极化趋势下，粤港澳大湾区将代言中国，崛起为世界格局不可或

缺的一极。这是关系到“一带一路”倡议顺利推进乃至中国从大国向强国崛起的关键一步。《粤港澳大湾区发展规划纲要》对粤港澳大湾区发展的总体要求和战略定位中，强调“活力”与“优质”两个关键词。其中“活力”是实现粤港澳大湾区加速崛起的重要保障，而“优质”则是检验粤港澳大湾区崛起的“软性指标”。

旅游业作为综合产业的系统动力属性，以及作为幸福产业的“幸福工程”属性，恰好是助力粤港澳大湾区提振发展活力、建设优质生活圈最有效的战略支柱之一。因此，开展粤港澳大湾区旅游合作对粤港澳大湾区对外扩大改革开放，对内促进“产城人文旅”融合发展，都将发挥先行示范的“纽带＋通道＋平台”的多重作用。

三、聚焦乡村振兴战略：担当新使命

2017 年 10 月，习近平总书记在党的十九大报告中首次提出乡村振兴战略。2018 年 1 月，国务院公布了 2018 年中央一号文件，即《中共中央国务院关于实施乡村振兴战略的意见》。2018 年 3 月，国务院总理李克强在做政府工作报告时说，“大力实施乡村振兴战略”。2018 年 7 月，习近平总书记对实施乡村振兴战略作出重要指示，强调“把实施乡村振兴战略摆在优先位置，坚持五级书记抓乡村振兴，让乡村振兴成为全党全社会的共同行动”。2018 年 9 月，中共中央国务院正式印发《国家乡村振兴战略规划（2018—2022 年）》，明确指出，按照“产业兴旺、生态宜居、乡风文明、治理有效、生活富裕”的总要求，围绕推动乡村产业、人才、文化、生态和组织振兴，抓重点、补短板、强弱项，加快农业现代化步伐、发展壮大乡村产业、建设生态宜居的美丽乡村、繁荣发展乡村文化、健全现代乡村治理体系、保障和改善农村民生。

为支持落实乡村振兴战略，广东省委提出，要把乡村振兴摆在全省工作重中之重的位置，科学谋划乡村振兴工作，统筹乡村振兴和城市发展。2018 年 6 月出台的《中共广东省委、广东省人民政府关于推进乡村振兴战略的实施意见》明确要求，到 2020 年，乡村振兴取得重大进展，政策体系基本形成；到 2035 年，乡村振兴取得决定性进展，农业农村现代化基本实现；到 2050 年，乡村全面振兴，农业强、农村美、农民富全面实现。

三农问题也是经济发达的粤港澳大湾区亟须破解的重要命题。在建设世界级旅游休闲湾区的进程中，乡村振兴战略值得粤港澳大湾区旅游合作与发展的重点关注，尤其是乡村旅游与精准扶贫领域，以实现协调发展、共同富裕。

表 15－1 国家和广东省关于乡村振兴战略的政策文件

层级	政策文件	主要提法
国家	中央一号文件《中共中央国务院关于实施乡村振兴战略的意见》	三个阶段目标任务：到 2020 年，乡村振兴取得重要进展，制度框架和政策体系基本形成；到 2035 年，乡村振兴取得决定性进展，农业农村现代化基本实现；到 2050 年，乡村全面振兴，农业强、农村美、农民富全面实现 十个方面安排部署：从提升农业发展质量、推进乡村绿色发展、繁荣兴盛农村文化、构建乡村治理新体系、提高农村民生保障水平、打好精准脱贫攻坚战、强化乡村振兴制度性供给、强化乡村振兴人才支撑、强化乡村振兴投入保障、坚持和完善党对“三农”工作的领导方面进行安排部署
	中共中央国务院《国家乡村振兴战略规划（2018—2022 年）》	坚持把解决好“三农”问题作为全党工作重中之重，坚持农业农村优先发展，按照“产业兴旺、生态宜居、乡风文明、治理有效、生活富裕”的总要求，建立健全城乡融合发展体制机制和政策体系，统筹推进农村经济建设、政治建设、文化建设、社会建设、生态文明建设和党的建设，加快推进乡村治理体系和治理能力现代化，加快推进农业农村现代化，走中国特色社会主义乡村振兴道路，让农业成为有奔头的产业，让农民成为有吸引力的职业，让农村成为安居乐业的美丽家园
广东省	《中共广东省委、广东省人民政府关于推进乡村振兴战略的实施意见》	按照“3 年取得重大进展、5 年见到显著成效、10 年实现根本改变”要求，全面实施乡村振兴战略，为 2035 年乡村振兴取得决定性进展、2050 年实现全面振兴奠定坚实基础 建立实施乡村振兴战略领导责任制，成立省委实施乡村振兴战略领导小组，建立省负总责市县抓落实的工作机制，建立和落实党政一把手第一责任人制度，五级书记抓乡村振兴。县委书记要当好乡村振兴“一线总指挥”，下大力气抓好“三农”工作

四、引领全域旅游战略：拥抱新生活

“全域旅游”是指在一定行政区域内，以旅游业为优势主导产业，实现区域资源有机整合、产业深度融合发展和社会共同参与，通过旅游业带动乃至于统领经济社会全面发展的一种新的区域旅游发展理念和模式。

2016 年 7 月，习近平总书记在宁夏视察时明确指出“发展全域旅游，路子是对的，要坚持走下去”，正式拉开了中国全域旅游发展的新时代序幕。

2017年，李克强总理在政府工作报告中提出：完善旅游设施和服务，大力发展乡村、休闲、全域旅游。全域旅游首次写入政府工作报告。2018年，李克强总理在政府工作报告中指出："要创建全域旅游示范区。"随后，国务院办公厅印发《关于促进全域旅游发展的指导意见》，提出加快旅游供给侧结构性改革，着力推动旅游业从门票经济向产业经济转变，从粗放低效方式向精细高效方式转变，从封闭的旅游自循环向开放的"旅游+"转变，从企业单打独享向社会共建共享转变，从景区内部管理向全面依法治理转变，从部门行为向政府统筹推进转变，从单一景点景区建设向综合目的地服务转变。目前，全国共有国家全域旅游示范区创建单位506家，覆盖全国31个省区市和新疆生产建设兵团。其中，广东省6个市、8个县（区）共14个单位创建国家全域旅游示范区，48个单位创建省级全域旅游示范区。

广东省是中国现代旅游业的先行地，无论是景点旅游时代还是全域旅游时代，始终以敢闯敢试、敢为人先的勇气和魄力，走在全国前列。2008年，广东省启动建设全国首个旅游综合改革示范区，打造旅游强省，率先推行"国民旅游休闲计划"，再次成为全国大众旅游浪潮的引领者。近年来，广东省委、省政府高度重视全域旅游的发展。"以乡村旅游为重点发展全域旅游"写入广东省第十二次党代会报告；"推进全域旅游发展"写入2018年广东省政府工作报告；2018年7月，发布了《广东省促进全域旅游发展实施方案》，掀起了广东全域旅游发展的新高潮。

全域旅游战略作为新时代中国旅游业升级发展的重大部署，应当作为粤港澳大湾区旅游合作与发展的重要战略抓手，主动承接，先行示范，再创新辉煌。

表15-2　国家和广东省关于全域旅游的政策文件

层级	政策文件	主要提法
国家	国务院办公厅《关于促进全域旅游发展的指导意见》	加快旅游供给侧结构性改革，着力推动旅游业从门票经济向产业经济转变，从粗放低效方式向精细高效方式转变，从封闭的旅游自循环向开放的"旅游+"转变，从企业单打独享向社会共建共享转变，从景区内部管理向全面依法治理转变，从部门行为向政府统筹推进转变，从单一景点景区建设向综合目的地服务转变
广东省	广东省人民政府办公厅《广东省促进全域旅游发展实施方案》	从"三大一新"，即全域旅游大格局、大品牌、大产业、新体系四方面，构建广东全域旅游发展蓝图，重点打造"一核、一带、一区、一湾"

第三节 湾区底牌

粤港澳大湾区旅游合作与发展，既有优势长板，如优越的区位交通、丰富的旅游资源、发达的市场经济以及强大的城市实力。也存在客观的限制瓶颈，如多重经济体制、互联互通短板和竞争博弈意识等。应设法扬长避短，形成合力。

一、发挥核心优势：化一手好牌为升级源泉

（一）优越的区位交通

粤港澳大湾区南接东南亚、南亚，东接我国海峡西岸经济区、中国台湾，北接我国长江经济带、日韩俄，西接北部湾经济区，是连接东亚与东南亚的海上交通要塞。行政区划面积约为5.6万平方公里，人口超过6600万人，居全球四大湾区之首，发展空间广阔。海陆空立体交通及物流网络较为发达，区内有5座国际机场和6个国际港口，机场客运吞吐量和集装箱吞吐量位列全球四大湾区之首。密集的铁路和高速公路网络向外呈放射状分布，快速联通全国各地，通车后的港珠澳大桥以及广深港高铁，大大缩短了粤港澳三地的通勤时间。未来，随着深中通道、深茂铁路等项目竣工开通，珠江两岸将被完全打通，四通八达的粤港澳“1小时都市圈”将全面成形，进一步实现大湾区无障碍旅游。

（二）良好的资源禀赋

粤港澳大湾区位于北回归线两侧，纬度低于其他湾区，属亚热带季风气候，区域热量资源丰富，年平均气温介于13℃—20℃之间，十分适宜人类居住。自然旅游资源多姿多彩，其中，大陆和岛屿海岸线总长3201公里，海湾、海岛鳞次栉比，惠州市巽寮湾-大亚湾、深圳市大鹏半岛、香港维多利亚港、广州南沙、珠海横琴半岛、澳门渔人码头、江门上下川岛等已经成为享誉国内外的滨海旅游度假目的地。珠江及其支流横贯珠三角地区，水资源丰富，两岸城乡和自然风光优美，珠江夜游、西湖、七星岩旅游吸引了大量游客。山地风光壮阔，罗浮山、南昆山、鼎湖山名气在外。此外，粤港澳大湾区历史、人文旅游资源极具代表性，粤港澳大湾区是古代海上丝绸之路的贸易起点，是中国近现代史救国图存的英雄之地，也是中国现代化建设改革开放的前沿阵地。人文上，广府文化、客家文化、潮汕文化与来自五湖四海的民族文化、海外文化相互交融、和谐共生。整体而言粤港澳大湾区旅游资源类型多样，区域互补性强，组合优势明显。这为进一步丰富粤港澳大湾区旅游产品，提高旅游吸引力和竞争力提供了广阔空间。

（三）创新的政策环境

创新的旅游政策、制度和管理环境是旅游业发展的保障。40余年来粤港澳区域旅游合作之所以取得实质性的进展和巨大成就，正是由于该地区在探索合理的旅游业发展政策、高效的促进机制和良好的管理方面长期进行合作交流。

2019年2月《粤港澳大湾区发展规划纲要》（以下简称《规划纲要》）正式出台，对大湾区旅游业发展而言既是方向标，也是“淘金矿”。首先，《规划纲要》对旅游业提出的系列要求和发展指引，将成为粤港澳三地旅游业发展的工作重心和考核要点，特别是在共建共享优质旅游服务体系、多元旅游产品体系、旅游专业人才队伍、全球化开放合作格局等关键领域上。其次，《规划纲要》的出台，是对粤港澳大湾区的全面激活。凭借着旅游业敏锐的市场洞察力，将在粤港澳大湾区基础设施互联互通、现代产业建设、优质生活圈建设、生态文明建设以及特色合作平台建设等核心部署中，先行先试，抢占先机。

另一方面，《规划纲要》提出“构筑休闲湾区”，与不久前出台的《广东省促进全域旅游发展实施方案》相辅相成，对广东文化旅游业大格局、大品牌、大产业和新体系建设提供了良好的政策环境。与此同时，《规划纲要》提出的“构建开放型区域协同创新共同体、打造教育和人才高地、共建人文湾区、深化社会治理合作、共建粤港澳合作发展平台、携手扩大对外开放”等相关部署，符合粤港澳大湾区旅游合作发展、提档升级的深层需要，也将产生潜移默化的深远影响。

（四）发达的市场经济

数据显示，2017年粤港澳大湾区GDP约1.3万亿元，远超旧金山湾区，逼近纽约湾区。从增速上来看，粤港澳大湾区总体经济增速依然在7%以上，2016年经济增速分别是纽约湾区、东京湾区、旧金山湾区的2.26倍、2.19倍和2.93倍。根据中国国际经济交流中心预测，到2020年粤港澳大湾区的经济总量将与东京湾区旗鼓相当；到2030年，经济总量将达4.62万亿美元，超过东京湾区（3.24万亿美元）和纽约湾区（2.18万亿美元），成为世界GDP总量第一湾区；同时，粤港澳大湾区第三产业比重约为64.9%，是国内主要的旅游客源地和目的地，旅游投资与消费市场活跃，每年到访游客超过4亿人次，旅游总收入超过10万亿元。此外，粤港澳大湾区拥有四个自贸区，“9+2”城市群经济实力雄厚，产业体系完备，集群优势突出，制造业、金融业、会展业、酒店业、餐饮业、电商物流业等均居全国前列，并且具有较高的国际化水平和竞争力，为旅游业发展奠定了坚实的产业基础。

（五）强大的城市实力

粤港澳大湾区城市化建设走在全国前列，城镇化率达84.5%，人居环境整洁优美，基础设施与公共服务相对完善，城乡生活和休闲品质高，堪称国内典范。此外，粤港澳大湾区教育、科技资源丰富，研发投入强度位居世界前列。其中，深圳超过4.1%，远高于OECD国家均值2.6%，并在5G技术、人工智能、新能源汽车等领域的发展处于领先地位。粤港澳大湾区内有4所世界100强大学，高等教育国际化水平高，另有6个国家级高新技术产业开发区，发明专利申请量达17.6万件。根据世界知识产权组织发布的《2017全球创新指数报告》，深圳—香港地区在全球创新集群中排名第二，仅次于日本东京—横滨地区。强大的城市实力，可为粤港澳大湾区旅游业发展与合作，奠定扎实的基础，并提供充足的人才和技术资源。

二、把握旅游亮点：化标杆经验为提档动力

（一）国际旅游形象窗口与集散枢纽

40年来广东旅游业实现了从无到有、从小到大、从大到强的升级发展，旅游业综合竞争力不断增强，多个主要旅游指标持续稳居全国前列，个别指标甚至领先世界。据《中国旅游业发展报告（2012—2017年）》研究，广东省2017年现实竞争力和发展环境竞争力排名全国第一，其中综合竞争力、现实竞争力已连续六年蝉联全国第一。

图15-2 1996—2017年广东省接待入境过夜旅游者人数

（数据来源：2006—2018广东统计年鉴）

根据历年广东统计年鉴、广东旅游年鉴数据统计整理，2017年广东省旅游业综合贡献率为15.1%，对生产税净额的综合贡献率为15.07%，全年国际旅游外汇收入196.63亿美元，约为2000年的4.78倍；全年接待入境过夜旅游者人数3645.50万人次，约为2000年的3.04倍，其中主要客源国包括日

本、美国、韩国、马来西亚、新加坡等国家。

2008年以来粤港澳各城市旅游接待总人数基本呈稳步增长趋势，2017年香港、广州、深圳、澳门四个城市累计旅游接待总人数达2.14亿人次。从2005—2018年广东前三大机场广州、深圳、珠海机场统计数据来看，珠江三角洲机场客运吞吐量稳步递增，其中广州白云机场作为全国第三大机场，2018年实现旅客吞吐量接近7000万人次，其中年国际旅客达1730万人次，占总旅客比重近四分之一。由此可见，珠江三角洲作为广东旅游业发展核心，与港澳地区相互呼应，借助港澳地区作为国际旅游中心的行业地位，粤港澳地区已逐步发展成为我国旅游业国际形象窗口与集散枢纽。

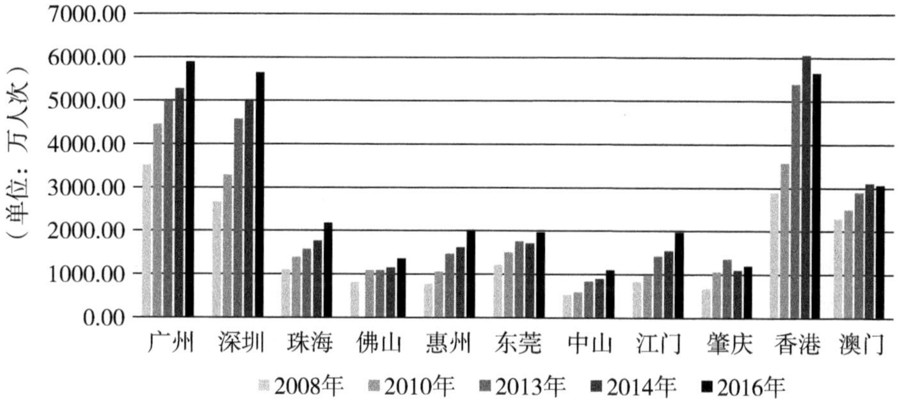

图15-3　2008—2016年粤港澳大湾区各市旅游接待总人数

（数据来源：2006—2017广东旅游年鉴，2018广东统计年鉴）

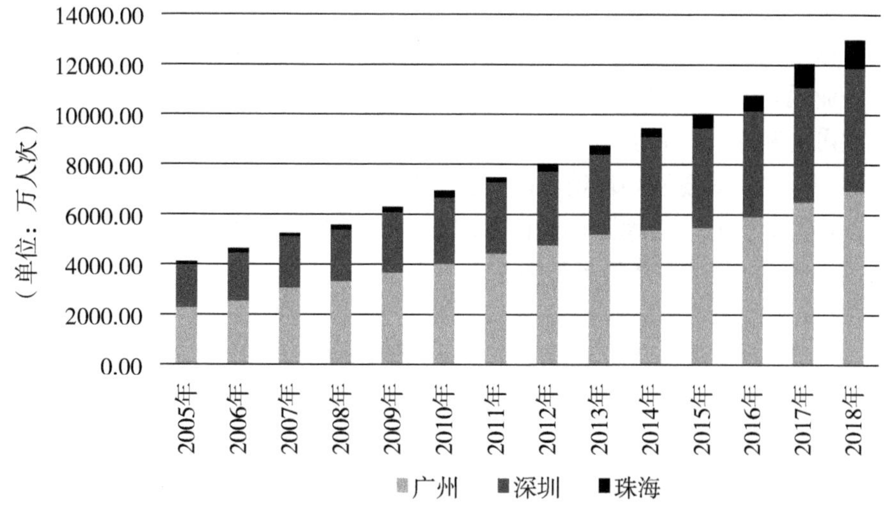

图15-4　2005—2018年广州、深圳、珠海机场客运吞吐量

（数据来源：2006—2018年民航机场生产统计公报）

（二）旅游改革创新的风向标

由于毗邻港澳，又作为我国改革开放的前沿阵地，广东始终把“改革开放和中国旅游业现代化发展开创者”作为自身发展定位，因此一直是我国旅游改革创新的重要风向标。而珠江三角洲作为广东发展相对较快的地区，更是率先尝到旅游改革的“头啖汤”。

在改革开放以后，广东在全国率先掀起旅游部门体制改革，打破以往国旅和中旅系统独家垄断的局面，成立一批新的旅行社。20 世纪 90 年代在政企分开、股份制改造的浪潮中，珠江三角洲一批优秀的旅游企业率先更新发展观念，引入以客为先的经营理念，在旅游经营与服务标准上逐步与国际接轨。

2008 年，广东省在国家旅游局支持下，启动建设全国首个旅游综合改革示范区，打造旅游强省，率先推行“国民旅游休闲计划”，再次成为全国大众旅游浪潮的引领者。随后，2014 年广东自贸区的获批则为粤港澳三地旅游合作打通政策壁垒提供关键切入点。自贸区的优先开放权限，承担着创新内地与港澳合作机制的重要任务，也为粤港澳三地旅游协作机制创新提供了一个重要的平台。

（三）区域旅游合作的先行示范

由于粤港澳三地在地缘上和文脉一脉相承，因此尽管在政策制度上存在一定区域差异，三地旅游业发展始终呈现唇齿相依的关系，在旅游合作上的探索并没有因为外部环境的变化而停歇。

在组织建设上，粤港澳三地先后成立“粤港澳珠江三角洲旅游推广机构”“粤港澳大湾区城市旅游联合会”作为区域旅游合作的统筹协调组织，组织职能也从资源开发、市场推广层面延伸至政策协调、标准衔接等方面。除了政府官方合作组织外，广东旅行社还率先在全国成立第一个国内旅游联合体，通过组建企业联合体的方式，实现行业的自我发展、自我管理、自我服务。

在市场联通上，粤港澳三地发挥各自的市场优势，实现市场资源的内部转化，特别是在出入境管理环境不断优化的促进之下，粤港澳大湾区内部客源互动比以往更为紧密，内地游客前往港澳地区以及港澳旅客前往内地已成为一个普遍的“生活方式”，使得粤港澳三地旅游市场趋于稳定。

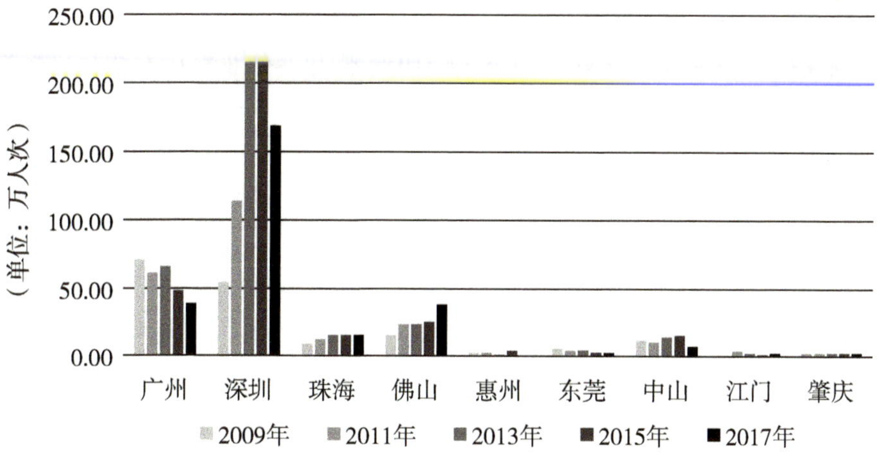

图 15－5　2009—2017 年珠三角各市组团出境香港游人数

（数据来源：2010—2017 广东旅游年鉴，2018 广东统计年鉴）

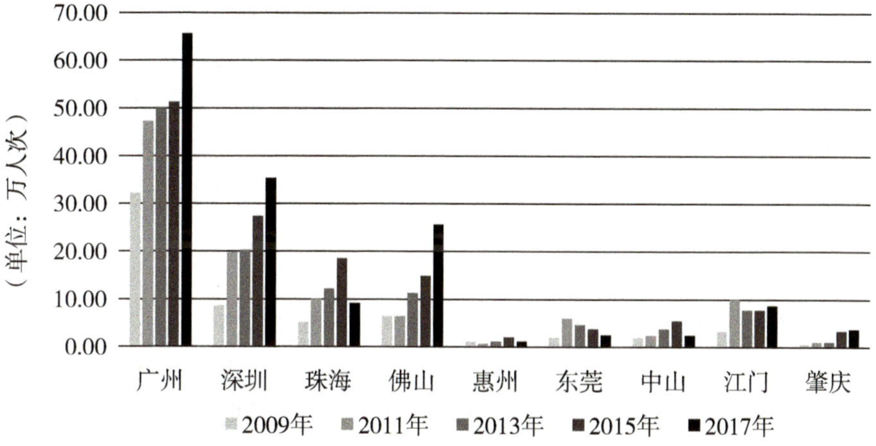

图 15－6　2009—2017 年珠三角各市组团出境澳门游人数

（数据来源：2010—2017 广东旅游年鉴，2018 广东统计年鉴）

三、破解制约因素：化内部矛盾为发展合力

（一）制度包容性

粤港澳大湾区虽然地理上一衣带水，但内部的制度体制却复杂多样，既有“一国两制”方针下的香港和澳门两个特别行政区和自由港，又有深圳、珠海两个经济特区，还有广州南沙、深圳前海和珠海横琴三个自由贸易试验区。由此形成了包括特别行政区和自由港、经济特区、自由贸易试验区等多重经济体

的体制叠加局面，如果各种体制的优势和开放形态能够互补形成合力，那么将产生巨大的经济和社会能量。如果彼此协调不当，有可能互不相让，争夺利益，甚至产生恶性竞争，出现内耗。

1. 行政制度

“一国两制”下粤港澳三地旅游合作面临着难以逾越的行政制度壁垒，导致很多旨在先行先试、推动制度创新的合作领域受到一定的阻碍。区域旅游合作需要粤港澳三地在行政制度上有所突破和创新。但是，涉及不熟悉领域的制度创新，对传统政府部门提出了现实难题。这对传统政府部门架构、职能以及公职人员的综合素质及业务能力都提出了更高的要求，同时香港与澳门公务员体系及行政理念均与珠江三角洲九市有较大差异。因此，随着粤港澳大湾区旅游合作的不断深化，需要在三地行政体制方面有所突破，共同面对产业新发展、新领域涌现的新问题。

2. 经济制度

粤港澳三地由于利益博弈，在经济制度方面设置了制度壁垒，三地利益诉求的差异，亦可能使制度设置更为固化，导致旅游合作特别是旅游投资领域的推进速度较慢。香港在解决双向投资的跨境结算、资金融通、利润转移等方面已有丰富的运行经验。下一阶段需要进一步探索粤港澳大湾区范围内推广旅游投资自由化制度，既是推进区域平衡发展的需要，也可用制度试验的形式为更广的开放积累经验。

（二）机制协同性

由于粤港澳大湾区涉及的制度相对复杂，因此其合作机制远比其他湾区要更为丰富、多元。就目前来看，粤港澳大湾区内部协同治理机制相对缺失，依然存在“条块经济”问题和“空间破碎化”现象。因此，要有效推进粤港澳大湾区建设，最大限度地释放湾区经济的集聚与辐射效应，就必须建立一个能够有效统领两个特别行政区以及其他 9 个珠三角城市地区的管理协调机制。

1. 法定性旅游联盟机制缺乏

粤港澳大湾区旅游协作已进入实践探索阶段，但法定性旅游联盟机制缺乏，整体而言各地行政单位难分主次，亦未能确立领导权，统一调配粤港澳三地资源、协调三地产业发展的法定性联盟机制尚未成立。目前已成立的“粤港澳大湾区城市旅游联合会”是新时期下三地旅游合作组织机制构建的新探索，但联合会的组织架构、职能划分、工作机制等仍在拟定当中，对旅游合作的指导和统筹力有限。

下一步开展粤港澳大湾区旅游协作，需要突破“双界”——即行政区域的边界和制度与市场的边界，充分发挥各种体制机制和文化的优势和开放形态，一方面由国家部委层面牵头开展旅游合作研究，进一步强化旅游协作发展协商机制，做好区域旅游协作的顶层设计；另一方面加快粤港澳大湾区合作统筹领导，做好地方与中央、旅游部门与其他行政部门之间的沟通与协调工作。

2. 长效性工作机制尚未建立

由于粤港澳三地旅游合作未得到整体性和一致性的思考与顶层设计，三地旅游合作具体实践仍然依托以往珠三角九市和港澳地区的合作工作机制，因此制度性限制较大，合作机制缺乏系统性和延续性，而市场主体主导的协作亦因缺乏指引，尽管活跃但仍显松散，市场主体的活力未得到充分的发挥。

因此，下一阶段粤港澳大湾区在做好旅游合作顶层设计的同时，需要加快长效工作机制的建立，充分发挥旅游市场主体在双向交流中的作用，要综合运用商会、行业协会和 NGO 搭建专业平台，优化合作机制，探讨成立半官方及民间的、真正意义上突破行政区域界线的大湾区协调机构、联盟及沟通平台。

3. 规范性行业监管标准缺失

目前，珠江三角洲各市的行业标准仍然依托广东省旅游业的现行标准，而香港、澳门地区服务业发展起步较早，其行业标准体系较为成熟且国际化程度较高，粤港澳三地旅游行业在服务理念、服务水平、服务质量监管等方面均存在一定差异，尚未形成统一的标准和规范指导。而三地旅游市场信息共享亦主要停留在“黄金周”期间旅游市场数据和信息的互通互享，三地旅游市场信息仍然缺乏长效、口径统一的管理机制。

为加强行业管理，促进粤港澳大湾区旅游业规范化发展，需要加快行业通行标准的制定和出台，包括行业服务标准、规范，同时推动三地旅游数据平台的搭建和接入，统一数据统计规模与口径等，加强对产业与市场发展的指导。

（三）资源流动性

改革开放以来，珠三角地区经济发展突飞猛进，但城市之间也因而形成了坚固的竞争意识和地方保护主义。此外，由于深圳市、广州市等在 GDP 总量上已经（或将）超过香港，中心城市之间的博弈格局越发微妙。近年来，珠三角一体化进程稳步推进，粤港澳三地“9 + 2”城市群之间合作意识逐渐加强，但仍受到明显的竞争博弈意识影响，资源流动性有待提高。

1. 基础设施互联互通程度低

当前大湾区内还存在一个严重的交通短板，主要体现在靠近珠江口的粤西地区交通落后，以及珠江口两岸交通不畅的问题。各类交通通道是区域旅游合作与发展的“生命线”，各类旅游资源、客流等的流动性，均取决于基础设施的互通互联程度。随着港珠澳大桥的落成通车以及深中通道进入实质性施工阶段，将有望进一步激活珠江西岸旅游发展活力。

另一方面在智慧化旅游综合服务领域仍未取得突破，跨区域的智慧旅游平台仍待建设，在区域性旅游数据中心建设方面，三地旅游与交通、商务、环境保护、工商、气象、公安等部门数据共享以及电子支付系统互通、旅游实时监测与预警系统共建等方面都将成为下一阶段粤港澳大湾区旅游基础设施互联互通的重要抓手。

因此整个大湾区旅游产业要形成有效的集群效应，首先必须加强粤港澳三地基础设施互联互通程度，打通旅游合作的“任督二脉”，保障各类资源的高效流动。

2. 人员出入境往来存在瓶颈

由于粤港澳大湾区“一国两制”的制度特殊性，相关出入境政策无论对于旅客还是旅游从业者在三地的流动均存在一定的阻隔，这对于三地更紧密旅游合作关系带来一定影响。目前港深之间已经开通多个口岸，如罗湖口岸、皇岗口岸、文锦渡口岸、福田口岸、深圳湾口岸，还有正在建设的香园围口岸，这些口岸都是顺应粤港之间人流、物流、车流的不断增加而先后开辟建设起来的；而珠海拱北口岸作为全国第一大陆路口岸，2017 年旅客通关量高达 1.28 亿人次，占全国出入境客流总量的 21.4%，客流疏导任务极为艰巨。近年来粤港澳三地的经济与人员往来呈现爆炸式增长，特别是港澳“自由行”政策的实施，更使得现有口岸不敷需求。

为了加强三地合作的紧密性，进一步促进人员在三地的高效流动，需要探索提高港澳居民来往内地通行证的“含金量”，适度调整港澳专业人士专业认证条件，为跨境就业人士提供税务便利等。同时加强口岸建设，简化通关手续，优化通关流程，提高通关效率，不断优化通关环境。

3. 资金往来受到一定的限制

目前内地外汇管制较为严格且要求强制结汇，使得外汇不能在粤港澳地区内自由流动和使用。从资金流动的角度来看，内地的外汇管理制度增加了资金流动的流程，这对于旅游投资特别是高端大型项目的引进造成一定的资金屏障。

完善的市场商业环境、充满生机活力的市场主体、富有创业精神和专业能力的人力资源，是都市旅游目的地竞争的关键要素。需要进一步提高旅游资金往来便利化，优化旅游投资环境，进一步强化人流、物流、资金流、信息流等生产要素的充分有效组合，从而对旅游产业发展全局产生带动和辐射作用。

第十六章

空间推演

纵观世界湾区的发展历史，湾区的空间扩展先后经过四个阶段，依次实现“中心城市—都市圈—城市群—大湾区”的升级。从区域旅游一体化角度看，粤港澳大湾区旅游合作与发展，正处在空间秩序重构的过度阶段。一方面，广州、深圳、香港等核心城市先后确立了旅游中心城市地位，珠海、澳门紧随其后；另一方面，广佛肇、深莞惠、珠中江同城化趋势加快，旅游城市合作圈逐渐形成。总的来看，粤港澳大湾区旅游一体化相对滞后于城市一体化。未来，应进一步加快旅游空间秩序重构进程，逐步实现从旅游中心城市到旅游城市合作圈再到全域旅游目的地网络的空间合作升级发展。

第一节　旅游中心城市

2017 年，国家粤港澳大湾区城市群发展规划编制工作正式启动，确定了香港、澳门、广州、深圳四座核心城市的地位。但从旅游业发展实际和珠江口东西岸均衡发展角度考虑，作为国家经济特区、广东省副中心城市的珠海，既有扎实的旅游产业实力，也有担当珠江口西岸旅游发展领头羊的优势条件。因此，未来培育五大旅游中心城市，即香港、澳门、广州、深圳、珠海，共建“A”型环珠江口旅游核，加快推动粤港澳旅游合作，实现更均衡、更开放、更优质发展。

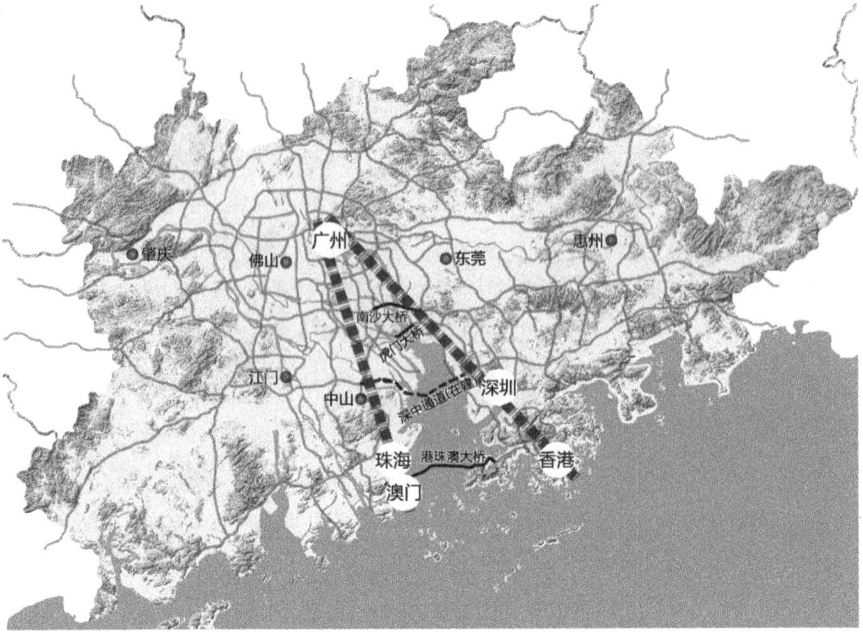

图 16－1　粤港澳大湾区旅游中心城市示意图

一、香港：世界级首选旅游目的地

2017 年，香港正式提出，打造旅游目的地。具体将推进五项新措施推动旅游业发展：一是发展高增值旅游，开拓生态旅游、文化文物创意旅游等，以吸引更多不同类型游客赴港消费，并继续提升旅游配套设施，加强人才培训；二是协助旅游业界把握“一带一路”建设及《粤港澳大湾区城市群发展规划》

带来的机遇，包括推出“一程多站”产品，吸引更多过夜游客；三是关注旅游业界面对的监管、人手及基建配套等问题，召开旅游事务统筹高层会议，加强部门间的合作协调，发挥协同效应，促进旅游业全面发展；四是举办不同类型的世界级盛事，把香港建设成国际盛世之都；五是维持及继续提升香港作为国际高端会议展览及采购中心的地位。

而从粤港澳大湾区旅游合作角度看，香港应主动担起走向“一带一路”、参与推动国际旅游价值链重构的领头羊角色。一方面，发挥辐射全球的空港、邮轮母港优势，打造成为国际城市旅游枢纽及“一程多站”示范核心区，建设多元旅游平台，并通过海陆空旅游交通网络和客源共享机制，向珠三角乃至内陆地区引流。另一方面，进一步加强与深圳市合作，发挥国际金融中心优势，整合全球优质资本、资源、技术、人才和先进理念，创新“旅游 + 金融”投融资机制，以资本力量推动粤港澳大湾区旅游业升级发展。

二、澳门：世界旅游休闲中心

澳门无论是在面积、人口、GDP 还是旅游经济体量上，都不及香港、广州、深圳和珠海等地。但是，澳门作为中国与葡语国家的商贸合作服务平台、中国博彩业试验区，拥有较高的国际知名度，每年有 3000 多万游客来访，对进一步拓展粤港澳大湾区国际旅游市场有重要作用。

未来澳门可以建设世界旅游休闲中心为抓手，以大湾区城市旅游合作联盟为平台，推进粤港澳共享区域旅游资源，拓展高价值旅游客源市场，优化城市生活、旅游和文化空间，提升旅游业承载能力，部署和应用创新科技，强化各政府部门和旅游企业的协作关系，促进区域及国际间旅游合作，发展为粤港澳大湾区代表性旅游名片。

三、广州市：世界旅游名城

作为千年古都、“一带一路”通商口岸的广州市，也是粤港澳大湾区旅游的核心枢纽之一。广州市旅游业“十三五”规划提出，以全域旅游为重点，实施“旅游 +”战略，丰富旅游产品，培育国际品质的旅游服务体系，打响“千年商都”“食在广州”“会奖之都”“花城广州”等旅游名片。

从推动粤港澳大湾区旅游合作角度看，广州市可发挥海陆空立体口岸交通和白云机场 144 小时过境免签政策作用，推进“航空 + 铁路 + 港口 + 乡村旅游专线 + 夜色交通游览线”的无缝衔接，全面构建以“9 + 2”城市群为重点、辐射粤东西北、联系全国、通达世界各地的无障碍旅游交通体系。同时，也可争取成为粤港澳大湾区旅游合作倡议者和推动者，以邮轮游艇旅游合作为突破口，共建粤港澳大湾区政府、行业协会和企业合作平台，建立健全旅游合作机制，发挥带头示范作用。

四、深圳市：国际滨海旅游城市

深圳市是中国改革开放窗口，也是国际顶尖的创新城市。深圳市旅游业“十三五”规划提出，以培育国民经济优势主导产业为总目标，以建设国家全域旅游示范区为抓手，实施“滨海主导、全域旅游、国际化、创新驱动、智慧引领”五大战略，着力拓展旅游新空间、培育旅游新动能、提升旅游新格局、壮大旅游新功能，扩大旅游供给，将深圳打造成为国内知名的全域旅游示范城市、国际特色旅游目的地和亚太最具创新活力的国际滨海旅游城市。

从推动粤港澳大湾区旅游升级角度看，深圳市可进一步支持大型旅游文化企业创新发展，打造一批世界级旅游集团，逐步成为扎根深圳、布局湾区、辐射全国、面向“一带一路”的旅游创新及品牌输出中心。同时，利用144小时及邮轮游艇出入境便利签证政策，强化深港旅游合作，成为内地居民赴香港旅游、香港居民到内地旅游的集散地。

五、珠海市：滨海国际休闲旅游目的地

珠海市是中国旅游休闲示范城市，珠海市提出，要与港澳共建滨海国际休闲旅游目的地，实施全域化发展、国际化引领、产业化融合、一体化建设四大战略，打造海洋海岛、主题公园、节庆赛事、商务会展四大世界级旅游产品，加速推进全域旅游以及旅游业与一、二、三产业的对接，实现融合创新。

同时，从推动粤港澳大湾区旅游发展角度看，珠海市也主动提出了四大策略，包括深化“旅游资源—产品—市场”联合开发，推进“旅游交通—设施—信息系统”合作兴建，加强“旅游政策—制度—管理”协作交流、促进“旅游人才—技术—资本”流动与融合。此外，珠海市在平衡珠江口东西两岸旅游发展格局中也应当主动作为，一方面是加快发展旅游业，提档升级，打造精品业态和特色品牌，成为粤港澳大湾区旅游发展的新增长极。另一方面是要担起领头羊角色，主动推进与澳门、中山、江门旅游合作发展进程，营造抱团发展、合作共赢的格局，全面发挥后发优势，形成加速追赶态势，以实现粤港澳大湾区旅游业更均衡、全面、优质发展。

第二节　旅游城市合作圈

以旅游中心城市为依托，培育建设旅游城市合作圈，是进一步拓宽粤港澳大湾区旅游发展空间的重要举措，也是推动粤港澳大湾区旅游合作与发展的必经阶段。目前，广佛肇、深港莞惠、珠澳中江都市群已经初步建立起了旅游合作意识，未来可从合作机制、营销宣传和重点区域等手段来形成突破。

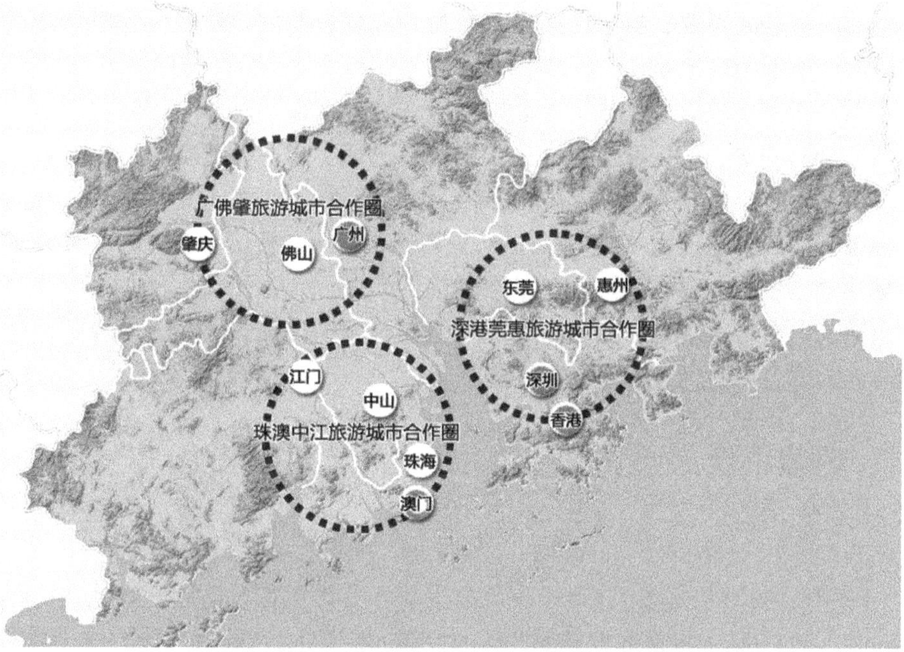

图 16－2　粤港澳大湾区旅游城市合作圈示意图

一、广佛肇旅游城市合作圈：大湾区城市旅游合作示范区

广佛肇有共同的广府文化根基，同城化进程走在前列，未来可在三个方面先行探索，发展为粤港澳大湾区城市旅游合作示范区。

第一，三地政府进一步推进联席会议制度，完善政府、企业和社会共同参与的区域旅游合作机制，实现全域旅游规划衔接。

第二，推出珠江口岸“广府文化·岭南山水”的国际旅游品牌，共同培育广府文化，打造以广州千年商都、佛山舞狮岭南、肇庆山水生态为核心主题的具有国际影响的旅游目的地。通过旅游市场整体营销、客源地促销等方式联合开展旅游宣传促销活动。

第三，推进重点区域合作，重点包括广佛中心城区文化休闲区、西江旅游带、环鼎湖山区，共建山水文化旅游圈，联合打造世界文化旅游名城。

二、深港莞惠旅游城市合作圈：大湾区旅游产业示范高地

深莞惠旅游城市合作基础好，既有活跃的旅游投资与消费市场，也有国际品质的滨海旅游资源，城市之间也各具特色，联合香港，发展成为粤港澳大湾区旅游产业示范高地。

第一，三地政府进一步推进联席会议制度，邀请香港参与，完善政府、企业和社会共同参与的区域旅游合作机制，推进落实深港莞惠旅游合作发展。

第二，推出珠江东岸"都市旅游·滨海度假"的国际旅游品牌，共同培育都市文化，打造以深圳滨海都市、东莞商务休闲、惠州生态休闲、香港动感之都为核心主题的具有国际影响的旅游目的地。

第三，以环大亚湾—稔平半岛旅游合作开发为突破口，大力发展邮轮游艇和海岛旅游，共建国际级滨海旅游区。

三、珠澳中江旅游城市合作圈：大湾区城市旅游发展新增长极

珠中江都市群在城市化建设、旅游发展等方面都相对落后于其他两大都市群，除发挥后发优势，增强旅游竞争力和知名度外，也应加强合作，形成合力，加速发展成为粤港澳大湾区旅游发展新增长极。

第一，三地政府进一步推进联席会议制度，邀请澳门加入，完善政府、企业和社会共同参与的区域旅游合作机制。

第二，推出珠江西岸"侨乡文化·海滨温泉"的国际旅游品牌，联动澳门，共同培育侨乡文化和香山文化，打造以珠海浪漫滨海、中山伟人故里、江门第一侨乡、澳门中西文化为核心的具有国际影响的多元化旅游休闲胜地。

第三，推进环川岛—银湖湾、珠中滨海区旅游合作开发进程，统筹游艇业发展，联动澳门和香港，共建国际级滨海运动海湾。同时，依托天露山生态资源，打造环天露山三市四县区域旅游带，使之成为生态旅游产业集群。

第三节　全域旅游目的地网络

突破行政边界限制，建立基于旅游资源共建共享共治的旅游目的地网络，是实现从旅游城市合作圈到湾区旅游合作升级的核心手段之一。从粤港澳“南海、中江、北山”的旅游资源空间分布特征和递进式梯级开发现状看，未来粤港澳大湾区可基于“青山绿水就是金山银山”发展理念，全面对接“一带一路”倡议、乡村振兴和全域旅游国家战略，采取“由南到北、由东向西、从内到外”的空间发展策略，逐步构建“山—江—海”三级阶梯式旅游产业带，形成环山、拥江、面海的跨区域的全域旅游发展格局，成为集聚化、国际化、一体化的区域旅游发展典范。

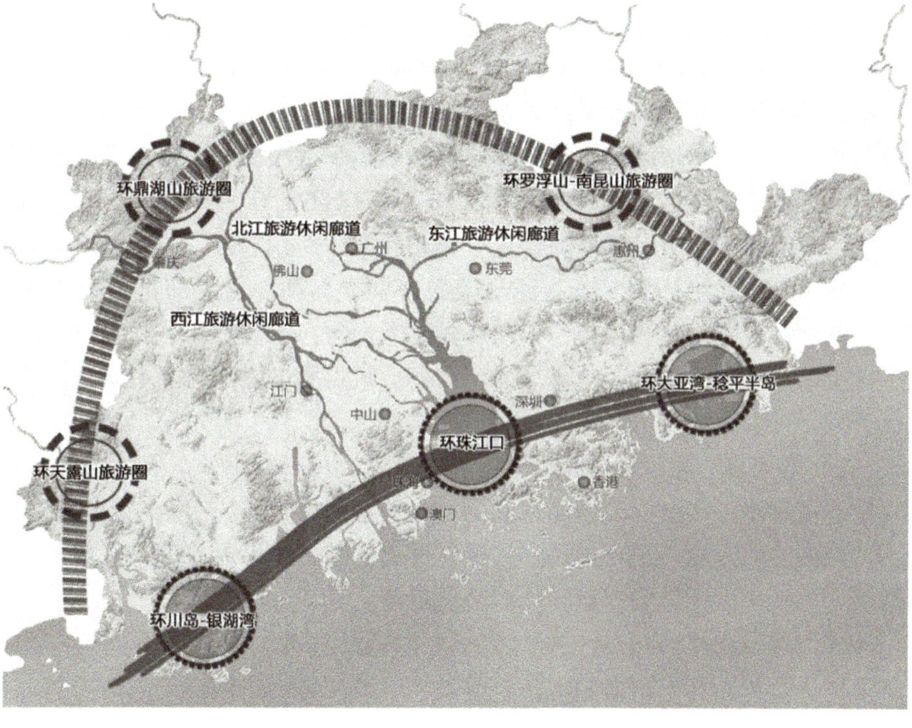

图 16－3　粤港澳大湾区“山—江—海”旅游产业带示意图

一、第一梯级：滨海旅游产业带

由珠三角南部近海水域、海岸带和近海岛屿组成“三湾”是广东海洋区划“六湾区一半岛”的重要组成部分，借助广东海洋经济综合试验区国家海洋战略，形成“一体两翼”三大滨海旅游功能湾区：环珠江口生活休闲湾、环大亚湾－稔平半岛生态度假湾、环川岛－银湖湾运动体验湾，将粤港澳大湾区“三湾”滨海带共同打造成世界级的滨海旅游度假目的地。

（一）环珠江口：生活休闲湾

香港、澳门两地与广州、深圳、东莞、珠海、中山五市形成环珠江口旅游发展共识，整合“三江汇流，八口出海”旅游资源，重点推进邮轮联盟合作，东西联动环大亚湾－稔平半岛和环川岛－银湖湾，把环珠江口湾滨海旅游带建设成粤港澳共建优质生活圈的滨海旅游合作区，打造其成为世界一流滨海休闲幸福湾区。

未来可综合构建环珠江口湾“三核心两片区一岛群”旅游发展布局：以广州南沙新区、深圳前海和南山半岛区、珠海横琴新区为三大核心，以珠中滨海区、深莞滨海区为两大片区，以万山群岛为一岛群。

（二）环大亚湾－稔平半岛：生态度假湾

推进环大亚湾－稔平半岛滨海旅游资源的整体开发，共同开展与香港的滨海旅游合作，建立密切的港深惠滨海旅游联系，东西联动红海湾－碣石湾和环珠江口湾，把环大亚湾－稔平半岛滨海旅游带建设成为珠三角东岸黄金旅游带，打造成国际级生态型滨海综合旅游度假胜地。

未来可综合构建环大亚湾－稔平半岛“两半岛两片区一岛群”滨海空间布局：以深圳大鹏半岛和惠州稔平半岛为两大半岛，以盐田片区和大亚湾经济开发区为两大片区，以大亚湾海岛为一岛群。重点推进港深惠海上旅游航线及海岛开发。

（三）环川岛－银湖湾：运动体验湾

整合黄茅海、广海湾、镇海湾和上下川岛等旅游资源，东西联动环珠江口湾和海陵岛－水东湾，把环川岛－银湖湾滨海旅游带建设成为珠三角西岸黄金旅游带，打造成国际级滨海运动休闲度假胜地。

未来可综合构建环川岛－银湖湾“一岸两岛三湾”滨海空间布局：珠海西部海岸，上川岛和下川岛两大岛，银湖湾、海龙湾、镇海湾三大湾。重点推进游艇基地联盟合作。

二、第二梯级：黄金水道旅游产业带

由珠江三大河流及诸河水体、岸线及串联自然田园山体城乡等组成，重点推进三大水系区域合作：西江、北江、东江。粤港澳大湾区“三江”黄金水道通过整合流域的自然、人文、经济资源，加强区域旅游整体布局和联动协作，突出旅游品牌建设，提升整体旅游形象，形成三大生态旅游功能河流：西江——游艇休闲河、北江——游船观光河、东江——城市夜游河。以西江为示范的旅游休闲廊道建设，逐步推进北江和东江旅游休闲廊道发展，共同打造国内知名的江河旅游目的地，为全国内河流域地区科学发展提供示范。

（一）西江旅游休闲廊道

按照《珠江－西江经济带发展规划》国家战略，大力发展西江旅游休闲廊道。一是打造西江旅游发展轴。在广东境内，形成上段（肇庆云浮）生态游、中段（佛山）城乡游、下段（珠中江）游艇游等三段旅游功能格局，重点发展水上旅游、游艇旅游、绿道旅游、乡村旅游和自驾旅游主题旅游产品。将肇庆、云浮、佛山、江门、中山、珠海建成西江旅游重要节点城市，合力打造西江精品旅游路线和品牌。二是构建旅游休闲集聚带。重点推进肇庆西江三峡游、佛山南海西岸旅游产业园、江门滨江城市休闲客厅、中山神湾游艇会、珠海横琴旅游岛等西江旅游休闲产业集聚区发展，打造西江旅游经济的“黄金水道”。三是探索西江旅游合作联盟。探索成立西江区域旅游合作联盟，推动与广西旅游合作，把西江打造成跨区域河流合作典范。

（二）北江旅游休闲廊道

一是打造北江旅游发展轴。在广东境内，形成上段（韶关）城市游、中段（清远）峡谷游、下段（广佛）田园游等三段旅游特色区域，重点发展水上旅游、绿道旅游、自驾旅游和乡村旅游主题旅游产品，打造北江精品旅游路线和品牌。二是推进北江水上旅游示范项目。以清远北江游为示范，逐步推进韶关北江风情游、佛山三水北江田园游，共同打造北江旅游品牌。

（三）东江旅游休闲廊道

一是打造东江旅游发展轴。在广东境内，形成上段（河源）田园游、中段（惠州）城市游、下段（东莞）水乡游等三段旅游特色区域，重点发展水上旅游、绿道旅游、红色旅游和自驾旅游主题旅游产品，打造东江精品旅游路线和品牌。二是提升东江游三大精品。惠州东江－西湖水上城市游、东莞水乡东江游、河源东江画廊游，共同打造东江旅游品牌。

三、第三梯级：生态旅游产业带

以粤港澳大湾区西部、北部、东部三大山脉的森林生态体系为主体，重点推进环罗浮山－南昆山、环鼎湖山、环天露山的区域旅游合作。通过整合“环罗浮山－南昆山旅游圈、环鼎湖山旅游圈、环天露山旅游圈”三大环山资源，加强区域旅游布局和联动协作，突出乡村旅游和森林旅游品牌建设，用“绿水青山就是金山银山”的理念实现“三个梦”：一是国际品牌的旅游梦。利用一流的森林+文化+乡村组合资源，联动周边，代表广东引领全国走向世界，打造全球山地度假品牌。二是服务大众的生态梦。打造美丽中国的生态样板，更多地服务粤港澳大湾区。三是共建共享的惠民梦。打造乡村振兴的先行区，幸福产业的集聚区、美好生活的体验区。

（一）环罗浮山－南昆山旅游圈

包括广州和惠州两市四县区（龙门县、博罗县、从化区、增城区），推进广惠两市四地旅游合作。一是顶层设计：从省级层面统筹推进，构建环罗浮山－南昆山生态旅游圈，实现景区与乡村联动，推动乡村振兴和全域旅游发展。二是打开山门：激活资源，逐步打开山门，做大两山格局，打开一扇门，带动一片区，达到惠民振乡目的，近期罗浮山—南昆山之间打开一个山门，中间区域形成文旅产业集聚区。三是构筑平台：其一是体制机制平台，从一山多主到两山协作，一盘棋发展，创新管理体制；其二是交通体系平台，构建大交通、中交通和微交通多层次体系公共基础设施；其三是生态保护平台，构建生态动态监测和保护体系；四是投融资平台，利用“政策资金、产业资金、授信资金、社会资金”四位一体激活市场和资金。

（二）环鼎湖山旅游圈

包括肇庆两区两市（鼎湖区、端州区、高要市、四会市），推进两区两市旅游合作。一是打造世界级生态型旅游目的地：构建“一心一轴一环”鼎湖山旅游带：以鼎湖山生态资源为核心，以西江生态景观带为轴线，以端州七星岩风景区—高要生态农业—四会乡村文化为旅游外环，共同打造成世界级生态型旅游目的地。二是建设宜居宜业宜游和谐发展示范区：依托“山湖城江岛”等优势资源，把“产业转型升级－城市提质扩容－宜居宜游打造－景区环境提升”四位一体融合发展，建设宜居、宜业、宜游和谐发展示范区。

（三）环天露山旅游圈

包括江门、云浮、阳江三市四县（开平、恩平、新兴、阳春），推进三市四县旅游合作。一是打造山地旅游休闲高地：整合天露山脉资源，打造成山地生态旅游增长极，成为国家生态旅游示范区。二是推进环天露山文化产业集群带合作：环天露山旅游带形成以侨乡文化（开平碉楼与村落世界遗产文化）、禅文化（新兴禅文化创意产业园区）、温泉文化（恩平地热温泉群）三大文化旅游集群带，成为文化旅游产业集群带合作区。

第十七章

路径设计

理论研究与实践经验表明，推动大湾区空间扩展、经济发展、区域旅游合作的重要动力是深层次的合作愿景、模式、机制以及由此铺设而成的合作路径。基于对粤港澳大湾区发展起源、空间演变、旅游发展脉络、核心优势和制约瓶颈等因素综合考量，粤港澳大湾区可采用“分层网络协同发展模式”，搭建三大旅游协作网，建立三大合作机制，以引导推动粤港澳大湾区旅游合作与发展。

第一节　合作模式

研究表明，协同学理论已经成为指导区域（旅游）合作的核心理论之一。同时，区域旅游合作模式呈现合作主体多元化、分权化、网络化特征。此外，在粤港澳大湾区旅游发展四十年历程中，政府、市场和第三方组织各自发挥了重要作用，并基本形成了多主体协同的发展格局。鉴于此，分层网络协同模式可作为实际指导、推动粤港澳大湾区旅游的较优选择。该模式具体分为“A－A”旅游决策网、“A－B”旅游运作网、“B－C”旅游服务网等三层协作体系。各协作网兼具独立性、开放性和协同性，可充分发挥各主体能动性，厘清权责。

一、“A－A”旅游决策网

“A”即“Agency”，特指政府、市场和第三方组织的最高协调机构或代理机构（人）。“A－A”旅游决策网即政府、市场和第三方组织最高协调机构之间的协作网络，其作用在于制定决策，下达指令。鉴于中国国情、“一国两制”制度安排和粤港澳大湾区旅游发展实际，实行“提案、决策、监督”三权分立。

中央成立的粤港澳大湾区建设领导小组为最高行政协调机构，负责管理协调“9＋2”城市群地方政府，拥有绝对权威。粤港澳大湾区城市旅游联合会为旅游协调机构，服从建设领导小组指挥，对“9＋2”城市群地方政府尤其是旅游行政部门有一定指导、规制作用，重点在于管理协调各地旅游行业协会合作事务。旅游行政范围内的重大战略部署、重大旅游项目等，由城市旅游联合会联席会议审议，超越旅游行政责权的重大战略部署、政策法规、重大旅游项目等则提报建设领导小组，由建设领导小组联席会议审议。此外，多年来，第三方组织虽积极参与、监督粤港澳大湾区旅游合作与发展进程，但尚未形成统一发声机制。建议由粤港澳大湾区城市旅游联合会发起，面向第三方组织、旅游专家学者、粤港澳大湾区公民等，基于公开公平公正原则，选举产生若干议事代表（组织或个人），代表游客和居民参与粤港澳大湾区旅游合作相关重大会议，依法行使选举、举报、监督等权限。时机成熟时，可发起并定期召开粤港澳大湾区旅游代表大会，发展成为粤港澳大湾区旅游合作的最高议事机构，粤港澳大湾区城市旅游联合会定期向代表大会做工作报告，重大提案须提交代表大会审议。

二、“A－B”旅游运作网

“B”即“Business”，特指地方政府（旅游行政部门）、旅游行业协会、旅游企业（个体户）、第三方组织等独立责任主体，特别是旅游行业协会、旅游企业等市场主体。“A－B”旅游运作网，即最高协调机构与具体责任主体之间的协作网，其作用在于将最高决策分解成具体任务，并逐级、分步落地推进。

具体细分为三大运作链，即旅游行政运作链、旅游市场运作链和第三方运作链。其中，旅游行政运作链上至粤港澳大湾区城市旅游联合会，下至地方乃至基层政府旅游行政机构，负责传达、实施、考核、监督具体旅游行政事宜。旅游市场运作链同样上至粤港澳大湾区城市旅游联合会，下至各级旅游行业协会及其成员单位，负责旅游市场化运作事宜。第三方运作链上至粤港澳大湾区城市旅游联合会（后续向旅游代表大会过渡），下至相关第三方组织、专家学者、居民和游客，负责反馈民情、民意，宣传解读上层决策。

三、“B－C”旅游服务网

“C”即“Customer”，特指游客和居民。“B－C”旅游服务网即各独立责任主体与游客（居民）之间的协作网络，其作用在于收集分析旅游市场需求、推广旅游产品与服务、加强旅游人才培训与交流、开发旅游市场并实现粤港澳大湾区旅游客源共享，即是需求与民意的输入端，也是产品与服务的输出端。

为进一步发挥“B－C”旅游服务网，对粤港澳大湾区旅游供给侧结构性改革的引导作用，建议政府、市场和第三方组织共同加强居民和游客的需求分析，及在旅游人才培育与交流等领域的合作，真正实现“以人为本、市场导向、主客共享”目标。

第二节　合作主体

政府、市场和第三方组织（个人）是分层网络协同模式下的三类核心主体，各负权责，相互合作、相互制衡，一致服务于粤港澳大湾区居民和游客，并共同推动粤港澳大湾区旅游合作与发展。

一、协调政府主体：建立分级联席会议

主要包括粤港澳大湾区建设领导小组、“9+2”城市圈地方政府及其旅游行政机构。此外，粤港澳大湾区城市旅游联合会属性较为特殊，兼具行政和市场属性，也是粤港澳大湾区旅游合作实际负责机构。基于发展实际和现实需要，建议在联合会联席会议下，建立旅游中心城市间旅游行政管理部门联席会议，并引导三大城市旅游合作圈各自建立旅游行政管理部门联席会议制度，推动城市间、城市群之间建立战略合作伙伴关系。

二、强化市场主体：打造新联盟与新标杆

主要包括“9+2”城市群各地旅游行业协会和旅游企业，服从于粤港澳大湾区城市旅游联合会的统一指导。此外，积极鼓励各地、各行业组建旅游行业联盟，推动“旅游+产业”、重点旅游区域加快发展。同时，为提升粤港澳大湾区国际旅游竞争力，应加大对龙头旅游企业、旅游创新独角兽企业的培育力度，树立新标杆。

三、培育第三方组织：走向多元化与民主化

主要包括世界各地（国内其他地方）的旅游组织、非官方合作组织、非营利市场组织、旅游研究机构、专家学者、公民议事组织、意见领袖等。为加快粤港澳大湾区旅游合作进程，提升国际化、开放化、民主化发展，建议重点加大与世界旅游组织、世界旅游城市联合会、中国旅游协会等的交流合作，整合优质资源，为我所用。同时，积极引入新主体，培育旅游智库，引导民间意见领袖依法依规、自由发表言论，为粤港澳大湾区旅游合作献计献策。

第三节　合作机制

分层网络协同发展模式的实际运作，有赖于合理合法、健全高效的合作机制。同时，粤港澳大湾区旅游发展四十年来，在旅游合作领域上，进行了大量积极有益的尝试，合作体制机制日渐明确。因此，可采取“理论与实践相结合”“自上而下与自下而上结合”“由浅及深与从点到面相结合”的方式，重点建立健全顶层决策统筹机制、市场开发协同机制、公共服务共建机制，逐步实现粤港澳大湾区旅游合作与发展。

一、顶层决策统筹机制

（一）加强组织协调

加强粤港澳大湾区城市旅游联合会建设，明确合作愿景，完善合作框架，凝聚发展共识。同时，主动加强与粤港澳大湾区建设领导小组的交流合作，积极强化联合会行政决策权限，进一步发挥对地方政府、旅游行政机构、行业协会的统筹协调作用。各地政府加大对旅游业的统筹力度，积极整合相关政府部门，推动地方旅游业发展，并主动促进与周边城市、粤港澳大湾区间旅游合作。各地旅游行政部门积极转变政府职能，简政放权，扶持旅游行业协会、旅游发展联盟、旅游企业和第三方组织的发展，并设置参政议政渠道，广开言路。

（二）全域规划对接

粤港澳大湾区“9 + 2”城市群要把旅游发展纳入粤港澳大湾区和各地经济社会发展规划和城乡建设、土地利用等规划中，从空间规划、土地供给、产业布局、基础设施建设等方面予以大力支持。建立粤港澳大湾区重要旅游规划通报和协商机制，加强粤港澳大湾区各地旅游规划衔接，合理安排旅游功能分区，实现粤港澳大湾区旅游开发协作。

（三）营造监督环境

尝试粤港澳大湾区旅游代表（建立旅游代表大会制度）等方式，发挥各界对大湾区旅游发展的监督作用。此外，可设置粤港澳大湾区旅游仲裁机制，协调粤港澳大湾区内外重大旅游纠纷，及时消除内部矛盾和国际市场争端，为粤港澳大湾区旅游发展营造稳定环境。

二、市场开发协同机制

（一）资源开发协同

在旅游规划、开发、经营和评估过程中，坚持自然、文化和遗产旅游资源保护的原则，走生态旅游、低碳旅游的发展道路，促进旅游与自然环境、历史文化的全面协调和可持续发展。以建设国际一流休闲湾区为目标来统筹规划，依托资源与地缘优势，以市场需求为导向，以资源整合、结构优化为主线，重点发展都市区、环城游憩区以及重要旅游资源聚集区等，形成一批国内外知名的旅游功能区，最终通过这些功能区的示范带动作用，促进粤港澳大湾区旅游业的优化发展。坚持保护第一的原则，加强旅游景区开发规划和旅游城市建设规划中对旅游资源保护的重视。加强对历史文化遗产、沙滩、森林、温泉、江河湖泊、绿道等生态环境敏感性强、公共属性强的旅游资源的保护性管理。利用法律法规和财政补贴的手段，通过法制建设、建立资源补偿机制和健全监督机制等途径，对粤港澳大湾区自然文化资源进行有效保护。

（二）品牌整合营销

1. 加大邮轮游艇合作力度

创建粤港澳邮轮组合母港，建立战略联盟，以组合港的形式吸引国际邮轮公司，引导国际游客在粤、港、澳乃至向内陆延伸范围更广的地区旅游，引导国内游客经由组合母港中各港区登轮，进行国际旅游，最终形成粤港澳邮轮经济带和产业链。将港澳广阔的游艇市场与广东优质的游艇港湾停泊条件结合起来，争取粤港澳游艇在口岸通关监管、游艇码头设置、游艇和驾驶员牌照互认、游艇活动范围等方面的政策突破。创新粤港澳游艇通关新模式，推动粤港澳游艇旅游合作，打造游艇旅游黄金线路，培育滨海游艇旅游大产业。

2. 推出系列精品旅游线路

对粤港澳大湾区代表性城市、景点进行整合串联，推出一系列具有国际竞争力的精品旅游线路和精品旅游景区。着力推动扩大 144 小时便利签证措施和赴港旅游“一签多行”政策实施范围，推广粤港澳“一程多站”旅游精品线路，擦亮粤港澳旅游品牌。以珠三角区域内的自然旅游资源为背景，以历史文化为线索，以商务旅游休闲产品为主体，以交通为纽带，针对区内外市场需求，推出系列化、精品化、特色化的旅游产品与线路，构建陆地、海域、江湖并举的多样化产品体系，重点策划都市观光、商务会奖、乡村旅游、文化旅游、美食旅游、生态度假、主题公园旅游等品牌旅游线路。

3. 实施整体的立体旅游营销

强化粤港澳大湾区的整体旅游形象，扩大粤港澳大湾区旅游的国际影响力和吸引力。加强“直接营销”，推动采取按境外游客进入粤港澳大湾区数量为主要指标的招标采购方式，委托专业公司在欧洲、北美设立大湾区旅游办事处（或咨询推广中心），重点选择主要入境客源国（地区）媒体直接宣传推介粤港澳大湾区旅游形象和产品；利用共同的旅游营销机构、营销网站等载体，联合开展招商引资、旅游节庆宣传，联合推介大湾区旅游产品，共同开拓国际国内旅游市场；利用国内外旅游展销会的平台，联合布展，将大湾区资源整合，互为推广，共同促销。建立粤港澳大湾区多层面合力营销机制，调动各级政府、旅游部门、旅游企业和社会各界的力量，统一对大湾区旅游整体形象进行宣传促销。

（三）行业标准协调

1. 推进旅游咨询服务体系建设

依托智慧旅游信息平台体系，在口岸、机场、火车站、客运码头等公共场所以及相关单位为公益型旅游咨询网点建设提供便利。在星级旅游饭店、A 级旅游景区、口岸、码头等公共场所，增加公益旅游宣传品、旅游地图、旅游指南等的派发和陈列数量。

2. 推进旅游惠民便民服务体系建设

推进更多的旅游资源优惠或免费开放，鼓励推出更多优惠和便民措施。完善城镇旅游功能，推进惠民休憩环境建设。完善公共服务设施的旅游服务功能，推进无障碍设施、旅游厕所、景区停车场、城市旅游线路泊客点、旅游标识系统等旅游便民服务设施的建设。

3. 建立健全旅游服务质量评价体系

建立以游客满意度为核心的旅游服务质量评价体系，以奖惩机制为主要抓手的旅游业信用体系，不断提高投诉受理率、办结率和满意率，健全非诉讼的争端解决机制。推进信息服务、交通便捷服务、安全保障服务等方面的粤港澳大湾区内和境内外协作，为跨区域和出入境旅游提供安全、便利、优质的旅游环境。

三、公共服务共建机制

（一）旅游交通互联

1. 构建“两港四网”大旅游交通网络

以粤港澳大湾区交通规划为依据，强化内部同城化功能，突出旅游出行的便利性，打造“两港四网”（两港：空港、海港；四网：城际轨道网、高速公路网、休闲绿道网、滨水蓝带网）一体化、立体化大旅游交通格局，构建“旅游快速交通走廊”体系。

空港：依托粤港澳大湾区五大机场（香港、澳门、广州、深圳、珠海），完善异地候机楼功能建设，使其成为共享共用的配套设施和远程客源通道，共同打造粤港澳大湾区空港集散网络，拓宽粤港澳大湾区旅游多通道区域旅游体系。

海港：在环珠江口湾区、环大亚湾－稔平半岛、环川岛－银海湾三个湾区打造具有滨海风情的蓝色水上交通带。重点发展邮轮、游艇和游船旅游，打造海上旅游走廊和海上旅游产品。

轨道交通网：以香港、广州、深圳、珠海为主枢纽，覆盖区内主要城镇的城际轨道交通网络构架。

高速公路网：优化高速公路网功能，使区内联系得到极大的提高，对外通道得到拓展。优化高速公路与其他公路的衔接，实现主要旅游集散地（港口、机场、铁路枢纽、客运站等）与高速和快速路出入口快捷连接。

休闲绿道网：粤港澳大湾区绿道网集交通、运动、休闲和旅游功能于一体，通过绿道整合串联各市主要的景区景点，发挥绿道网综合效益。加强建设与管理并重，形成粤港澳大湾区绿道网开发运营与管理维护的长效机制，充分开发绿道网旅游休闲的综合功能，打造粤港澳大湾区绿道旅游休闲品牌产品。

滨水蓝带网：依托海岸带和珠江水系构筑湾区滨水蓝带网，推进滨水旅游码头建设，完善相关口岸功能，新增旅游口岸。通过市场机制，吸引并鼓励各方投资经营码头、客轮、邮轮等旅游交通设施和项目。

2. 加快旅游交通便捷服务体系建设

一是做好旅游交通对接。构建以航空、公路、铁路、轨道、水上、公交等交通方式优化对接为功能的“城际客运公交化”的“区域公交网”，强化水陆空交通系统的衔接，构建便捷、高效的旅客集散枢纽和进出通道，实现游客在交通枢纽地区各种交通方式间的无缝对接与转换。

二是优化旅游交通线路。鼓励以多种形式开设城市中心城区、交通枢纽地区与主要旅游景区景点点对点的快速旅游交通线路，开通海上旅游交通航线，进一步完善绿道的旅游休闲功能，拓展相应的旅游服务功能。结合旅游集散中心建设，开通粤港澳大湾区旅游专线，实施旅游观光巴士示范工程。

3. 推进旅游集散中心网络建设

粤港澳大湾区逐步推进多级旅游集散服务体系建设。同时，各旅游集散中心签署联网合作协议，实行资源共享、统一平台、联网售票，为游客提供

"一站式"旅游综合服务，最终形成以公共交通为基础，旅游集散中心为节点，通达各旅游景区便捷的一级旅游集散体系，推出覆盖粤港澳大湾区并辐射周边地区、便利化的旅游线路产品。

表 17－1 粤港澳大湾区旅游集散中心分级分类体系

分级	依托点位	服务客流	布局区域
一级旅游集散中心	特大型综合交通枢纽：包括国际航空、高铁站、大型普铁站	全国乃至全世界	香港、澳门、广州、深圳、珠海
二级旅游集散中心	城际轨道枢纽、公路客运枢纽、水运客运枢纽	全国、广东省	佛山、东莞、中山、惠州、江门、肇庆
三级旅游集散中心	换乘中心、大型景区、RBD 等	已落脚大湾区的外地游客及本地游客	主要交通站点、旅游城镇、大型景区

（二）智慧旅游联网

1. 打造粤港澳大湾区智慧旅游城市群

依托智慧城市试点开展智慧旅游平台建设。从智慧旅游景区入手到智慧旅游城市建设，再到智慧旅游城市群整合，打造粤港澳大湾区智慧旅游城市群平台。探索智慧旅游城市建设经验，为粤港澳大湾区其他城市智慧旅游城市建设提供借鉴。重点推进 A 级旅游景区、星级酒店、各市龙头旅行社的智慧旅游建设，为旅游各行业智慧旅游建设提供经验借鉴。逐步完成智慧旅游城市群的建设，构建具有国际竞争力的粤港澳大湾区智慧旅游城市群。

2. 打造智慧旅游信息服务系统

一是建设智慧旅游信息平台。建立一个统一的粤港澳大湾区旅游信息网站，推介粤港澳大湾区旅游整体形象，向旅游者提供旅游景区、线路、交通、气象、住宿、安全、医疗急救等信息和咨询服务，使之成为整合粤港澳大湾区旅游企业的营销平台以及面向海内外、高标准的旅游电子商务平台。

二是建设智慧旅游质量管理系统。依托智慧旅游信息平台，结合国内外旅游质量智能化管理的先进经验，建设智慧旅游质量管理系统，推动电子合同管理服务系统在粤港澳大湾区旅游行业的应用普及，维护旅游市场秩序，实现旅游行业监管的全程智能化。

三是建设智慧旅游诚信平台。依托智慧旅游信息平台，将景区、酒店、旅行社等旅游企业纳入到诚信评价体系之中，引导旅游企业基于诚信评价体系建立和累积自身的商誉，促进企业提高品牌意识和形成良好口碑的理念，实现为游客和市民建立诚信旅游、消费环境的目的，通过网站、微博、微信等新媒体开展旅游诚信宣传，打造旅游诚信信息公示平台。

（三）公共政策创新

1. 创新旅游深入合作机制

推进广州南沙新区、深圳前海新区、珠海横琴新区的粤港澳旅游合作示范区试点，出台进入香港和澳门的国际游客免签进入三大示范区停留的政策，设立广州南沙、珠海横琴两大免税购物中心，并适时将该政策应用于周边区域，打造“购物天堂”。

2. 推动粤港澳游艇自由行

将粤港澳游艇通行纳入到粤港澳大湾区旅游合作的框架中，三地共同争取中央支持推进粤港澳游艇自由行，重点突破粤港澳游艇在口岸通关、监管查验、游艇码头设置、游艇和驾驶员牌照互认、游艇航行区域规划等方面的政策难点，实现港澳游艇在珠三角航行和停泊便利化，为粤港澳特色旅游产品开辟“一程多站”的旅游线路。

3. 便利邮轮出入境及投资合作

参考广州白云国际机场实行 72 小时落地免签政策，在广州深圳邮轮母港先行实施免签政策。放宽中国公民在境内登船搭乘国外邮轮的管理限制。参照国际惯例，实行一系列符合国际惯例的邮轮抵离港政策。简化邮轮陆上补给、维修等通关程序，全面提高现行邮轮经济环境与管理系统的开放性。放宽国外邮轮公司设立独资或控股公司的管理限制，加强与国际邮轮代理商的合作。鼓励国内外著名邮轮公司将全球或区域总部迁往大湾区并将所属邮轮在粤港澳大湾区登记注册，吸引邮轮公司在粤港澳大湾区设立办事处，旅游部门促进经营邮轮业务的企业甚至个人成立邮轮旅行社，制定专门用于发展邮轮业务的政策和措施，全方位推动邮轮业发展。

后　记

不知不觉间，我来广东求学和工作近20年了，有幸沐浴广东发展的春风，也有幸参与到珠江三角洲和广东旅游实践当中，更有幸见证粤港澳大湾区扬帆起航走向国际舞台……作为一名“幸福产业”工作者，于我而言更是一番“幸福的事业”，我思考和探寻人们对美好旅游生活需求的步伐从未停歇。

粤港澳大湾区建设上升为国家战略，对于每一位广东“旅游人”而言都是振奋人心的消息。一幅世界级宜游湾区的蓝图也逐渐明晰，因此我和我的团队亦希望藉《粤港澳大湾区发展规划纲要》出台之际，结合我们十余年来从事旅游战略与规划研究的实践经验，以此书发表我们对粤港澳大湾区建设宜居宜业宜游的优质生活圈的拙见。

这本书是多方智慧与心血结晶，感谢我的团队成员对本书作出的贡献。特别感谢黄诗卉女士、林旭青先生参与本书框架制定和重点章节的构思和撰写工作，感谢我的研究生张凌媛、张阳阳、徐思琪等同学参与前期资料搜集、写作和排版工作，2016级旅游管理专业陈靖岚同学参与全书校对工作，感谢李涛先生参与本书部分图件的制作工作。

特别感谢刘志松社长和官顺总编辑助理、编辑赵瑞艳、吴娟女士等广东旅游出版社的同仁！是他们严谨专业、一丝不苟的工作，才使本书得以顺利出版。

由于此书在编写过程中翻查和引用了大量广东及港澳地区旅游发展相关文史资料及专家研究成果，虽已尽量在参考文献中详尽列出，如有遗漏，深表歉意，如有不足，敬请赐教。

2019年夏

于广州大学城华南理工大学